NOVA ERA
DO PROCESSO CIVIL

Cândido Rangel Dinamarco

NOVA ERA
DO PROCESSO CIVIL

*4ª edição,
revista, atualizada e aumentada*

NOVA ERA DO PROCESSO CIVIL

© Cândido Rangel Dinamarco

*1ª edição, 1ª tiragem, 08.2003; 2ª tiragem, 02.2004;
2ª edição, 04.2007; 3ª edição, 05.2009.*

ISBN 978-85-392-0169-3

*Direitos reservados desta edição por
MALHEIROS EDITORES LTDA.
Rua Paes de Araújo, 29, conjunto 171
CEP 04531-940 – São Paulo – SP
Tel.: (11) 3078-7205 – Fax: (11) 3168-5495*
URL: www.malheiroseditores.com.br
e-mail: malheiroseditores@terra.com.br

Composição
PC Editorial Ltda.

*Capa
Criação:* Vânia Lúcia Amato
Arte: PC Editorial Ltda.

Impresso no Brasil
Printed in Brazil
02.2013

SUMÁRIO

Capítulo I – *OS RUMOS INCÓGNITOS DO PROCESSO CIVIL NO SÉCULO XXI*

1. perplexidades 11
2. movimentos renovadores ao longo da História 13
3. tentativas de diagnóstico 14
4. algumas mudanças de rumos 15
5. resistências 16
6. rumos incógnitos 18

Capítulo II – *RELENDO PRINCÍPIOS E RENUNCIANDO A DOGMAS*

7. técnicas processuais, princípios e dogmas 20
8. renunciando a dogmas 24
9. o trinômio certeza, probabilidade e risco – o espírito das Reformas 26
10. a imperfeição das leis e o espírito desta obra 29

Capítulo III – *SOBRE A TUTELA JURISDICIONAL AO ESTRANGEIRO*

11. o tema 32
12. universalizar a tutela jurisdicional 33
13. "estrangeiros residentes no país": uma restrição? 35
14. considerações finais e conclusão 36

Capítulo IV – *LIMITES DA SENTENÇA ARBITRAL E DE SEU CONTROLE JURISDICIONAL*

15. o processo arbitral na teoria geral do processo – princípios 38
16. notas peculiares relevantes 41
17. solução alternativa de litígios e controle judicial 43

18. uma regra fundamental: correlação entre a sentença e a demanda 44
19. sobre o objeto do processo 44
20. objeto do processo arbitral: primeira abordagem 46
21. a formação do processo arbitral e seu objeto 47
22. objeto do processo e pretensão processual bifronte 49
23. demanda e sentença de caráter condenatório 50
24. pior hipótese: eliminação do excesso 51
25. das boas relações entre o juízo judicial e o arbitral 55

Capítulo V – *O REGIME JURÍDICO DAS MEDIDAS URGENTES*

§ 1º – aspectos gerais

26. disciplina insuficiente 59
27. tutela cautelar e tutela antecipada: proposta de distinção conceitual 61
28. o campo mais largo das antecipações e mais estrito das cautelares 63
29. o tempo-inimigo e os males do retardamento 65
30. males ao processo e males ao sujeito: medidas cautelares e medidas antecipatórias de tutela 67
31. fungibilidade 70
32. *periculum in mora* 72
33. cognição sumária, *fumus boni juris* e juízo do mal maior 73
33-A. juízo do direito mais forte 75
34. provisoriedade e irreversibilidade 76
35. um grau mais elevado de probabilidade: fatos incontroversos 77
36. aplicação de disposições contidas no Livro III do Código de Processo Civil 80
37. poder geral de antecipação da tutela jurisdicional 82
38. antecipação de tutela em caráter antecedente ou preparatório 83
39. competência para a antecipação de tutela antecedente ao processo principal 85
40. limite temporal da eficácia da antecipação concedida em caráter preparatório (30 dias – CPC, art. 808, inc. I) 85
41. vedada a repetição da medida antecipatória 87
42. tutela exclusivamente a pedido ou também de-ofício? 87
43. limites temporais da possibilidade de antecipar a tutela 89
44. efeitos dos recursos em relação à tutela antecipada 94
45. cont.: apelação contra "sentença que confirmar a antecipação de tutela" (art. 520, inc. VII) 96
46. responsabilidade objetiva 97
47. caução 99

SUMÁRIO 7

48. síntese conclusiva 100

§ 2º – considerações específicas

49. ressalvas e precisações: as antecipações tipificadas em lei 103
50. as obrigações específicas (fazer, não fazer, entregar) 104
51. ação de consignação em pagamento 105
52. ações possessórias 106
53. antecipações regidas por leis extravagantes 108
54. o regime jurídico dessas antecipações, segundo as regras gerais. 112

CAPÍTULO VI – *OS EFEITOS DOS RECURSOS*

55. os atos jurídicos processuais e seus efeitos 115
56. os recursos e seu procedimento 116
57. efeitos dos recursos sobre o processo, sobre os sujeitos
    processuais e sobre a eficácia das decisões judiciárias 118
58. o efeito constante e mais amplo de toda interposição recursal:
    impedir ou retardar preclusões 118
59. interposição de recurso e abertura do procedimento recursal 122
60. alongamento da litispendência ou da fase cognitiva 123
61. efeito devolutivo (abordagem genérica) 124
62. devolução imediata, gradual ou diferida 125
63. devolução gradual 126
64. dimensões da devolução – horizontal, vertical e subjetiva 127
65. a dimensão horizontal 127
66. cont.: devolução do *meritum causae* em apelação contra
    sentença terminativa (art. 515, § 3º) 131
67. a dimensão vertical 132
68. a dimensão subjetiva 136
69. devoluções parciais, preclusão e coisa julgada 138
70. destinatários da devolução 138
71. devolução imediata 143
72. devolução diferida 144
73. devolução cancelada 145
74. efeito suspensivo (abordagem genérica) 147
75. o efeito suspensivo e o conteúdo substancial da sentença 148
76. dimensões temporais do efeito suspensivo 150
77. dimensão objetiva 151
78. efeitos do juízo de admissibilidade pelo juízo *a quo* 153
79. efeitos do juízo de admissibilidade pelo juízo *ad quem* 154
80. efeitos do julgamento do recurso pelo órgão destinatário 155
81. efeitos do conhecimento do recurso – cassação (hipóteses) 156
82. efeitos da anulação da decisão 158

83. efeitos do julgamento pelo mérito do recurso (provimento ou improvimento) 159
84. sobre os embargos de declaração 160
85. a mensagem 162

Capítulo VII – *O EFEITO DEVOLUTIVO DA APELAÇÃO E DE OUTROS RECURSOS*

86. supressão de grau jurisdicional 164
87. duplo grau de jurisdição 167
88. a medida da inovação trazida pela *Reforma* 171
89. processo "em condições de imediato julgamento" 173
90. falsas carências de ação 176
91. cont.: falsas ilegitimidades *ad causam* 178
92. o pedido recursal e os limites da devolução 178
93. dúvidas e questionamentos 180
94. outros recursos (não só a apelação) 183
95. sentenças *citra petita* 184
96. direito intertemporal 185

Capítulo VIII – *OS EMBARGOS DE DECLARAÇÃO COMO RECURSO*

97. natureza jurídica – excepcionalidade de sua eficácia infringente 188
98. primeiro grupo de hipóteses: suprimento de uma omissão 190
99. segundo grupo de hipóteses: decisões absurdas – excepcionalidade 191
100. onde há escopo infringente os embargos são um recurso 193
101. infringência, natureza recursal, contraditório 194
102. efeito modificativo: sua excepcionalidade sistemática 198
103. ainda a excepcionalidade: resenha jurisprudencial 200
104. embargos declaratórios e erro material 202

Capítulo IX – *A RECLAMAÇÃO NO PROCESSO CIVIL BRASILEIRO*

105. remédio processual sem natureza recursal 204
106. natureza jurisdicional 208
107. hipóteses de admissibilidade 209
108. a *preclusão hierárquica* imposta aos juízes e tribunais 210
109. parâmetros da desobediência: o *preceito* contido na parte dispositiva do acórdão 212
110. parâmetros da desobediência: os fundamentos da decisão e da demanda decidida 214

Capítulo X – *RELATIVIZAR A COISA JULGADA MATERIAL*

§ 1º – a coisa julgada entre as outras garantias constitucionais – premissas

111. minhas premissas 217
112. coisa julgada material, coisa julgada formal e preclusão 220
113. a coisa julgada material no processo civil de resultados 224
114. a proposta do Min. José Augusto Delgado 225
115. o Supremo Tribunal Federal e a garantia do justo valor 227
116. de Pontes de Miranda a Humberto Theodoro Júnior 228
117. Eduardo Couture 229
118. Juan Carlos Hitters 230
119. Hugo Nigro Mazzilli e as lições que invoca 231
120. o monografista Paulo Otero 233
121. direito norte-americano 233
122. um caso examinado por Ada Pellegrini Grinover 236
123. recentes ensaios brasileiros 237
124. não levar longe demais a autoridade da coisa julgada 239

§ 2º – proposta de sistematização

125. a coisa julgada material na garantia constitucional, na disciplina legal e no sistema 241
126. método indutivo 243
127. coisa julgada, efeitos da sentença e impossibilidades jurídicas ... 245
128. impossibilidade jurídica e convivência entre princípios e garantias 249
129. justo preço e moralidade: valores constitucionais relevantes 250
130. sentenças juridicamente impossíveis – a favor ou contra o Estado 252
131. não basta a inconstitucionalidade 253
132. a dimensão da conclusão proposta 254
133. remédios processuais adequados 257
134. ação rescisória 259
135. minhas preocupações 260
136. em defesa da tese 262

Capítulo XI – *AÇÃO RESCISÓRIA, INCOMPETÊNCIA E CARÊNCIA DE AÇÃO*

137. a Súmula n. 249 do Supremo Tribunal Federal: competência funcional 271
138. razão de ser dessa competência funcional 273
139. relação hierárquica – tribunais de superposição 273
140. substituição do acórdão recorrido pelo que julga o recurso 275

141. aplicação dessa regra 277
142. uma substituição à brasileira 278
143. acima da incompetência, carência de ação 280
144. extinção sem julgamento do mérito e não mera transferência ao Supremo Tribunal Federal ou ao Superior Tribunal de Justiça 282

Capítulo XII – **AÇÃO RESCISÓRIA CONTRA DECISÃO INTERLOCUTÓRIA**

145. um caso difícil e extraordinário 284
146. a causa e a origem da dificuldade 285
147. prescrição, um fato extintivo (questão de mérito) 286
148. momentos para o exame da prescrição 287
149. decisão interlocutória de mérito 289
150. a lógica do razoável e a imperfeição das leis 289
151. da imperfeição da lei à rescindibilidade de todas as decisões de mérito 290
152. ressalvas e cautelas 292

Capítulo XIII – **MENOR ONEROSIDADE POSSÍVEL E EFETIVIDADE DA TUTELA JURISDICIONAL**

153. uma solução de equilíbrio 294
154. preservar o patrimônio e a dignidade do devedor... 295
155. ...sem comprometer a efetividade da tutela jurisdicional 296
156. tornando ao equilíbrio 301
157. empresas devedoras 303
158. penhora de rendimentos 305
159. penhora de depósitos 307

Capítulo XIV – **O CONTRATO DE ABERTURA DE CRÉDITO E A TEORIA DO TÍTULO EXECUTIVO**

160. uma convicção amadurecida 309
161. a tipicidade do título executivo e a liquidez do crédito 309
162. a indispensável suficiência do título 311
163. as declarações do correntista 312
164. a jurisprudência evoluiu 313

Bibliografia 317
Índice alfabético-remissivo 327

CAPÍTULO I
OS RUMOS INCÓGNITOS DO PROCESSO CIVIL NO SÉCULO XXI

1. perplexidades – 2. movimentos renovadores ao longo da História – 3. tentativas de diagnóstico – 4. algumas mudanças de rumos – 5. resistências – 6. rumos incógnitos

1. perplexidades

Ninguém duvida de que o processo civil está no tempo presente em busca de sua própria identidade e da construção de um modelo fiel às novas realidades da sociedade atual mas também ninguém vê com clareza alguma os caminhos do futuro dos sistemas processuais. Na realidade, se é fácil dizer que estamos *mudando de época* (e daí a obra coletiva de professores argentinos de La Plata, liderados por Augusto Mario Morello, *La justicia entre dos épocas*[1]), observador algum foi até hoje capaz de identificar a fase da qual saímos, se é que saímos, e a fase para a qual caminhamos; sequer as reformas pontuais ou mesmo sistemáticas aportadas ao sistema foram feitas sem plena consciência de sua aptidão a proporcionar os resultados visados. Caminhamos praticamente no escuro. Também as transformações socioeconômicas da civilização ocidental, com reflexos nas instituições políticas de cada nação, não foram ainda delineadas e definidas em seus contornos de modo satisfatório e suficiente para fornecer ao es-

---

1. *La justicia entre dos épocas*, La Plata, Platense, 1983 (obra coletiva).

tudioso do processo as linhas e os rumos de uma evolução desejável – somando-se a isso as perplexidades técnicas que nos assombram e das quais não damos o menor sinal de que possamos nos libertar em futuro próximo. De todos os nossos fantasmas, o que mais assombra é o tempo – o tempo-inimigo, que corrói direitos e contra o qual o juiz deve travar uma guerra sem tréguas,[2] mas que até agora não aprendemos como combater. E quantos outros males nos cercam!

Já foi quase um modismo discorrer sobre as determinantes lançadas pelas realidades externas sobre a ordem processual, com a necessidade de criar um processo novo, aderente a elas, e capaz de responder adequadamente às novas exigências. Mas quais realidades são essas e em que se distinguem das realidades precedentes? Qual diagnóstico somos capazes de fazer ou propor seriamente, mediante a definição segura do modelo de hoje ou de amanhã, em confronto com o de ontem que, segundo um dístico que se tornou lugar-comum, encontra-se expirando em inevitável agonia? É muito pouco dizer que os desajustes do processo civil de hoje em relação às realidades externas vêm de sua capacidade de acompanhar no mesmo ritmo os movimentos transformadores da sociedade, da economia e das instituições políticas – ou de acompanhar, como foi dito, "essa mudança ligada à produção e consumo de massa, ao dirigismo econômico, às corporações internacionais, às transformações demográficas, ao urbanismo, ao planejamento autocrático".[3]

Tudo isso é muito pouco, repito, enquanto não formos capazes de encontrar respostas para os reclamos de todos por uma Justiça idônea e sobretudo capaz de oferecer solução para os conflitos postos diante de seus juízes. Pesquisa muito recente, realizada por instituição internacional e divulgada pela imprensa, mostrou que somente 18% dos processos trazidos ao Poder Judiciário brasilei-

---

2. *Tempo-inimigo* é uma imagem notoriamente criada por Carnelutti.
3. *Cfr.* Carlos Alberto Nogueira, "Las transformaciones del proceso civil y la política procesal", *in La justicia entre dos épocas*, cit.

ro são finalmente levados a bom termo, com a solução da causa e satisfação do credor. Isso constitui demonstração, ao menos, da ineficiência do que estamos denodadamente fazendo, ou tentando fazer, em prol da extirpação dos males de nossa Justiça.

2. *movimentos renovadores ao longo da História*

Na realidade, não são só daqui nem só de hoje as tentativas de aperfeiçoar o sistema processual. Nem é necessário mergulhar tão profundamente no passado, para descobrimos nobres iniciativas assim motivadas. Comecemos com as sadias propostas do austríaco Franz Klein, obcecado inimigo dos formalismos exagerados, em sua luta por "um processo civil simples, econômico, rápido e acessível aos pobres"; essa fórmula é do começo do século XX, estava apoiada na reforma legislativa operada em seu país desde o fim do século anterior (*ZPC* austríaca, de 1895), mas até hoje continuamos, um pouco romanticamente, a propugnar por um "um processo civil simples, econômico, rápido e acessível aos pobres" sem podermos dizer que já tenhamos chegado ou que estejamos chegando a resultados satisfatórios. Pensemos ainda no histórico e alentador *modelo de Stuttgart*, fruto de autêntica revolução judicial encetada com vista a um processo célere, coexistencial e deformalizado, conduzido com a preocupação pela celeridade e aderência às necessidades do jurisdicionado – do qual muito se falou neste país quando se tratava de implantar o microssistema das pequenas causas, sendo este ardorosamente esperado como a solução definitiva para o endêmico mal da *litigiosidade contida*.[4] Pensemos ainda, em tempos mais recentes, nas *Reformas do Código de Processo Civil*, que começaram como modesto movimento em prol da eliminação dos entraves burocráticos da lei processual e agora se propõem a uma amplíssima revisão de todo o sistema – eis aí a lei n. 11.232, de 22 de dezembro de 2005,

---

4. Litigiosidade contida: locução plasmada por Kazuo Watanabe, "Filosofia e características básicas do juizado especial de pequenas causas", n. 2, in *Juizado especial de pequenas causas*, São Paulo, Ed. RT, 1985 (obra coletiva), esp. p. 2.

instituidora do chamado *cumprimento da sentença*, em uma radical reviravolta sistemática cujos resultados práticos ainda são uma verdadeira incógnita. Nem podemos deixar no esquecimento a verdadeira revolução legislativa operada neste país em uma verdadeira "transmigração do individual ao coletivo" mediante a rica legislação voltada à tutela jurisdicional aos titulares de direitos transindividuais – Lei da Ação Civil Pública, Código de Defesa do Consumidor, Estatuto da Criança e do Adolescente *etc.* Ao lado de tudo isso, registra-se o intenso trabalho doutrinário em prol das novas ideias voltadas a um sistema processual fortemente apoiado em pilares político-constitucionais, com realce à tutela jurisdicional do processo e à valorização dos direitos fundamentais mediante uma especialíssima atenção ao arsenal de remédios técnico-processuais integrados na chamada *jurisdição constitucional das liberdades* (*habeas corpus*, mandado de segurança, *habeas data*, mandado de injunção, ação popular, ações diretas de constitucionalidade ou inconstitucionalidade).

Com tudo isso, todavia, voltemos às perplexidades realçadas ao início. Melhorou o sistema processual? O universo dos jurisdicionalizados está mais feliz? O Poder Judiciário vem resgatando sua credibilidade e legitimidade social? São perguntas que não necessitam de resposta.

E onde residem realmente os males da Justiça, que nos sufocam e não sabemos como debelar?

3. tentativas de diagnóstico

A mais grandiosa das tentativas de levantar dados para um diagnóstico das causas da ineficiência da Justiça consistiu no monumental *Projeto Florença*, idealizado e levado a efeito nos anos *setenta* sob a liderança do idealista Mauro Cappelletti. Nas palavras dele próprio, esse foi um "movimento mundial pela efetividade dos direitos" e incluiu pesquisas de profundidade nas áreas do direito, da política, da sociologia, da economia e da antropologia, tudo afinal voltado a uma simples indagação: "por que"? Por que a Justiça não satisfaz os anseios dos que vivem dela e sobretudo dos que dela necessitam (os consumidores dos serviços da jurisdição)?

Vieram respostas, vieram propostas, tomou-se consciência de uma série de problemas localizados em focos mais ou menos definidos, mas continuamos nós a perguntar agora: mudou? A Justiça melhorou? Não mudou e não melhorou, embora há bastante tempo já saibamos, com razoável clareza, que as causas da ineficiência da Justiça pululam em três focos mais ou menos definidos, que são, segundo antiga revelação de Carnelutti, a lei processual, as estruturas judiciárias e, acima de tudo isso, o *homem* que opera o processo.

4. algumas mudanças de rumos

Anima-nos, diante de tudo isso, o surgimento de propostas, algumas quase heterodoxas e, em alguma medida, até surpreendentes, voltadas a facilitar os serviços da Justiça e a acelerar sua operação, inclusive mediante abandono de velhos dogmas herdados ao longo de tradições seculares. São propostas inovadoras, criativas e lançadas com idealismo. Algumas delas caíram com facilidade no gosto da comunidade jurídica e da sociedade, como as de abertura da Justiça à efetivação dos direitos transindividuais (tutelas coletivas) e à tutela aos menos favorecidos economicamente, relacionadas com litígios de menor expressão econômica (pequenas causas). Outras, embora não tão claras assim, e não tão autoimpositivas como aquelas, também vão sendo aceitas no sentimento comum da população e dos juristas, até com algum reflexo no direito positivo – como é o caso da *desconsideração da personalidade jurídica*, que foi cogitada no Brasil pela primeira vez nos anos *setenta* por dois juristas paranaenses (Rubens Requião e Lamartine Corrêa de Oliveira) e já tomou assento no Código Civil de 2002. Mas há o bloco das propostas mais acintosamente revolucionárias e atrevidamente provocantes, como é o caso das *súmulas vinculantes* e do controle do Poder Judiciário, que a Reforma constitucional de 2004 absorveu, e da *relativização da coisa julgada*, que ainda não foi capaz de se superar resistências.

5. resistências

É natural e sadia a resistência às propostas inovadoras, especialmente quando se pensa em inovar substancialmente na ordem jurídica e no modo-de-ser das coisas da Justiça. O direito positivado e praticado pelos tribunais, que vem sempre a reboque das mudanças sociais, políticas e econômicas, ou das diferentes exigências surgidas em consequência dessas mudanças, não deve ser submetido ao açodamento de transformações que logo depois podem revelar-se inconvenientes. Nem seria sensato ou prudente lançar-se o legislador ou o juiz por novos caminhos sugeridos por propostas aparentemente luminosas e salvadoras, antes da uma maturação que, sem o decorrer do tempo, é impossível, e antes de se formar uma segura consciência da conveniência de mudar. Como é de geral sabença, as grandes estruturas movimentam-se lentamente, e convém que assim seja, porque movimentos bruscos podem ser causa de rupturas ou fissuras em estruturas de grande porte, como é a ordem jurídica e como é a máquina judiciária.

Lembremos o que aconteceu quando foi proposta a implantação das *súmulas vinculantes*, como instrumento de aceleração da Justiça mediante o rápido julgamento das conhecidas e incômodas teses repetitivas. Quando o Min. José Paulo Sepúlveda Pertence, então na Presidência do Supremo Tribunal Federal, ergueu a bandeira das decisões vinculantes dos Tribunais Superiores da União, não faltaram vozes divergentes a sustentar a inconveniência da proposta, seja em face do princípio político da separação dos Poderes do Estado, seja do postulado da independência dos juízes ou da efetividade do contraditório. Foi uma polêmica sadia. E hoje, já residente na Constituição Federal a autorização para que o Supremo Tribunal Federal as institua, já é uma realidade a aplicação dessa disposição constitucional e da legislação infraconstitucional pertinente (lei n. 11.471, de 19 de dezembro de 2006), as quais se apresentam como instrumentos capazes de contribuir para a celeridade da Justiça e uniformização de julgamentos. Essa é ao menos uma animadora esperança, consubstanciada nas 13 súmulas vinculantes já editadas pelo Supremo Tribunal Federal (31.12.08).

E o *controle do Poder Judiciário*? Essa discussão foi intensa em muitos setores da opinião pública, com intensa participação da imprensa e bastante repercussão no Congresso Nacional. Não faltaram pronunciamentos casuísticos e facciosos de descontentes empenhados em *demonizar* juízes e tribunais, sugerindo ou mesmo afirmando uma irremediável falência do Poder Judiciário. Nem faltaram os que agitavam a bandeira do *controle externo* a serviço de interesses ou vaidades pessoais ou partidárias, em tentativas de desestabilizar a independência dos magistrados, pondo-os à mercê de um velado comando por órgãos ou pessoas vinculadas ao setor político. De minha parte, afirmei que o controle externo, como pretendido, poderia revelar-se um autêntico *cavalo de Troia* recheado de bravos guerreiros que se instalariam nas praças do Poder Judiciário com armas em punho para dominá-lo e reduzi-lo à docilidade – e nessa figuração fui honrosamente prestigiado por um alerta que o Min. Franciulli Neto lançou na imprensa de Brasília. Veio depois a *Reforma do Poder Judiciário,* que em 2004 instituiu um órgão misto, o Conselho Nacional da Justiça, de cujos quinze membros nove são oriundos do Poder Judiciário. O controle que vai sendo realizado pelo Conselho, que não chega a ser *externo*, constitui um legítimo e seguro fator de eliminação dos males relacionados com o comportamento dos magistrados e isso, se não é suficiente para colocar os serviços judiciários em uma rota de eficiência perante o universo dos jurisdicionados, ao menos constitui uma outra fundada esperança de renovação e aperfeiçoamento institucional.

Pensemos também na extremamente polêmica tese da *relativização da coisa julgada*. Como é notório, lançou-a o Min. José Augusto Delgado, em repúdio a decisões cobertas pela autoridade da coisa julgada material, mas viciadas por intensas fraudes antecedentes ao julgamento. Depois, votos do Min. Sálvio de Figueiredo Teixeira validaram novos julgamentos de causas referentes à paternidade, em confronto com a coisa julgada estabelecida sobre decisões que se tomaram antes dos progressos científicos e das provas fundadas em reações imunológicas (DNA). A tese da relativização da coisa julgada em casos assim extremos foi depois defendida em doutrina pelo prof. Humberto Theodoro Jr., e eu, pessoalmente, aderi a ela de corpo e alma, sustentando que a segurança jurídica, que a coisa julgada procura tutelar, não é um valor único no universo axiológico de uma nação, nem será o mais elevado de todos os valores; há valores sociais, políticos, econômicos e sobretudo *humanos* que, quando ultrajados de modo acintoso e manifesto por decisões cobertas pela *auctoritas rei judicatæ*, devem ser capazes de reagir e sobrepor-se a esta, em nome da moralidade administrativa, da estabilidade das instituições políticas e sobretudo da dignidade do ser humano. Invoquei Eduardo Couture, em seu repúdio ao que chamou *coisa julgada delinquente*, dizendo ele que "a consagração da fraude é o desprestígio máximo e a negação do direito, fonte incessante de descontentamento do povo e burla à lei". É mais do que natural que, por ser arrojada, provocante e desafiadora de um dogma estabelecido na cultura dos povos ao longo de séculos, essa tese encontre vigorosas resistências. São bastante conhecidas as posições dos que vêm combatendo a tese da relativização da coisa julgada mediante sérias críticas, que vão de suas raízes políticas a seus fundamentos técnico-jurídicos. O debate está posto e não há sinais de uma disposição do mundo jurídico a aceitá-la em curto prazo, mas vejo nessa proposta mais um motivo de esperança de aperfeiçoamento das decisões judiciárias e encontro de soluções coerentes com os sentimentos comuns da nação.

6. *rumos incógnitos*

Diante do que já se viu, do que já se propôs, se discutiu, se aceitou no direito positivo e nas práticas dos juízes, é lícito afirmar que a busca de soluções de aperfeiçoamento está encetada e em plena efervescência nos escritos dos juristas e mesmo na evolução do direito processual positivo. E temos também a certeza de que todos repudiam o sistema processual e judiciário de que dispomos, sendo indispensável alguma transformação daquilo que hoje existe. Sabemos que o processo civil brasileiro da atualidade não é mais aquele que minha geração aprendeu nos bancos escolares e durante algum tempo transmitiu aos seus discípulos. Mudou a lei e vai mudando a mentalidade dos juristas, alavancada por aquelas exigências, que talvez hajam principiado no pós--guerra dos meados do século XX e ainda perduram. Gostamos de muitas das inovações que vêm sendo implantadas, como a tutela coletiva, a abertura para as causas de menor expressão econômica, as tentativas de simplificação e agilização implantadas pelas *Reformas* – mas isso é muito pouco porque ainda não definimos os caminhos a seguir nem o preciso modelo processual--judiciário de que precisamos. Não sabemos bem aonde vamos ou o que queremos. Envolvemo-nos em movimentos reformadores que vão das técnicas processuais mais corriqueiras aos grandes fundamentos do sistema, mas nos falta o rumo. Somos talvez como a turba exaltada, mas inconsciente, que arrasou e incendiou o presídio da Bastilha sem ter a noção do que aquele gesto, para eles passional e inconsequente, viria a significar para as estruturas sociais e políticas do Ocidente. Ou como os apóstolos de Cristo, que o seguiam sabendo que muito havia a mudar no mundo e na alma das pessoas mas não tinham certamente a menor noção das transformações que a palavra do Filho de Deus viria a causar na História da Humanidade.

 É lícito alimentar a esperança de que o advento da nova ordem desejada esteja sendo preparado mediante a busca das causas dos males de nossa Justiça, sendo sabido que não se pode combater mal algum sem lhe conhecer as causas – e só mediante o combate às causas perversas que se pode chegar à solução dos problemas que nos afligem (*sublata causa tollitur effectus*). Se não temos hoje a perspectiva histórica que possibilite avaliar as boas ou más qualidades daquilo que vamos propondo, ao menos a consciência temos de que a busca está em curso. O futuro dirá, e essa é a maior das esperanças. Mas não nos esqueçamos: *chi lascia la strada vecchia per la nuova sa quel che lascia ma no sa quel che trova.*

CAPÍTULO II
RELENDO PRINCÍPIOS
E RENUNCIANDO A DOGMAS

7. técnicas processuais, princípios e dogmas – 8. renunciando a dogmas – 9. o trinômio certeza, probabilidade e risco – o espírito das Reformas – 10. a imperfeição das leis e o espírito desta obra

7. técnicas processuais, princípios e dogmas

As Reformas do Código de Processo Civil tiveram como objetivo central a aceleração da tutela jurisdicional e, como postura metodológica predominante, a disposição a liberar-se de poderosos dogmas plantados na cultura processualística ocidental ao longo dos séculos. O exagerado conceitualismo que dominou a ciência do processo a partir do século XIX e a intensa preocupação garantística que se avolumou na segunda metade do século XX haviam levado o processualista a uma profunda imersão em um mar de princípios, de garantias tutelares e de dogmas que, concebidos para serem fatores de consistência metodológica de uma ciência, chegaram ao ponto de se transmudar em grilhões de uma servidão perversa. Em nome dos elevados valores residentes nos princípios do contraditório e do *due process of law*, acirraram-se formalismos que entravam a máquina e abriram-se flancos para a malícia e a chicana. Para preservar as garantias do juiz natural e do duplo grau de jurisdição, levaram-se a extremos as regras técnicas sobre a competência. Nós, doutrinadores e operadores do processo, temos a mente povoada de um sem-número de preconceitos e dogmas supostamente irremovíveis que, em vez de iluminar o sistema, concorrem para uma Justiça morosa e, às vezes, insensível às realidades da vida e às angústias dos sujeitos em conflito.

Esse é um fruto mal conscientizado do positivismo jurídico, que postula o predomínio da norma como puro resultado do exercício do poder de comandar, para o qual "não existe outro critério do justo e do injusto fora da lei positiva" (Hobbes).[1] Empolgados pelo fulgor das doutrinas desenvolvidas no período autonomista da ciência processual, pela sofisticada trama de conceitos e estruturas que se aprimoraram ao longo de um século e (talvez sobretudo) pela suprema revelação de princípios que as Constituições políticas vão assegurando, somos levados a ver no direito posto o caminho único e inalterável para a plena realização da justiça. Temos a impressão de que o juiz seja um escravo da lei, *porque lei* e não porque justa.

Um grito de alerta foi dado pelos juristas-pensadores engajados no movimento que se intitulou *Projeto Florença*, que foi o berço da mais notável guinada metodológica da ciência processual em todos os tempos. As primeiras palavras escritas pelo revolucionário Mauro Cappelletti no estudo preliminar sobre essa iniciativa são um repúdio ao positivismo jurídico, ao proclamarem que "nenhum aspecto dos modernos sistemas legais está a salvo da crítica".[2] A grande lição a extrair da obra de Cappelletti é a de que o *acesso à justiça* é o mais elevado e digno dos valores a cultuar no trato das coisas do processo. De minha parte, vou também dizendo que a solene promessa de oferecer tutela jurisdicional a quem tiver razão é ao mesmo tempo *um princípio-síntese e o objetivo final*, no universo dos princípios e garantias inerentes ao direito processual constitucional. Todos os demais princípios e garantias foram concebidos e atuam no sistema como meios coordenados entre si e destinados a oferecer

1. *Cfr.* Norberto Bobbio, *Teoria generale del diritto*, n. 13, esp. p. 36.
2. *Cfr.* "Access to justice – A worldwide movement to make rights effective – A general report", in *Access to justice – A world survey*, I, t. I (em coop. com Bryant Garth).

um *processo justo*, que outra coisa não é senão o processo apto a produzir *resultados justos*. Que toda causa seja conduzida e decidida por um *juiz natural*; que o juiz seja imparcial e trate as partes e suas pretensões de modo isonômico; que todo processo seja realizado com a marca da publicidade; que os litigantes tenham amplas oportunidades de defesa de seus interesses conflitantes, legitimando mediante sua participação em contraditório o provimento que o juiz proferirá afinal; que lhes seja franqueado o direito à prova ou, mais amplamente, o direito ao processo como meio eficaz da defesa de seus direitos e interesses; que toda experiência processual se desenvolva com plena observância dos preceitos e regras inerentes ao exercício da jurisdição, da ação e da defesa (*due process of law*) etc. – esses são os modos pelos quais, segundo a experiência multissecular, com mais probabilidade se poderá propiciar a quem tiver razão o efetivo acesso à justiça.[3] É preciso, no entanto, não se ofuscar tanto com o brilho dos princípios nem ver na obcecada imposição de todos e cada um a chave mágica da justiça, ou o modo infalível de evitar injustiças. Nem a segurança jurídica, supostamente propiciada de modo absoluto por eles, é um valor tão elevado que legitime um fechar de olhos aos reclamos por um processo rápido, ágil e realmente capaz de eliminar conflitos, propiciando soluções válidas e invariavelmente úteis.

A adoção dessa premissa metodológica manda, em primeiro lugar, que todos os princípios e garantias constitucionais sejam havidos como penhores da obtenção de resultados justos, sem receber um culto fetichista que desfigura o sistema. Manda também que eles sejam interpretados sistematicamente e em consonância com os valores vigentes ao tempo da interpretação. Muitas vezes é preciso sacrificar a pureza de um princípio, como meio de oferecer tutela jurisdicional efetiva e suficientemente pronta, ou tempestiva; muitas vezes, também, é preciso ler uma garantia constitucional à luz de outra, ou outras, sob pena de conduzir o processo e os direitos por rumos indesejáveis.

3. *Cfr.* Dinamarco, *Instituições de direito processual civil*, I, n. 95.

"A *regra de ouro* para a solução de problemas dessa ordem é a lembrança de que *nenhum princípio é absoluto e nenhum deles constitui um objetivo em si mesmo* – todos eles, em seu conjunto, devem valer como meios de melhor proporcionar um sistema processual justo, capaz de efetivar a promessa constitucional de *acesso à justiça*".[4]

Obviamente, desfazer dogmas ou ler os princípios por um prisma evolutivo não significa renunciar a estes, ou repudiar as conquistas da ciência e da técnica do processo. Reserve-se sempre aos princípios político-constitucionais o seu posto de fatores responsáveis pela consistência, harmonia e legitimidade do sistema; eles são seguros *pontos de partida*, ou momentos de inserção de uma ciência na grande árvore do conhecimento humano (Reale), sem os quais sequer uma interpretação segura é possível. Preserve-se o zelo pelos conceitos e pelo conhecimento dos institutos do direito processual, porque sem eles a interpretação jurídica seria cega, uma caminhada a olhos vendados em meio a um labirinto de normas, de atos processuais e de dificuldades que fatalmente comprometeriam os bons resultados da experiência do processo. Somente não se atenha o intérprete ao modo como os princípios foram no passado interpretados, à meia-luz de premissas democráticas mal explicadas ou na penumbra de preconceitos hoje superados. A própria cláusula *due process*, que desempenha no sistema a missão *organizatória* de assegurar a supremacia de tantos outros princípios e garantias, deve ser vista sem alucinações e sem a tendência a apresentá-la como impositiva de um irracional culto à forma, que desfiguraria a boa ordem processual; mas jamais renunciemos a ela, nem aceitemos a ideia de um processo regido pelos azares empíricos de cada momento, a dano da segurança jurídica. *Reler os princípio*s, não renegá-los.

> Recente escrito de Calmon de Passos eleva a níveis exageradíssimos o significado da garantia do devido processo legal, ao propor um suposto contraste entre ela e as modernas conquistas inerentes à instrumentalidade do processo. Descrente dos juízes de sua terra e deste planeta, crê o Mestre baiano que essa fulgurante tese seja

4. *Ib.*, n. 96.

responsável por uma imensa irresponsabilidade dos magistrados e total falta de confiabilidade do sistema processual, tachando-a de "arma na mão de sicários".[5] Forremo-nos de posturas maniqueístas e não pensemos que todo o bem esteja de um lado e todo o mal, de outro. A segurança dos litigantes, cultivada pelo *due process* na medida em que limita os poderes a serem exercidos pelo Estado--juiz, é um valor elevadíssimo, mas não tão elevado ou absoluto que legitime o esclerosamento, ou engessamento do sistema processual. Seria injusta e depreciativa a esse poderoso instrumento do Estado democrático de direito a afirmação de sua destinação a aniquilar os anseios por um *processo de feição humana*, no qual o juiz é constantemente conclamado a exercer sua sensibilidade ao valor do justo e do socialmente legítimo. Os princípios devem conviver harmoniosamente na ordem constitucional e na processual, em busca de soluções equilibradas.

8. *renunciando a dogmas*

Não é de hoje o repúdio à rigidez de certos dogmas processuais nem seria justo imputar à doutrina e aos tribunais uma nefasta e indiscriminada postura consistente em interpretar os princípios rigidamente ou sem a plasticidade imposta pela evolução dos tempos. Nem é preciso um mergulho muito profundo nas coisas do passado, para ver que na obra sempre atualíssima de Miguel Reale já está a advertência pela necessidade de uma interpretação verdadeiramente cultural da ordem jurídica, com atenção aos *valores* inerentes aos juízos contidos nas *normas* e a serem levados em conta sempre que se pretenda avaliar um *fato* relevante para o julgamento; tais são os pilares da notória *teoria tridimensional do direito*, que se apóia no trinômio *fato, valor e norma*.[6] Outro não é, também, o significado da conhecidíssima teoria do *logos de lo razonable*, de Luís Recaséns Siches, que propugna pelas interpretações jurídicas, sempre, mediante a consideração do que é justo. "O juiz deve, em todos os casos, interpretar a lei precisamente pelo modo que conduza à conclusão mais justa para o problema

---

5. *Cfr.* "Instrumentalidade do processo e devido processo legal", n. 2.4, esp. p. 66.

6. *Cfr.* Reale, *Teoria tridimensional do direito, passim.*

colocado perante sua jurisdição" – porque o único método interpretativo válido e correto é o que vem da "lógica do humano, do razoável".[7]

Com esse espírito, há muito as técnicas processuais vêm mitigando o rigor dos princípios em certos casos, para harmonizá-los com os objetivos superiores a realizar (acesso à justiça) e vão também, com isso, renunciando a certos dogmas cujo culto obstinado seria fator de injustiças no processo e em seus resultados. Exemplo vivo dessa postura são as medidas cautelares ou antecipatórias concedidas *inaudita altera parte*, que trazem em si alguma transgressão à garantia constitucional do contraditório, justamente porque não são precedidas de qualquer manifestação do demandado; mas ninguém ousa repudiar essas medidas urgentes, sabedores que somos de que elas são o instrumento adequado e apto a oferecer uma tutela jurisdicional que, se ficar para depois, poderá tornar-se impossível, menos útil ou mesmo desprovida de qualquer utilidade. O mesmo se vê nas execuções por título extrajudicial, que impõem desde logo uma constrição sobre o patrimônio do executado, para só depois lhe dar oportunidade de se manifestar, opondo embargos.

> Não fora essa disposição a questionar dogmas, não teria podido caminhar a hoje vitoriosa teoria da *desconsideração da personalidade jurídica*, que se choca com a tradicional regra da distinção entre a pessoa do sócio e a da sociedade, enunciada em lei expressa (CC, art. 50) – mas que encontra a mais plena das legitimidades em sua destinação a neutralizar os efeitos da fraude à lei ou a terceiro. Também assim é o caso da elegantíssima e florescente teoria da *relativização da coisa julgada*, portadora de legítimo repúdio ao dogma da coisa julgada capaz de fazer do preto branco e do quadrado, redondo; em casos extraordinários de fraude indecente, erros escandalosos ou contraste com valores muito mais elevados que o da segurança jurídica, afasta-se a *auctoritas rei judicatæ* apesar da notória garantia constitucional desta, com o sadio intuito de evitar que, a pretexto de evitar a perpetuação de litígios,

---

7. *Cfr. Tratado general de filosofia del derecho*, cap. XXI, n. 5, esp. p. 647; n. 7, esp. p. 660.

se perpetuem inconstitucionalidades ou injustiças insuportáveis (*infra*, nn. 111 ss.). A partir de conhecidíssimas postulações de Chiovenda e Calamandrei, o sacrossanto dogma da intangibilidade da pessoa ou da vontade humana, zelosamente guardado nos escaninhos pandectistas da doutrina francesa, pôde ser superado pelas modernas regras da *execução específica*, notadamente no que diz respeito às obrigações de prestar declaração de vontade (Vidigal, Flávio Luiz Yarshell). O dogma da rígida oposição entre o conhecer e o executar ficou sensivelmente reduzido a partir de quando a doutrina e os tribunais brasileiros deram sinal verde à chamada *exceção de pré-executividade*, que introduz episódios abertamente cognitivos no processo de execução. Situações anômalas vieram a sugerir a admissibilidade da *ação rescisória* contra decisões interlocutórias que, contrariando a intenção do legislador, contenham o julgamento do mérito da causa, ou de questões relativas a ele. Os vigorosos progressos da *tutela coletiva*, a que assistimos a partir das últimas décadas do século XX, são a negativa dos dogmas da singularidade da tutela jurisdicional, afirmado enfaticamente no art. 6º do Código de Processo Civil (cada um por si e ninguém por todos...) e da estrita limitação da autoridade do julgado ao âmbito daqueles que foram partes do processo (art. 472). Alguns desses temas estão versados em capítulos ulteriores deste apanhado de estudos, calcados na fundamental premissa da imperfeição das leis, aqui destacada, e servindo de ilustração da ideia de que muitas vezes cabe ao juiz adaptar os textos imperfeitos da lei ao seu verdadeiro espírito.

9. *o trinômio certeza, probabilidade e risco – o espírito das Reformas*

Nesse clima e com esse espírito, as *Reformas do Código de Processo Civil* dispuseram-se a transgredir dogmas tradicionalmente levados a extremos perversos. De modo consciente, quiseram transigir racionalmente em relação aos pilares da segurança jurídica dos litigantes, para poder cumprir com mais eficiência a promessa constitucional de acesso à justiça. Uma boa ordem processual não é feita somente de segurança e das *certezas* do juiz. Ela vive de *certezas*, *probabilidades* e *riscos*. Onde houver razões para decidir ou para atuar com apoio em meras probabilidades, sendo estas razoavelmente suficientes, que se renuncie à obsessão pela certeza, correndo algum risco de errar, desde que se disponha de meios aptos a corrigir os efeitos de possíveis erros.[8]

Probabilidade é, na lição inspirada de Nicolò Framarino dei Malatesta, a preponderância dos motivos convergentes à aceitação de determinada proposição, sobre os motivos divergentes, que aconselham o contrário. Ela é menos que a *certeza*, porque, lá, os motivos divergentes não ficam afastados, mas apenas suplantados; e mais que a mera *verossimilhança*, que se caracteriza pelo equilíbrio entre motivos convergentes e motivos divergentes.[9] E Carlo Furno propõe uma *escala descendente*, a partir da verdade, passando pela certeza matemática, pela certeza subjetiva e chegando à mera *convicção* – com a observação de que esta tem relevância mínima em juízos matemáticos, mas elevadíssima em juízos históricos, como são os realizados pelo juiz.[10]

É notória e emblemática a autorização dada ao juiz para decidir segundo sua convicção em face dos autos (CPC, art. 131) e com o apoio em probabilidades razoáveis, especialmente quando se trata de conceder ou negar medidas urgentes (cautelares ou antecipatórias da tutela jurisdicional). Corre-se o risco de errar, porque "entre fazer logo, porém mal, e fazer bem, mas tardiamente, os provimentos cautelares visam sobretudo a fazer logo, deixando que o problema do bem ou do mal, isto é, da justiça intrínseca do provimento, seja resolvido mais tarde, com a necessária ponderação, nas sossegadas demoras do processo ordinário" (Calamandrei);[11] mas o sistema oferece portas de saída, ao deixar as medidas urgentes sob a regência de plena revogabilidade, ao vetar medidas portadoras de efeitos irreversíveis, ao autorizar a exigência de cauções como contracautela e, finalmente, ao ditar a responsabilidade do beneficiário pelos danos injustamente cau-

---

8. *Cfr.* Dinamarco, *A instrumentalidade do processo*, n. 33, pp. 279 ss.
9. *Cfr. La logica delle prove in materia criminale*, pp. 42 ss.
10. *Cfr. Contributo alla teoria della prova legale*, n. 3, esp. pp. 17-18.
11. *Cfr. Introduzione allo studio sistematico dei provvedimenti cautelari*, n. 8, esp. p. 20.

sados ao adversário (CPC, arts. 273, §§ 2º a 4º, 475-O, incs. II e III, 804, 807, 810, 811 etc.). Eis aí o equilibrado encadeamento sistemático entre certezas, probabilidades e riscos, com a oferta de mecanismos idôneos a corrigir os males de eventuais erros ou injustiças.

É também um marco significativo da tendência a equilibrar certezas, probabilidades e riscos a chamada *Lei do Fax*, que outorga eficácia à transmissão de petições e documentos por essa via eletrônica, responsabilizando-se o transmitente por eventuais infidelidades (lei n. 9.800, de 26.5.99). Muito significativa é também, na perspectiva da agilização dos serviços da Justiça, a implantação do *Diário da Justiça Eletrônico*, o qual permite que as intimações cheguem aos advogados muito mais rapidamente que mediante a tradicional publicação pela imprensa (lei n. 11.419, de 19.12.06).

Ocupa também lugar de destacado realce, no quadro das inovações revolucionárias trazidas ao Código de Processo Civil nos últimos tempos, a implantação de um novo sistema para a efetivação dos direitos reconhecidos em sentença condenatória. O tradicional modelo da execução por título judicial foi profundamente atingido, a começar pela implantação da execução imediata das obrigações de fazer e não fazer (CPC, art. 461), que depois se estendeu às obrigações de entregar coisa certa (art. 461-A) e por último foi às de conteúdo pecuniário (execução por quantia certa contra devedor solvente). A lei n. 11.232, de 22 de dezembro de 2005 rompeu inteiramente o binômio cognição-execução, suprimindo do direito brasileiro a figura do processo de execução por título judicial. No atual sistema, o *cumprimento de sentença* (essa é a expressão usada pela lei) se realiza sempre em continuação ao processo onde houver sido proferida a sentença com eficácia executiva (CPC, art. 475-N, inc. I), sem um novo processo e sem a citação do obrigado. Em consequência, a *sentença* não é mais conceituada como o *ato que põe fim ao processo*, sendo tal, agora, aquele com que o juiz julga o *meritum causæ* (art. 269) ou extingue o processo sem o julgamento do mérito (art. 267 – art. 162, § 1º, red. lei n. 11.232, de 22.12.05). A sentença de mérito só extingue o processo quando não tiver a mínima eficácia executiva, sequer no tocante a custas e honorários da sucumbência – o que pode acontecer nas sentenças constitutivas, nas meramente declaratórias ou nas que julgam improcedente uma demanda de condenação.

Essa renúncia a tradicionais postulados do direito processual veio com o declarado objetivo de propiciar uma justiça mais ágil, mais rápida e capaz de oferecer uma efetiva tutela jurisdicional *em tempo razoável* – e, para tanto, descompromissada dos preconceitos que envolvem todos esses dogmas. É legítimo renunciar a dogmas.

O que não parece legítimo são os exageros contidos na lei de 2005, a qual não se limitou a introduzir normas agilizadoras, mas foi além, desestruturando sem necessidade um sistema harmonioso construído na civilização romano-germânica ao longo de muitos séculos. A própria terminologia agora implantada traz aos estudiosos e doutrinadores uma grande dificuldade de exposição sistemática da nova ordem processual, com a necessidade de conceber novas expressões, articular novas classificações – tudo em detrimento da clareza e da segurança jurídica.

10. a imperfeição das leis e o espírito desta obra

A *imperfeição das leis* é o fundamento central das propostas, aqui contidas, de reler princípios e renunciar a dogmas ilegítimos. Toda ordem jurídico-positiva é construída a partir de certos *standards* de conduta ou de fatos da natureza, a que a lei atribui consequências favoráveis ou desfavoráveis aos sujeitos, segundo os juízos lógicos hauridos da experiência e os juízos valorativos presumivelmente captados no mundo axiológico integrante da cultura de uma sociedade ou da própria humanidade globalizada. Os direitos, deveres, obrigações, poderes, faculdades e ônus que dão corpo ao universo das situações jurídicas instituídas pelo direito apóiam-se sempre na observação dos fatos que comumente ocorrem e que o legislador reúne em feixes, ou *massas de fatos* compostas segundo seu critério discricionário. Surge aí o conceito de *fattispecie*, vocábulo italiano de difícil tradução ao vernáculo, empregado para designar os modelos desenhados pela lei mediante a previsão da ocorrência de algum desses fatos, à qual se segue a indicação das consequências jurídicas a serem impostas sempre que um deles ocorrer (*sanctio juris*). Francesco Carnelutti:

> "precisamente porque a estrutura da lei jurídica é idêntica à da natural, ela é composta de dois elementos, a saber, o *prius* e o *posterius* – o que acontece primeiro e o que acontece depois (...). Ao primeiros desses dois elementos dá-se o nome de *fattispecie*; ele consiste na representação do fato, que quando acontecer, provocará a ocorrência do outro, ao qual é coligado segundo a lei (...). Ao segundo elemento dá-se o nome de *sanção*".[12]

Tudo andaria muito bem se o legislador não fosse um ser humano e tivesse a capacidade de prever rigorosamente tudo quanto na vida comum pode acontecer. Mas, como a vida é muito mais rica do que a imaginação do legislador, na experiência comum surgem situações que, contrariando as expectativas, não comportam as soluções postas nos textos do direito positivo. Às vezes, porque não foram previstas, não se acham incluídas nas *fattispecie* legais e para elas nada está disposto; temos aí as lacunas da lei, para as quais a teoria jurídica oferece soluções aceitáveis. Outras vezes, o caso concreto apresenta conotações específicas tão discrepantes dos *standards* presentes na mente do legislador, que, não obstante um juízo puramente dedutivo pudesse conduzir a reputá-lo disciplinado segundo certos cânones, uma valoração acurada desaconselha que isso seja feito. Daí a imperfeição de toda ordem jurídico-positiva, a ser superada pela atuação inteligente e ativa do juiz empenhado em fazer com que prevaleçam os verdadeiros princípios da ordem jurídica sobre o que aparentemente poderia resultar dos textos.

O que neste apanhado de estudos se contém são propostas à reflexão e à prudente busca de soluções que, satisfazendo o senso

---

12. *Cfr. Diritto e processo*, n. 6, p. 11.

do justo e do razoável presente no espírito do *uomo della strada*, possam satisfazer também os nossos. Ousar sem o açodamento de quem quer afrontar, inovar sem desprezar os grandes pilares do sistema.

CAPÍTULO III
SOBRE A TUTELA JURISDICIONAL AO ESTRANGEIRO

11. o tema – 12. universalizar a tutela jurisdicional – 13. "estrangeiros residentes no país": uma restrição? – 14. considerações finais e conclusão

11. *o tema*

Ilustre advogado e estimado amigo.[1]

Em resposta a sua indagação sobre os direitos outorgados no Brasil a cidadãos e pessoas jurídicas italianas não residentes ou não sediadas neste país, informo que nem a Constituição da República nem as leis infraconstitucionais contêm qualquer espécie de restrição capaz de impedir seu gozo ou defesa em juízo. Não existe no Brasil sequer a exigência de *reciprocidade*, estabelecida na Itália pelo art. 16 do decreto régio n. 16, de 16 de março de

---

1. Este estudo foi elaborado mediante consulta do prof. Vincenzo Vigoritti, na condição de patrono do São Paulo Futebol Clube, em um litígio perante o tribunal de Peruggia, Itália. Trata-se de demanda de condenação da Società Sportiva Peruggia a pagar uma multa contratual em virtude de haver vendido a outro clube brasileiro, contra uma clara disposição contida em contrato, o passe do futebolista Müller. Como a lei italiana exige a *reciprocidade* como requisito para a tutela jurisdicional a pessoas físicas ou jurídicas estrangeiras, o juiz da causa exigiu a prova de que, em igualdade de condições, um ente italiano seria admitido a demandar perante os tribunais do Brasil; essa prova foi feita mediante o escrito que aqui se contém. Não sei se escrevi na condição de processualista ou de *tifoso*.

1942, como requisito para que o estrangeiro possa ter ingresso em juízo para defesa de seus direitos e interesses.[2]

Do art. 5º, inc. XXXV, da Constituição Federal brasileira, substancialmente equivalente ao art. 24 da italiana, extrai-se a garantia do direito de ação, endereçada a quem quer que tenha necessidade da tutela jurisdicional para a defesa de direitos e interesses, independentemente da cor, sexo, religião, origem ou nacionalidade. Essa afirmação tem apoio inclusive na expressa garantia constitucional da igualdade, ditada pelo mesmo art. 5º (*caput*), segundo o qual "todos são iguais perante a lei, sem distinção de qualquer natureza, garantindo-se aos brasileiros e aos estrangeiros residentes no país a inviolabilidade do direito à vida, à liberdade, à igualdade, à segurança e à propriedade".

> Em plano infraconstitucional vige no Brasil a lei n. 6.815, de 19 de agosto de 1980 (*Estatuto do Estrangeiro*), com a decidida afirmação da igualdade dos estrangeiros em relação aos nacionais. Dispõe seu art. 95 que "o estrangeiro residente no Brasil goza de todos os direitos reconhecidos aos brasileiros, nos termos da Constituição e desta lei".

12. universalizar a tutela jurisdicional

Mediante a coordenação entre tais disposições colocadas em nível constitucional e infraconstitucional, a doutrina brasileira afirma a mais ampla dimensão do direito de ação, em um contexto determinado pela formação histórica e cultural do povo e das instituições nacionais e pela forte tendência à *universalização da jurisdição*. Os autores brasileiros que escrevem sobre as garantias constitucionais do processo, ou mesmo sobre o direito de ação, rarissimamente chegam a preocupar-se pelo tema do es-

---

2. Decreto régio de 16 de março de 1942, conhecido como *prelegge* e equivalente ao que, no direito brasileiro, é a Lei de Introdução ao Código Civil: "o estrangeiro é admitido a gozar dos direitos civis concedidos ao cidadão, em condições de reciprocidade e ressalvadas as disposições contidas em leis especiais. A presente disposição vale inclusive para as pessoas jurídicas estrangeiras" (art. 16).

trangeiro perante a ordem judiciária do país – o que é um fortíssimo sinal da ausência de restrições como aquela contida no art. 16 do referido diploma italiano (reciprocidade).[3] Nem constitui novidade ou segredo para os estudiosos europeus o fato de que o Brasil, como a generalidade das nações americanas, tem uma formação recente em comparação com a dos países da Europa, com sucessivas ondas migratórias de origens mais diversas – e isso explica a maior facilidade de integração do estrangeiro na vida nacional. Consequentemente, as pessoas jurídicas e os cidadãos chegados ao país compartilham com os nacionais a integração na economia, nos negócios, na família e, de um modo geral, no gozo e fruição dos bens. Por outro lado, a história das instituições processuais e da evolução das garantias constitucionais do processo nestas últimas décadas revela-se como uma história de ampliação do espaço sobre o qual atua a atividade jurisdicional dos juízes brasileiros, mediante um consciente movimento em direção àquilo que venho denominando *universalização da tutela jurisdicional*.[4] Trata-se de reduzir os resíduos conflituosos não jurisdicionalizáveis, obviamente sem o escopo ou a esperança de eliminá-los por inteiro, mas com a consciência de serem convenientes certas exclusões com as quais todos convivemos há séculos e ligadas a razões legislativas e mesmo culturais (limitações legítimas). Escrevi a respeito:

> "o sistema político-constitucional de oferta do serviço jurisdicional resolve-se no equilíbrio entre uma fundamental promessa de absorção de pretensões de pessoas em busca de satisfação e uma série de limitações ao exercício do poder de recebê-las, processá--las e acolhê-las. A promessa fundamental reside na garantia constitucional da inafastabilidade da tutela jurisdicional, que em outros tempos metodológicos era interpretada como mera garantia da ação (Const., art. 5º, inc. XXXV). Ela constitui o eixo fundamental em torno do qual outras promessas gravitam, no contexto do zelo político-constitucional pela efetividade dos direitos e consequente exaltação da condição humana (...). Essa tendência constitui projeção

---

3. *Cfr.*, por todos, Ada Pellegrini Grinover, *As garantias constitucionais do direito de ação*, passim.
4. *Cfr. Fundamentos do processo civil moderno*, nn. 438-456.

do momento político vivido e manifesta-se não somente em sentido horizontal, ampliando o âmbito das pretensões jurisdicionalizáveis e das pessoas com possibilidade de ingresso em juízo e aptas a receber a tutela (...). Fala-se em *universalização da jurisdição* para expressar essa tendência expansionista tanto no plano quantitativo, quanto no qualitativo do serviço jurisdicional (sentido horizontal e sentido vertical). *Reduzir os resíduos de conflitos não jurisdicionalizáveis e dar tratamento adequado aos jurisdicionalizados*".[5]

13. *"estrangeiros residentes no país": uma restrição?*

Não escapa ao intérprete atento o fato de a Constituição brasileira e o Estatuto do Estrangeiro conterem a cláusula *estrangeiros residentes no país*, da qual poder-se-ia talvez inferir uma limitação às garantias de direitos, ou seja, inferir a exclusão da proteção com referência aos estrangeiros *não residentes no país*. A realidade é outra, porém. Quer nas decisões dos tribunais, quer em sede doutrinária, os poucos que a respeito se manifestaram veem no art. 5º da Constituição a solene afirmação da igualdade substancial entre os nacionais e todos os estrangeiros *que de algum modo entrem em contato com a vida do país e, consequentemente com a ordem jurídica brasileira*. Disse a propósito o constitucionalista Celso Ribeiro Bastos:

> "a atual redação é fruto de uma evolução histórica que no seu início era mais restritiva com relação à proteção conferida aos estrangeiros residentes no País. A despeito da fórmula ampla que adotou, ainda assim cremos que ela não pode ser entendida na sua literalidade, sob pena de ficarmos em muitas hipóteses aquém do que pretendeu o constituinte. Senão vejamos: se por acaso um estrangeiro em trânsito pelo País, portanto não residente, fosse tolhido em sua liberdade de locomoção, chegar-se-ia ao ponto de denegar-lhe o *habeas corpus*, sob o fundamento de que carece da residência no Brasil para dele se beneficiar? Por acaso ainda, recusar-se-ia a devida proteção à propriedade de um estrangeiro que porventura nem residisse no País? Seria esta uma razão para poder confiscar-lhe a propriedade sem indenização? A nós sempre nos

---

5. Ob. e loc. cits.; v. também nn. 374 ss. ("O futuro do processo civil brasileiro").

pareceu que o verdadeiro sentido da expressão 'brasileiros e estrangeiros residentes no Pais' é deixar certo que esta proteção dada aos direitos individuais é inerente à ordem jurídica brasileira".[6]

Entre os processualistas, disse também José Carlos Barbosa Moreira:

> "acaso se concebe que a Carta da República admita o uso da tortura ou de *tratamento desumano* ou degradante a estrangeiro que, presente no território brasileiro, contudo não tenha nele residência? (...) Em outras palavras, é um rol de direitos que consagra a limitação da atuação estatal em face de todos aqueles que entrem em contato com esta mesma ordem jurídica. Já se foi o tempo em que o direito para os nacionais era um e para os estrangeiros outro, mesmo em matéria civil".[7]

14. *considerações finais e conclusão*

De minha parte, vejo no art. 3º da Constituição Federal o apoio jurídico-positivo que põe uma *pá-de-cal* sobre a questão, eliminando qualquer dúvida que ainda pudesse restar a respeito da amplitude da oferta de tutela jurisdicional a todos os estrangeiros. Segundo tal dispositivo, "constituem objetivos fundamentais da República Federativa do Brasil (...) promover o bem de todos, sem preconceitos de origem, raça, sexo, cor, idade e quaisquer outras formas de discriminação" (inc. IV). Esse solene veto a discriminações de toda ordem é um seguríssimo ponto de referência para a interpretação sistemática da cláusula garantidora da isonomia, contida no art. 5º, obrigando a ver na Constituição Federal como um todo a oferta de tratamento isonômico, como dito acima, a todos que de algum modo participem da vida econômica, social ou cultural do país. Colidiria com o inc. IV do art. 3º a interpretação isolada do art. 5º, tendente a restringir garantias, negando-as

---

6. *Cfr. Comentários à Constituição do Brasil*, II, p. 4 (em cooperação com Ives Gandra Martins).

7. *Cfr.* "Garantia constitucional do direito à jurisdição – competência internacional da justiça brasileira – prova do direito estrangeiro", *in Rev. Forense* 343/277-278.

àqueles que, por sua *origem*, supostamente estariam alijados de defender direitos perante a Justiça do Brasil.

Reputo, portanto, absolutamente seguro que no Brasil a oferta de acesso à justiça é suficientemente ampla para beneficiar todas as pessoas naturais ou jurídicas, nacionais ou estrangeiras, que dele tenham necessidade (obviamente, observados os pressupostos ordinários da tutela jurisdicional). Não existe a esse propósito uma só restrição em referência aos estrangeiros, ainda quando não residentes no território nacional, em vista da amplitude e da *mens* das garantias constitucionais dos direitos fundamentais; a *origem* do sujeito é fator que não pode ser levado em consideração, sob pena de infração direta ao disposto no art. 3º, inc. IV, da Constituição Federal, e ao sistema de garantias como um todo. A Lei de Introdução ao Código Civil (lei n. 4.657, de 4.9.1942), portadora da disciplina da aplicação da lei no Brasil, não contém uma só disposição a respeito dos direitos dos estrangeiros – nem sequer a exigência de reciprocidade, imposta pelo art. 16 da correspondente lei italiana.

> A única ressalva ao tratamento judiciário a ser dispensado a pessoas naturais ou jurídicas sem sede no país (seja nacional ou estrangeira) consiste na exigência da *cautio pro expensis,* contida no art. 835 do Código de Processo Civil ("o autor, nacional ou estrangeiro, que residir fora do país ou dele se ausentar na pendência da demanda, prestará, nas ações que intentar, caução suficiente às custas e honorários de advogado da parte contrária, se não tiver no Brasil bens imóveis que lhes assegurem o pagamento"). Esse dispositivo equivale substancialmente ao do art. 98 do *codice di procedura civile* italiano, que a Corte constitucional julgou constitucionalmente ilegítimo, mas no Brasil inexiste pronunciamento judicial dessa ordem.[8]

---

8. O caso julgado perante a Justiça italiana, que deu origem ao presente estudo, obteve resultado favorável, sendo também levado em conta o tratado bilateral celebrado entre Brasil e Itália no ano de 1989, cujo art. 5º estabelece: "os cidadãos de cada Parte se beneficiam, no território da outra Parte, no que diz respeito à sua pessoa e aos seus bens, dos mesmos direitos e da mesma proteção jurídica dos cidadãos desta última Parte" (*cfr.* Vigoriti, "Arbitragem, FIFA e sentenças brasileiras na Itália", n. 8, artigo ainda inédito no Brasil).

CAPÍTULO IV
LIMITES DA SENTENÇA ARBITRAL E DE SEU CONTROLE JURISDICIONAL

15. o processo arbitral na teoria geral do processo – princípios – 16. notas peculiares relevantes – 17. solução alternativa de litígios e controle judicial – 18. uma regra fundamental: correlação entre a sentença e a demanda – 19. sobre o objeto do processo – 20. objeto do processo arbitral – primeira abordagem – 21. a formação do processo arbitral e seu objeto – 22. objeto do processo e pretensão processual bifronte – 23. demanda e sentença de caráter condenatório – 24. pior hipótese: eliminação do excesso – 25. das boas relações entre o juízo judicial e o arbitral

15. *o processo arbitral na teoria geral do processo – princípios*

Carlos Alberto Carmona vem sustentando a natureza jurisdicional da arbitragem, conceito com o qual concordo ao menos em parte. Já ao prefaciar o primeiro de seus livros a respeito do tema, manifestei simpatia por essa ideia, asseverando que "se o poder estatal é exercido, *sub specie jurisdictionis*, com o objetivo de pacificar pessoas e eliminar conflitos com justiça, e se, afinal, a arbitragem também visa a esse objetivo, boa parte do caminho está vencida, nessa caminhada em direção ao reconhecimento do caráter jurisdicional da arbitragem".[1] Mais recentemente, tenho pensado em uma natureza *parajurisdicional* das funções do árbitro, a partir da ideia de que, embora ele não as exerça com o es-

---

1. *Cfr.* "Prefácio", in *A arbitragem no processo civil brasileiro*, pp. 7-8.

copo *jurídico* de atuar a vontade da lei, na convergência em torno do escopo *social* pacificador reside algo muito forte a aproximar a arbitragem da jurisdição estatal.[2]

Essa expressiva aproximação entre o processo arbitral e o estatal é suficiente para abrigá-lo sob o manto do *direito processual constitucional*, o que importa considerar seus institutos à luz dos superiores princípios e garantias endereçados pela Constituição da República aos institutos processuais.[3] Isso implica também, consequentemente, incluir o processo arbitral no círculo da *teoria geral do processo*, entendida esta muito amplamente como legítima condensação metodológica dos princípios e normas regentes do exercício do poder.[4]

A doutrina especializada esmera-se em fazer essa atração da arbitragem ao sistema de regras destinadas ao processo civil comum, o que constitui valiosa premissa metodológica indispensável ao seu bom entendimento e à correta solução dos problemas que lhe são inerentes. Assim está em precioso estudo no qual Vincenzo Vigoriti destaca, em relação ao juízo arbitral, a necessidade "do respeito às regras fundamentais dos juízos cíveis, tradicionalmente resumidas na fórmula do *procedural due process*".[5]

Na doutrina brasileira, Selma Ferreira Lemes refere a doutrina francesa ao afirmar que o enunciado de princípios no Código de Processo Civil constitui uma "parte simbólica de onde se originam os princípios que se aplicam a todas as ordens de jurisdição, dos quais grande parte ressoa na instância da arbitragem,

---

2. *Cfr. Manual dos juizados cíveis*, nn. 3 e 8, pp. 32 e 45-47; *Instituições de direito processual civil*, I, nn. 340, 345, 346, 362, 365 e 368.

3. *Direito processual constitucional*: método consistente em interpretar os institutos do processo e as normas infraconstitucionais pertinentes, à luz dos valores políticos consagrados na Constituição Federal: *cfr.* Cintra-Grinover-Dinamarco, *Teoria geral do processo*, n. 33, pp. 85-86.

4. O poder que o árbitro exerce não é o estatal e não tem por fundamento o *imperium*, mas a especial investidura que lhes outorgam as partes. Essa distinção é fundamental mas não tem relevância para o presente estudo.

5. *Cfr.* "Em busca de um direito comum arbitral", n. I, esp. p. 13.

tais como o princípio dispositivo, o princípio do contraditório, liberdade de defesa, direito de ser ouvido, conciliação *etc.*".[6]

O primeiro pilar do presente estudo é, portanto, representado pela afirmação da plena incidência, sobre o processo arbitral, dos princípios e garantias constitucionais inerentes à segurança interna do sistema processual. Quando se pensa no *acesso à justiça*, que é a magna condensação de todas as garantias constitucionais do processo, hoje é imperioso incluir nesse pensamento as aberturas para a tutela jurisdicional pela via da arbitragem, como alternativa às vias estatais. Quando se pensa no contraditório e na ampla defesa, deve-se pensar na participação dos sujeitos processuais no processo estatal e no arbitral também. Quando enfim se pensa no *due process of law* como princípio tutelar da observância de todos os demais princípios, não se pode excluir o devido processo legal *arbitral*, como fonte de tutelas jurisdicionais justas e instrumento institucionalizado de pacificação social.

> Ressalva-se que no juízo arbitral não preponderam os princípios da publicidade e do duplo grau de jurisdição – os quais, todavia, serão observados se e quando o resultado da arbitragem for posto *sub judice* (LA, art. 33, *caput* e § 3º). Essas ressalvas não são em si um mal, porque a incidência de tais princípios se chocaria com os próprios fundamentos institucionais desse meio alternativo de solução de litígios; em relação aos temas examinados no presente estudo, elas são inteiramente desprovidas de interesse.

É também imperioso estar atento aos conceitos e certas estruturas desenvolvidas na técnica processual amadurecida ao longo de séculos, em relação ao processo civil estatal, que se propagam ao arbitral. A doutrina tem feito minuciosas análises do modo e medida como tais conquistas concorrem para a segurança da arbitragem *justa e équa*, questionando a aplicação de umas e enfatizando a pertinência de outras, segundo as notas peculiares dessa forma de buscar justiça (Sergio La China).[7]

6. *Cfr.* "Os princípios jurídicos da Lei de Arbitragem", n. 4, esp. p. 89.
7. *Cfr. L'arbitrato*, cap. IV, pp. 67 ss.

O modelo institucional do processo arbitral é representado pelo conjunto de características emergentes das garantias constitucionais, das normas gerais de processo que a ele se aplicam e, finalmente, dos preceitos aderentes às suas peculiaridades; cumpre à lei de arbitragem de cada país definir as normas balizadoras da validade e eficácia da sentença arbitral, sem cuja observância o resultado da arbitragem não pode ser eficaz, mas sempre com atenção àqueles preceitos superiores e à índole desse processo alternativo.

Especificamente sobre a sentença arbitral e sua nulidade, o prof. Edoardo F. Ricci, titular da Faculdade de Direito da Universidade estatal de Milão e aplicadíssimo estudioso do processo arbitral brasileiro, afirma a "necessidade de resolver os problemas à luz dos princípios e dos conceitos que dominam a disciplina dos vícios e da nulidade da sentença judicial".[8]

16. notas peculiares relevantes

Fruto do consenso das partes e não do *imperium* estatal, a arbitragem é, de um lado, sujeita a limitações inerentes a essa sua origem, mas, de outro, mostra-se extraordinariamente capaz de proporcionar a tutela jurisdicional com diversos pontos de vantagem sobre o processo judicial. Sabido que *tutela jurisdicional* é o conjunto de vantagens concedidas mediante o processo àquele que tiver razão (vantagens legítimas perante o direito e aptas a aportar melhoras à vida do sujeito),[9] seja lembrado o lúcido pensamento de Kazuo Watanabe, que associa a essa tutela a necessidade de três predicados – sem os quais ela não é satisfatória e talvez sequer chegue a ser autêntica tutela – a saber, os predicados da *tempestividade*, da *adequação* e da *efetividade*. Esses são legítimos parâmetros para uma comparação entre o processo por árbitros e o judicial.

8. *Cfr.* "Reflexões sobre o art. 33 da Lei da Arbitragem" (brasileira), n. 2, p. 47.

9. *Cfr.* Dinamarco, *Fundamentos do processo civil moderno*, II, n. 425.

A *tempestividade* da tutela é notoriamente favorecida pela maior *celeridade* com que se realiza o processo arbitral, em contraposição às longas esperas a que se sujeita quem depende de um pleito perante a Justiça estatal. "A demora e o custo são dois inconvenientes do julgamento judicial tradicional, mais frequentemente apontados como razões para buscar uma solução alternativa para os litígios" (Marcus-Shermann).[10] A presteza da tutela mediante a arbitragem é favorecida pela sensível *simplificação das formas* de seu procedimento, o qual não se pauta por regras preestabelecidas e fixas, sendo as partes livres para especificar os parâmetros da atuação dos árbitros.

Tendo em vista a celeridade na produção da tutela jurisdicional, a Lei de Arbitragem brasileira estabelece que, salvo consenso das partes em outro sentido, a sentença arbitral será proferida no prazo de seis meses, contado da instituição da arbitragem ou da substituição do árbitro (art. 23, *caput* e par.).

A busca da tutela *adequada*, ou seja, substancialmente justa, é favorecida por vários modos no processo arbitral, inclusive mediante a eleição de árbitros profissionalmente preparados para melhor entender questões e apreciar fatos inerentes ao seu conhecimento específico – o que não sucede no processo judicial, em que a presença de questões técnicas leva os juízes a louvar-se em peritos, deixando de ter contato direto com a realidade do litígio e sem terem, eles próprios, familiaridade com a matéria.

Evitar as longas e caras demoras do processo tradicional e a publicidade de seus litígios, talvez com divulgação de segredos empresariais, são também razões que legitimam o juízo arbitral no contexto dos instrumentos de acesso à justiça. "As vantagens geralmente atribuídas à arbitragem incluem a celeridade, a economia, o conhecimento específico do prolator da decisão, a privacidade, a maior informalidade e a definitividade da decisão sem possibilidade de recurso".[11]

10. *Cfr. Complex litigation*, cap. IX, p. 983 (trad. livre).
11. Ob. cit., p. 988 (trad. livre).

O árbitro não tem o poder de exercer constrições sobre pessoas ou coisas, em busca da efetividade da tutela, mas lhe é lícito impor sanções ao descumprimento, agravando a situação jurídico--substancial do inadimplente.

Tais elementos fundamentais do processo arbitral, que são as grandes molas desse meio alternativo de pacificação, repercutem nas características internas de seu procedimento e devem ser levados em conta sempre que, agora no prisma da jurisdição estatal, se cuida de examinar a validade dos julgamentos ali produzidos.

17. solução alternativa de litígios e controle judicial

Como é notório, no sistema brasileiro as decisões arbitrais jamais se sujeitam ao controle jurisdicional estatal no que se refere à substância do julgamento, ou seja, ao *meritum causæ* e possíveis *errores in judicando*; não comportam censura no tocante ao modo como apreciam fatos e provas, ou quanto à interpretação do direito material ou aos pormenores de sua motivação.[12] A definitividade dos pronunciamentos dos árbitros é efeito do livre exercício da autonomia da vontade pelos litigantes, manifestada quando optam por esse meio alternativo. Essa singela e óbvia constatação vale como reflexão destinada a advertir contra os exageros em provocar o controle judicial das sentenças arbitrais. A liberalização desse controle pelos juízes estatais, quando levada a patamares de abuso, seria um perigosíssimo fator de esvaziamento do instituto da arbitragem, pois comprometeria os fundamentos e objetivos deste – alongando litígios no tempo, encarecendo a produção da tutela definitiva, conferindo publicidade a assuntos que se pretendia tratar com discrição, renunciando aos conhecimentos especializados dos árbitros. Essa abertura atingiria também, na alma, um dos grandes pressupostos da opção arbitral, que é a boa-fé dos litigantes, que deve levá-los a resignar-se com os azares de uma decisão previamente aceita mediante o compromisso que celebra-

---

12. *Cfr.* La China, *L'arbitrato*, prefácio, p. XV.

ram. São veementes as palavras do monografista La China a esse respeito, dizendo:

> "o processo é um risco mas, se desejamos que ele seja célere, esse é um risco que vale a pena correr; não se pode fazer do processo uma interminável choradeira repetitiva, uma lamentosa sequência de censuras que, não por acaso, no jargão corrente são chamadas *lamúrias*, ou manifestações chorosas de derrotados".[13]

18. uma regra fundamental: correlação entre a sentença e a demanda

Entre as regras fundamentais de direito processual, de indiscutível aplicação à arbitragem é a da correlação entre o pedido e o concedido, expressa em termos negativos no veto às sentenças *extra, ultra vel citra petita partium*. O juiz decidirá nos limites subjetivos e objetivos da demanda proposta, sendo-lhe vedado conceder ao autor mais que o pedido ou coisa diversa da pedida (CPC, arts. 128 e 460) ou deixar de decidir sobre tudo que haja sido pedido (parcial denegação de justiça – art. 126).

Descontadas as hipóteses de sentença exorbitante à causa de pedir ou aos elementos subjetivos da causa (partes), sem interesse para o tema proposto, a correlação de que se fala tem por parâmetro o *objeto do processo*, a saber, a pretensão insatisfeita que as partes apresentam ao julgador, em busca de solução e possível satisfação. A tutela jurisdicional possível, em cada caso, tem por dimensão máxima a dimensão da pretensão posta como objeto do processo e a decisão da causa tem por precisa dimensão a deste.

19. sobre o objeto do processo

Tenho muito interesse pelo tema do objeto do processo – o *Streitgegenstand*, da lei e doutrina alemãs – que figura no sistema processual como intenso polo metodológico de convergência de uma série de institutos, do qual se irradiam critérios para a solu-

---

13. Ob. cit., p. XVI (trad. livre).

ção de questões de diversas ordens. Discorrendo sobre o objeto do processo civil contencioso posto perante a Justiça estatal, os doutrinadores alemães muito discutiram sobre sua conceituação, até que acabaram chegando a concluir que ele consiste na *pretensão deduzida em juízo*, a que nós chamamos *mérito*. Decidir o mérito é julgar a pretensão trazida pelo autor, seja para acolhê-la ou rejeitá-la. *Pretensão*, nesse contexto, é a exigência de submissão do interesse alheio ao próprio, ou seja, a manifestação exterior de uma aspiração íntima do sujeito (Carnelutti).[14] Os estudiosos alemães não chegaram a um consenso sobre ser a pretensão (objeto do processo) representada exclusivamente pelo *pedido* (*Antrag*) ou por este em associação com a causa de pedir (*evento da vida*, ou *segmento da História*), mas perante o direito brasileiro, hoje, não tenho dúvida de que é exclusivamente no *petitum* que reside o objeto do processo. Julgar o mérito é julgar o pedido. Somente o pronunciamento do juiz sobre o pedido (e não sobre a causa de pedir) tem uma imperativa eficácia preceptiva sobre a vida dos litigantes. Somente esse pronunciamento fica resguardado pela autoridade da coisa julgada material (CPC, art. 469).[15]

Nessa linha, venho afirmando que existe um *eixo imaginário* interligando o pedido, contido na demanda inicial do autor, e o dispositivo sentencial, em que ao pedido é dada uma resposta positiva ou negativa. Essa imagem destina-se a ilustrar a necessária correlação entre um e outro, de modo que a resposta nunca possa incidir sobre o que não foi demandado, sob pena de ultraje às garantias constitucionais do contraditório e do devido processo legal.[16]

14. *Cfr. Istituzioni del processo civile italiano*, I, n. 8, p. 8.
15. Quando escrevi monograficamente sobre o tema, estava ainda na mesma dúvida dos alemães e não concluí sobre essa divergência (*cfr*. "O conceito de mérito em processo civil", n. 119, p. 273, in *Fundamentos do processo civil moderno*, 1ª ed., 1986). Ao longo do tempo, porém, a observação do que há no direito positivo brasileiro levou-me a tomar essa decidida posição, o que vim a fazer na nova versão daquele ensaio (*in Fundamentos do processo civil moderno*, 6ª ed., 2009; 7ª ed., 2013). Nesse estudo está o relato dos debates travados a respeito.
16. *Cfr. Instituições de direito processual civil*, III, n. 1.223.

20. *objeto do processo arbitral* − *primeira abordagem*

Inserido no contexto da teoria geral do processo e sendo permeável aos preceitos, garantias e conceitos inerentes a esta, o processo arbitral também é regido, na medida do pertinente, pelas limitações relacionadas com seu objeto. Em confronto com o judicial, ele terá o objeto determinado segundo técnicas diferentes, especialmente em razão do modo diferenciado de sua formação − mas invariavelmente haverá também ali um objeto, ou *Streitgegenstand*, responsável pela fixação dos limites da sentença arbitral.

A *formação* do processo civil ordinário é, sempre e invariavelmente, produto da iniciativa de um dos seus sujeitos, o autor, configurada pela *demanda* posta perante o juiz (*ne procedat judex ex officio* − CPC, arts. 2º e 262). A propositura da demanda, mediante o escrito a que chamamos *petição inicial*, é o primeiro ato de iniciativa do sujeito interessado em obter uma tutela jurisdicional pelo juiz estatal. A partir de quando proposta, o processo reputa-se desde logo pendente (*litis pendentia*, art. 263 CPC) e seu objeto está delimitado.[17] Sobre o *petitum* que a petição inicial formula, decidirá o juiz no exercício da jurisdição estatal (art. 459).

> Estão superados os preconceitos que no passado levaram parte da doutrina brasileira ao equívoco consistente em reputar formado o processo somente quando feita a citação do réu. A garantia constitucional do contraditório impede que ele possa produzir resultados definitivos quanto ao demandado não citado, mas existir o processo, existe desde o primeiro ato. São coisas diferentes a existência e a aptidão a produzir os resultados desejados.[18]

Tanto quanto o do processo ordinário, o objeto do arbitral é a *matéria sobre a qual se pede um julgamento*, ou, em termos mais diretos, o *pedido* contido na demanda inicial. Na arbitragem,

---

17. Ressalvadas obviamente as ampliações do *Streitgegenstand*, determinadas por novas demandas, como na reconvenção, denunciação da lide, oposição *etc.*

18. Cfr. *Instituições de direito processual civil*, III, n. 404.

todavia, o primeiro ato que se pratica não é, como no processo civil estatal, a apresentação de uma demanda composta de partes, causa de pedir e pedido. As *alegações iniciais*, que correspondem *mutatis mutandis* à petição inicial do processo comum, só vêm a ser apresentadas depois que a arbitragem já está instaurada, havendo o árbitro aceito o *munus* que lhe é oferecido (LA, art. 19). Durante essa fase preparatória já existe uma *arbitragem* instaurada, mas o *processo* arbitral, como relação jurídica processual, só terá existência a partir da apresentação das alegações iniciais, portadoras da demanda do autor. Só então passa a haver um *processo arbitral* e só então, consequentemente, se define o seu objeto (objeto do processo), tendo inicio, em seguida, o exercício da *jurisdição* pelo árbitro. O árbitro não exerce jurisdição alguma antes da apresentação das alegações iniciais, do mesmo modo que o juiz só a exerce a partir de quando tem diante de si uma petição inicial.[19] A doutrina especializada não é particularmente explícita sobre esse tema, o que impõe um reclamo aos conceitos gerais de direito processual como modo de encaminhar os raciocínios de interesse para o presente estudo.

21. a formação do processo arbitral e o seu objeto

É impreciso e extremamente vago dizer, como La China, que *"o processo arbitral* começa com o pedido de arbitragem"[20] – porque o *pedido de arbitragem* não é mais que uma solicitação dirigida a uma instituição arbitral com o objetivo de obter providências iniciais com vista à convocação dos árbitros. Comparecendo estes e aceitando o encargo, a arbitragem reputa-se instaurada (LA, art. 19), mas ainda não se tem a precisa indicação de um *petitum* a ser objeto de decisão no laudo, nem se especificaram seus fundamentos de forma circunstanciada e bem delimitada. Até aí os árbitros terão somente uma noção do contexto litigioso

---

19. *Cfr.* Dinamarco, *A arbitragem na teoria geral do processo civil*, nn. 31-32.
20. *Cfr. L'arbitrato – Il sistema e l'esperienza*, cap. n. 4, esp. p. 77.

que envolve as partes e, ainda vagamente, dos objetivos da arbitragem proposta. Por isso, quando diz Carmona que "enquanto os árbitros não aceitarem o encargo que lhes foi outorgado não se instaura o juízo arbitral",[21] entenda-se que o vocábulo *juízo* está ali para designar a própria *arbitragem como um todo*, não a *relação processual arbitral*. Não pode existir *processo jurisdicional* enquanto não existir a perfeita determinação dos limites em que a jurisdição será exercida – e essa delimitação necessariamente precisa e especificada virá com as *alegações iniciais*, que são portadoras da demanda do autor.

Quando a convenção de arbitragem for uma *cláusula compromissória*, os que a pactuam não têm ainda diante de si um conflito já eclodido – quer seja ela ajustada simultaneamente ao contrato ou depois. Por isso é ao menos extremamente improvável que uma cláusula dessa ordem já possa conter em si a precisa e concreta delimitação da matéria a ser confiada ao julgamento por árbitros. Essa especificação poderá ocorrer gradualmente, passando pelo pedido de arbitragem, assunção do encargo pelos árbitros e eventual explicitação de alguma "questão disposta na convenção de arbitragem" (LA, art. 19, par.), para só depois ser efetivamente exercido o *direito de ação* pela via das alegações iniciais. Nesse momento, extirpadas eventuais dúvidas quanto ao concreto desenho do litígio e da pretensão do autor, serão postos diante do árbitro um "pedido com suas especificações" (CPC, art. 282, inc. IV) e uma *causa petendi* composta de concretos fundamentos de fato e de direito (art. 282, inc. III), sendo também especificados os sujeitos postos sob a jurisdição dos árbitros.

> Como mostra Piero Pajardi, para a determinação do objeto da arbitragem "il conferimento per materia e per area di rapporti interpersonali tra le parti (...) conferisce, e deve conferire, alla clausola compromissoria quel minimo di concretezza che è necessaria".[22]
> Mas, como dito, uma concreta especificação, suficiente a traçar definitivamente os limites do objeto do processo arbitral, muito di-

---

21. *Cfr. Arbitragem e processo*, nota 8 ao art. 9º, pp. 132-133.
22. *Cfr. L'arbitrato*, Milão, Pirola, 1990, 1ª parte, n. 2, esp. p. 21.

ficilmente se verá em uma cláusula compromissória e, definitivamente, só se concretizará nas alegações iniciais.

Mutatis mutandis assim também sucede quando a convenção de arbitragem é representada por um *compromisso arbitral*. Por ser celebrado depois da eclosão da situação litigiosa entre as partes, este já se situa mais próximo às circunstâncias concretas do litígio. Mais que uma mera promessa de submeter o conflito aos árbitros (cláusula) já se realizou o ato com que, concretamente, as partes outorgaram poderes a estes (contrato arbitral – Pontes de Miranda). Falta menos para a especificação da demanda, composta de partes, precisa causa de pedir e pedido especificado, que devem estar presentes em uma demanda – mas essas precisas especificações ainda faltam e principalmente a formulação de um *petitum* concreto e especificado a ser acolhido pelo árbitro.

Seja como for, o objeto do processo arbitral é determinado sempre pelo *pedido* endereçado aos árbitros, qualquer que haja sido o *iter* de sua formulação. Quando o compromisso não for claro, a pretensão do autor à arbitragem será especificada por solicitação dos árbitros, para só depois serem deduzidas as alegações iniciais, portadoras da demanda.

22. *objeto do processo e pretensão processual bifronte*

Quando se fala na pretensão deduzida pelo autor como objeto do processo, na realidade pensa-se em duas pretensões. Uma delas, de direta relevância substancial porque envolvida com bens e situações da vida comum dos litigantes, é a que, no processo, vem a constituir o seu objeto, ou o *meritum causæ*. Satisfazê-la é outorgar ao demandante o bem ou situação a que não teria acesso senão mediante a via do processo (quer estatal, quer arbitral); rejeitá-la é fadá-lo à perpétua (ou quase) resignação, dado que a improcedência da demanda inicial implica tutela ao demandado, ao qual se oferece a declaração de que o autor não tem o direito que vinha alegando. A outra pretensão que a demanda inicial apresenta ao juiz ou ao árbitro – e que antecede logicamente àquela – consiste na *aspiração a um provimento jurisdicional* em relação àquela primeira. Fala-se, a propósito desse contexto integrado por duas pretensões, em *pretensão processual bifronte*.[23]

> Daí a costumeira afirmação da doutrina, em geral, de que na petição inicial se deduzem dois pedidos, (a) um *mediato*, referente ao bem da vida e (b) um *imediato*, referente ao provimento jurisdicional postulado do juiz.

23. demanda e sentença de caráter condenatório

Este escrito tem origem em parecer que elaborei, referente a um compromisso arbitral no qual se incluía o encargo, atribuído aos senhores árbitros, de fixar o *prazo para o cumprimento da obrigação* pelas devedoras. Essa autorização e o uso que dela veio a fazer o conselho arbitral ao fixar determinado prazo são suficientes a identificar nesses atos um pedido de sentença condenatória (feito pelas partes) e uma sentença condenatória (proferida pelos árbitros). Parece até que havia entre todos os que então litigavam verdadeiro consenso em admitir que era realmente condenatória a pretensão dos que me consultaram – ou seja, que, no quadro da pretensão *bifronte* submetida aos árbitros, tinha essa natureza o provimento deles esperado.

> Não fosse em razão da expressa autorização a fixar prazo para adimplir, também dos próprios objetivos institucionais da arbitragem se extraem esse diagnóstico e essa conclusão. Se houvesse alguma dúvida em face dos dizeres do compromisso, a amplitude do provimento desejado é imposição do escopo de pôr fim definitivamente ao litígio e propiciar a execução do julgado em caso de inadimplemento. Seria insatisfatório, e todos sabem e já sabiam, somente declarar a existência do crédito, mediante uma sentença puramente declaratória, sem aparelhar o credor de título para a execução forçada que se fizesse necessária (CPC, art. 475-N, inc. I, e LA, art. 31).

---

23. *Cfr.* Dinamarco, *Instituições de direito processual civil*, II, n. 434.

No caso que examinei, ao fazerem a determinação do prazo para cumprir estiveram os senhores árbitros aderentes e fiéis aos objetivos do *munus* aceito, instituindo meios para que a obrigação se cumprisse, o crédito fosse satisfeito e, afinal, para que sepultadas ficassem as raízes do conflito que envolvia as partes. O *dever de diligência*, que Selma Ferreira Lemes enfatiza ao discorrer sobre a figura do árbitro,[24] inclui o de empenhar-se em facilitar a execução do julgado – até porque, sem poderes para promover ou realizar a execução forçada, impondo constrições sobre pessoas ou bens, o árbitro deve ser diligentemente ágil e criativo, no sentido de oferecer ao credor, tão-logo quanto possível, a fruição do bem da vida a que tem direito. Isso é da essência e da filosofia do processo arbitral. Essa estudiosa refere ainda René David, na afirmação de que é lícito descobrir cláusulas *implícitas* no contrato de arbitragem, além de completar o próprio contrato com normas do direito positivo do país.[25] Ora, a tendência do processo civil moderno em direção à *efetividade da tutela jurisdicional*, prometida em sede constitucional (art. 5º, inc. XXXV), é revelada no plano infraconstitucional mediante as novas técnicas destinadas a induzir o obrigado a adimplir, contidas nos *instrumentos de pressão psicológica* dispostos no novo art. 461 do Código de Processo Civil. Assim, ainda quando não esteja implícita no compromisso a autorização para fixar prazo, a medida que o conselho arbitral ditar a respeito estará absolutamente fiel aos ditames e tendências do processo civil moderno, que o árbitro não pode ignorar ou contrariar.

24. pior hipótese: eliminação do excesso

Tudo quanto se diz sobre a correlação entre sentença e demanda e sobre o objeto do processo como parâmetro hábil a aferir essa correlação ou sua falta (*supra*, nn. 18-20) apóia-se também na premissa de que dificilmente uma sentença tem a estrutura de um corpo só, único e sólido, sem fissura e sem

---

24. *Cfr.* "Dos árbitros", n. 3.7.1, p. 256.
25. Ob. cit., n. 1, esp. p. 246.

qualquer repartição interna. Na realidade, as sentenças são quase invariavelmente compostas de dois ou mais *capítulos*, caracterizados como *unidades elementares*, e cada um deles portador de um preceito normativo endereçado aos litigantes, sendo cada um desses preceitos dotado de sua própria imperatividade. Quem com mais proficiência se aplicou ao tema foi Enrico Tullio Liebman, mostrando que são capítulos de sentença, distintos entre si, muito embora às vezes dependentes ou interdependentes, os que julgam dois ou mais pedidos cumulados (reintegração de posse e indenização), ou a demanda inicial e a reconvenção ou a denunciação da lide, ou ainda o que dispõe sobre a inicial e os honorários da sucumbência.[26] O tema é belo e riquíssimo e clama por maior atenção, especialmente na doutrina brasileira. É na disciplina dos recursos que ele mostra de modo mais eloquente a sua grande utilidade, embora pertença essencialmente à teoria da sentença.[27]

> Não só se divide em capítulos a sentença que se pronuncia sobre dois ou mais pedidos formulados pelas partes, mas também aquela que decide sobre um pedido que tenha por objeto coisas sujeitas a quantificação mediante medição, contagem, pesagem *etc.* Se peço 100 e o juiz me concede 80, uma elementar operação de abstração mental permite ver em sua sentença dois capítulos – a saber, um que julga procedente a pretensão a obter 80 e outro, rejeitando a pretensão a obter os outros 20. Cada uma das partes é vencida em um desses capítulos e só tem interesse em recorrer quanto a um deles (CPC, art. 499).[28]

Ora, quando uma sentença extrapola o pedido, concedendo mais do que a parte pediu ou coisa que não pediu, é lícito ver nela dois capítulos – a saber, o que dispõe sobre o pedido feito e o que dispõe sobre o que não foi pedido. Em casos assim, manda o princípio da *conservação* dos atos processuais, expresso na

---

26. *Cfr.* "Parte o 'capo' di sentenza", *passim*.
27. *Cfr.* Dinamarco, *Capítulos de sentença*, nn. 2 e 44 ss., pp. 13-14 e 96 ss.
28. Chiovenda, *Principii di diritto processuale civile*, § 84, IV, esp. p. 988; Liebman, "Parte o 'capo' di sentenza", *passim*.

máxima *utile per inutile non vitiatur* e no art. 248 do Código de Processo Civil, que se anule o viciado e se preserve o hígido. Trata-se de capítulos autônomos e a contaminação de um pelo vício contido no outro violaria essa importante regra de elementar inteligência.

Já ouvi vozes no sentido de que essa regra, de resto muito prestigiada na jurisprudência dos tribunais brasileiros, não teria aplicação à sentença arbitral. Não consigo entender por quê. Se todos estamos de acordo em que ao processo por árbitros se aplicam *in utilibus* as regras do processo civil comum (*supra*, n. 15) e se o processo arbitral deve até ser menos sensível às preocupações formais que incidem sobre este, não há como pensar na nulidade total da sentença arbitral ainda quando um de seus capítulos seja ilegítimo. Referindo-se de modo específico à sentença arbitral *ultra petita*, Carmona disse que a constatação desse vício "conduzirá apenas à redução do âmbito da decisão, o que equivale a dizer que entendo perfeitamente possível apenas a anulação parcial do laudo, de modo a fazer aplicar também ao laudo arbitral, com os temperamentos necessários, a solução encontrada pela jurisprudência para a correção (e salvação) das sentenças *ultra petita*".[29] Essa ideia é alimentada pela posição de Edoardo Ricci, que, vendo o processo arbitral do prisma da teoria geral do processo, sustenta a regência da sentença dos árbitros pela *disciplina geral da sentença em sede de processo civil estatal*.[30]

> O art. 830 do Código de Processo Civil italiano, contido no capítulo que rege o juízo arbitral, mandava que *todo* o laudo arbitral fosse anulado, entendendo-se que assim seria ainda quando somente um de seus capítulos fosse portador de vício. Com a *Reforma*, a partir de 1994 o texto passou a dizer precisamente o contrário, do modo como aqui se alvitra, a saber: "quando o vício incidir somente sobre uma parte do laudo, que seja destacável das outras, (la corte d'appello) declarará a nulidade parcial do laudo". Informa Vigoriti que assim foi feito "para adequar-se às previsões das Con-

---

29. *Cfr. Arbitragem e processo*, nota 5 ao art. 31, pp. 266-267.
30. Ele extrai tal premissa metodológica do art. 31 da lei especial brasileira: *cfr.* "Reflexões sobre o art. 33 da Lei da Arbitragem", n. 2, esp. p. 49.

venções Internacionais de Nova York (art. V, § 1º, letra "c") e de Genebra (art. IX, § 2º, III) e às várias legislações estrangeiras".[31]

Por tudo isso é que, como estou dizendo, não vejo como anular a sentença toda ainda quando, em hipótese, um de seus *capítulos* fosse írrito. Assim é no processo civil comum, que ao direito arbitral se aplica (CPC, art. 248), assim recomendaram dois importantes congressos internacionais especializados e assim é também, segundo informa Ricci, na generalidade dos ordenamentos jurídicos estrangeiros – e acrescento que o direito espanhol é explícito a esse respeito, como está na obra do prof. Fernando Reglero Campos, titular da Universidade de Madri: se os árbitros houverem decidido fora ou além do pedido, "a sanção não será a total nulidade do laudo mas, como está expresso no art. 45.4 da Lei de Arbitragem, a anulação afetará tão-somente os pontos não propostos para a decisão".[32] O ponto-chave é a *cindibilidade das decisões*: se o vício apontado residir somente em um capítulo destacável dos demais, ou seja, capítulo cuja retirada não os aniquila nem os torna inúteis, preservam-se sempre os capítulos hígidos.

No caso que examinei, não havia a menor dúvida de que, se fosse extirpado do laudo o comando a apresentar contas em sessenta dias, nem por isso ficaria comprometida a parte nuclear da sentença arbitral, ou seja, aquela em que as compradoras são condenadas a pagar segundo os critérios apontados pelo conselho arbitral. Estamos no campo dos capítulos de sentença dotados de *substantividade própria*, a que alude a lei espanhola, e que constitui o critério para a anulação somente parcial dos laudos (Sánchez de Movellán)[33] – com a ressalva de que a anulação será integral quando o capítulo viciado não tiver toda essa autonomia. Reafirmo por isso que, ainda quando existisse o vício apontado, suas consequências não seriam tão radicais quanto as que postulam aqueles que ignoram a cindibilidade da sentença, judicial ou arbitral, em capítulos autônomos.

31. *Cfr.* "Em busca de um direito comum arbitral", n. V, esp. p. 22.
32. *Cfr. El arbitraje*, p. 259.
33. *Cfr. La anulación del laudo arbitral*, p. 277.

Torno agora ao que ficou dito em tópico precedente, para reafirmar que o objeto do processo arbitral se determina no ato de instauração deste, mediante o compromisso celebrado pelas partes e o contrato de ambas com os árbitros – com a ressalva de que em casos especiais uma ulterior manifestação daquelas poderá influir na dimensão desse objeto (*supra*, n. 21). Quero também destacar, no plano estritamente jurídico, a tendência universal a buscar no juízo arbitral a solução *integral* para os conflitos que envolvem os sujeitos, sem deixar resíduos que no futuro possam alimentar novos litígios. A *lide parcial*, da linguagem de Francesco Carnelutti, ao delimitar o campo de atuação dos juízes empobrece a jurisdição como elemento de pacificação social. Essa é a premissa metodológica que leva a doutrina a combater as interpretações restritivas do compromisso e do encargo conferido aos árbitros.

O prestigioso José Martín Ostos é incisivo, ao discorrer sobre a medida do veto aos laudos excessivos: "en la labor juzgadora de la Audiencia Provincial, no se ha de actuar con criterio restrictivo, sino, al contrario, flexible y tolerante, en lo relativo a la interpretación del convenio".[34] Diz também o monografista Fernando Reglero Campos: "atendida a finalidade da arbitragem, corretamente endereçada a dirimir pacificamente as questões controvertidas, a interpretação dos pontos que para sua decisão se submetem ao árbitro não pode ser feita de maneira restritiva e de modo que coarte a liberdade deste para resolver com toda a amplitude que o conjunto do ajuste imponha racionalmente, porque isso iria contra a finalidade que guiou o legislador ao admitir os processos dessa natureza".[35]

25. *das boas relações entre o juízo judicial e o arbitral*

No caso que examinei em parecer, a parte vencida no juízo arbitral veio depois à Justiça estatal pedindo a anulação da sentença proferida pelo conselho de árbitros, incluindo em sua causa de pedir o alegado vício *extra petita* e obtendo liminarmente a

---

34. *Cfr.* "El recurso de anulación contra el laudo arbitral", p. 83.
35. *Cfr. El arbitraje*, p. 260.

suspensão dos efeitos daquele julgamento. Isso significa que o juiz da causa sobrepôs desde logo a jurisdição estatal à arbitral ao chamar a si o poder de neutralizar e manter neutralizados os efeitos daquela até quando o processo principal tiver fim (CPC, art. 807). Coloca-se com isso a dúvida levantada por La China no estudo das relações entre a arbitragem e a jurisdição estatal, ou entre o árbitro e o juiz: "esses dois mundos estão em contraste entre si e, nesse caso, qual deve prevalecer sobre o outro? Ou, se podem coexistir, como coexistirão e em quais condições?"[36] Essa preocupação assume proporções maiores quando se vê um ato judicial lastreado em cognição extremamente sumária e sem a presença do contraditório entrar em conflito com os resultados de uma legítima atividade de solução alternativa de conflitos – o que reclama alguma atenção aos modos como devem ser equacionadas as relações entre o juiz e o árbitro (La China, *ib.*).

Pondero a respeito, com Piero Pajardi, que "a arbitragem é uma coisa muito séria, mas um dos fatores que tendem a reduzir sua seriedade é constituído precisamente pelo comportamento pessoal das partes e de seus defensores. Feito o compromisso ou aprovada a cláusula, registra-se uma ampla e intensa tendência a fugir da arbitragem, quase como sujeitos arrependidos de ter ousado tanto. E todos os meios são bons, inclusive a tentativa de alargar ilimitadamente as impugnações por invalidade".[37] Essa severíssima advertência deve levar o intérprete e o juiz a acautelar-se contra soluções muito ampliativas e contra a ilusão de que o controle jurisdicional pelo Estado fosse um monopólio capaz de neutralizar as soluções concertadas pelo ajuste de vontades. Alargar tanto o controle estatal implicaria comprometer a própria arbitragem como instituição que a cultura dos povos modernos tende a incrementar.

> Nem se compreende que, havendo as partes optado pelo processo arbitral em busca das vantagens que ele é apto a oferecer

---

36. *Cfr. L'arbitrato*, cap. I, n. 2º, p. 10.
37. *Cfr. L'arbitrato*, 1ª parte, n. 2, esp. p. 22.

(*supra*, n. 16), depois se vejam sistematicamente autorizadas a rebelar-se contra julgamentos desfavoráveis. Lá se vai a *celeridade* e até se terá perdido tempo indo primeiramente à arbitragem. Lá se vão a *privacidade e o sigilo*. Lá se vai o aproveitamento do *conhecimento específico* dos árbitros especializados.

Essas considerações de ordem sistemática devem conduzir a repudiar o açodamento em conter desde logo, liminarmente, os efeitos de uma sentença arbitral com fundamento em críticas que, ainda quando forem procedentes, não a comprometem por inteiro (mas apenas, eventualmente, alguns capítulos). Repudia-se também a facilidade na aceitação dos argumentos da parte que vem à Justiça impugnar uma sentença arbitral, sem a preocupação por um equilíbrio entre o estatal e o convencional e sem valorizar a vontade das partes como fonte da decisão que depois uma delas veio a repudiar. A prevalecer essa facilidade para a invalidação de sentenças arbitrais, poder-se-ia perguntar, como perguntou um juiz da *Corte d'Appello* de Gênova: "mas por que as partes recorrem à arbitragem, se sempre voltam a nós?".[38]

---

38. *Apud* La China, *L'arbitrato*, prefácio, p. XVI.

CAPÍTULO V
O REGIME JURÍDICO DAS MEDIDAS URGENTES[1]

§ 1º. ASPECTOS GERAIS: 26. disciplina insuficiente – 27. tutela cautelar e tutela antecipada: proposta de distinção conceitual – 28. o campo mais largo das antecipações e mais estrito das cautelares – 29. o tempo-inimigo e os males do retardamento – 30. males ao processo e males ao sujeito: medidas cautelares e medidas antecipatórias de tutela – 31. fungibilidade – 32. *periculum in mora* – 33. cognição sumária, *fumus boni júris* e juízo do mal maior – 33-A. juízo do direito mais forte – 34. provisoriedade e irreversibilidade – 35. um grau mais elevado de probabilidade: fatos incontroversos – 36. aplicação de disposições contidas no Livro III do Código de Processo Civil – 37. poder geral de antecipação da tutela jurisdicional – 38. antecipação de tutela em caráter antecedente ou preparatório – 39. competência para a antecipação de tutela antecedente ao processo principal – 40. limite temporal da eficácia da antecipação concedida em caráter preparatório (30 dias – CPC, art. 808, inc. I) – 41. vedada a repetição da medida antecipatória – 42. tutela exclusivamente a pedido ou também de-ofício? – 43. limites temporais da possibilidade de antecipar a tutela – 44. efeitos dos recursos em relação à tutela antecipada – 45. cont.: apelação contra "sentença que confirmar a antecipação de tutela" (art. 520, inc. VII) – 46. responsabilidade objetiva – 47. caução – 48. síntese conclusiva – § 2º. CONSIDERAÇÕES ESPECÍFICAS: 49. ressalvas e precisões: as antecipações tipificadas em lei – 50. as obrigações específicas (fazer, não fazer, entregar) – 51. ação de consignação em pagamento – 52. ações possessórias – 53. antecipações regidas por leis extravagantes – 54. o regime jurídico dessas antecipações, segundo as regras gerais

1. Conferência proferida na Faculdade Mineira de Direito da Pontifícia Universidade Católica de Minas Gerais, como evento integrante do *Seminário em homenagem a Lopes da Costa*, aos 15 de junho de 2000. Texto revisto, ampliado, acrescido de notas pelo autor e atualizado com as inovações trazidas pela lei n. 10.444, de 7 de maio de 2002.

§ 1º. ASPECTOS GERAIS

26. *disciplina insuficiente*

Com apenas um artigo e seus parágrafos a *Reforma do Código de Processo Civil* pretendeu disciplinar o instituto da tutela jurisdicional antecipada (art. 273, *caput* e §§ 1º a 5º), sem resolver de modo explícito muitas das dúvidas e questões que giram em torno dessa inovação e que até agora, seis anos depois, ainda são causa de muita incerteza perante os tribunais do país. Sabido que ao processo e às medidas cautelares o Código dedica todo um livro composto de noventa-e-quatro artigos, com muitos incisos e parágrafos (Livro III, arts. 798-889), fica evidente a disparidade de tratamentos e manifesta a necessidade de uma reconstrução sistemática do instituto, pelos juízes e doutrinadores, até quando o legislador se disponha a completar seu serviço inacabado. Cautelares e antecipatórias são as duas faces de uma moeda só, elas são dois irmãos gêmeos ligados por um veio comum que é o empenho em neutralizar os males do *tempo-inimigo*, esse dilapidador de direitos de que falou Francesco Carnelutti[2] – mas essa grande similitude ainda não foi bem compreendida. A segunda *Reforma* já abriu caminho para a superação dessas dificuldades, ao incluir no art. 273 do Código de Processo Civil um novo parágrafo, destinado a instituir a chamada *fungibilidade* entre as medidas cautelares e as antecipatórias (art. 273, § 7º); em alguma medida esse dispositivo facilita o trabalho do intérprete e ainda mais o autoriza a fazer uma série de *pontes* entre os dois institutos, mas o ideal seria que a própria lei chegasse a um ponto de mais clara explicitude, de modo a afastar dúvidas e acabar de vez com a falsa idéia de que cada um deles tenha sua regência própria e distinta.

Diz o § 7º do art. 273 do Código de Processo Civil: "se o autor, a título de antecipação de tutela, requerer providência de natureza

---

2. *Cfr. Diritto e processo*, n. 232, pp. 353-355; v. também Dinamarco, *A Reforma da Reforma*, n. 46, pp. 90-91.

cautelar, poderá o juiz, quando presentes os respectivos pressupostos, deferir a medida cautelar em caráter incidental do processo ajuizado".[3] Segundo a intenção do legislador e o entendimento que já se formou, esse dispositivo permite tanto a conversão de um pedido de antecipação em cautelar, como o contrário – porque toda fungibilidade é necessariamente bi ou plurilateral, não se concebendo fungibilidades em sentido único (*infra*, n. 25).[4]

A grande relevância metodológica desse novo dispositivo deve incentivar o intérprete a superar as omissões em que incorreu a *Reforma*, notadamente no tocante (a) à admissibilidade ou inadmissibilidade da tutela antecipada antes da instauração do processo em que a tutela definitiva será postulada, (b) à competência para essa tutela antecipada *preparatória*, ou antecedente, (c) à eficácia da medida concedida em caráter antecedente, limitada a trinta dias a partir da efetivação, (d) à inadmissibilidade de restauração da medida que perdeu a eficácia, (e) à possibilidade ou impossibilidade de concessão *ex officio* da tutela antecipada, (f) ao período em que esta pode ser concedida incidentemente pelo juiz de primeiro ou de segundo grau, (g) aos efeitos dos recursos em relação à tutela antecipada, (h) à responsabilidade do beneficiário da antecipação por danos causados ao adversário e (i) à possibilidade de condicionar a antecipação de tutela a uma garantia a ser prestada por aquele que a pretende. Quanto à tutela cautelar, todos esses pontos estão mais ou menos esclarecidos no Código e o trabalho maior do intérprete consiste em determinar se, e em que medida, o que está disposto quanto a esta se aplica ao sistema da tutela antecipada.

3. Melhor seria dizer "em caráter incidental *ao* processo ajuizado".
4. Ele teve ainda o efeito de eliminar os problemas que o Código de Processo Civil havia criado, decorrentes de um processo cautelar incidente ao principal. Entende-se agora que as demandas cautelares deduzidas na pendência do processo principal serão processadas e decididas *incidentemente ao próprio processo*, sem as complicações de um processo novo; uma entre as boas consequências dessa disposição é que as demandas de cautela incidente serão julgadas mediante *decisão interlocutória*, sujeita, portanto, ao recurso de agravo e, não, apelação.

27. *tutela cautelar e tutela antecipada: proposta de distinção conceitual*

O exemplo de maior impacto, trazido por Piero Calamandrei em sua obra magistral para ilustrar o *poder geral de cautela* conferido ao juiz, foi na realidade um caso de tutela antecipada. A história foi esta:

> "o proprietário de uma casa noturna de Paris havia encomendado a um pintor a decoração do salão de danças com afrescos, que representassem danças de sátiros e ninfas, e o pintor, querendo aumentar o interesse pela decoração mural, resolveu dar aos personagens, que nessas coreografias apareciam em vestes superlativamente primitivas, as fisionomias, facilmente reconhecíveis, de literatos e artistas muito conhecidos naquele ambiente mundano. Na noite da inauguração, uma atriz, que fazia parte da multidão de convidados, teve a surpresa de reconhecer-se em uma das ninfas que dançavam com vestes extremamente sucintas; e, entendendo que essa representação era ofensiva ao seu decoro, deu início a um processo civil contra o proprietário do estabelecimento, com o pedido de sua condenação a eliminar aquela figura ultrajante e a reparar os danos. E pediu desde logo que, enquanto durasse o processo, fosse ordenado ao réu que cobrisse provisoriamente aquela parte do afresco que reproduzia a sua imagem em pose indecorosa".[5]

Essa colocação está ligada a uma das premissas mais gerais e vigorosas colocadas na obra do Mestre *fiorentino*, que foi a inclusão das medidas antecipatórias de tutela entre as cautelares. Em sua *classificação dos provimentos cautelares* ele incluía, nessa ordem, (a) os provimentos instrutórios antecipados, (b) os provimentos destinados a assegurar a execução forçada, (c) as antecipações de provimentos decisórios e (d) as cauções processuais.[6] A terceira dessas categorias é a que suscita interesse na atualidade, quando se quer traçar uma distinção entre as medidas cautelares e as antecipatórias de tutela jurisdicional. Conceder antecipada-

---

5. *Cfr. Introduzione allo studio sistematico dei provvedimenti cautelari*, n. 17, pp. 47-48.

6. Ob. cit., cap. II, nn. 12-17, pp. 29 ss.

mente à parte o gozo e fruição total ou parcial do bem que ela está pleiteando no processo é conceder-lhe uma medida cautelar, ou de natureza diferente? Influenciada pela lição prestigiosíssima de Calamandrei, a doutrina brasileira não se esmerava em levantar essa questão, sendo praticamente pacífica a crença na natureza cautelar dessas medidas, até quando chegou a primeira *Reforma*, com sua proposta de um novo conceito, ou de uma nova categoria jurídico-processual, que é a tutela antecipada.

Antes disso, debatiam-se a doutrina e a jurisprudência em temas angustiosos como o da existência ou inexistência de um *direito substancial de cautela* e o da *tutela cautelar satisfativa*. É possível, indagava-se, uma tutela cautelar que em si própria satisfizesse o direito, tornando praticamente dispensável a tutela principal a que ela estaria teoricamente ligada? Como definir a medida urgente e liminar que concede ao pai o direito de levar consigo o filho em viagem ao exterior contra a vontade da mãe, sabendo-se que quando o processo principal chegar ao ponto de produzir o julgamento definitivo, o pai e o filho já terão ido e vindo e o benefício estará consumado? E o caso do sujeito que obtém liminarmente um provimento mandando que o Poder Público lhe forneça uma certidão: qual a natureza dessa medida e qual utilidade terá o provimento final de mérito, a ser proferido quando o documento já tiver sido entregue, recebido, utilizado? A chegada do novo art. 273 à ordem jurídica brasileira resolveu em parte essas dúvidas, especialmente pelo aspecto conceitual. Temos agora a consciência de que, ao lado da tutela cautelar regida pelos noventa-e-quatro artigos do Livro III do Código de Processo Civil, existe uma tutela antecipada, de natureza diferente daquela. Mas em que consiste essa diferença? Não se tem ainda uma resposta definitiva a essa indagação, nem chegamos ainda perto de uma definição quanto a casos a serem encarados como cautela e casos que devem ser havidos como antecipação.

> Nem sempre as medidas urgentes se apresentam nitidamente definidas em seu enquadramento como medida cautelar ou como antecipação de tutela, grassando ainda muita insegurança entre os

cultores brasileiros do processo civil. Acostumados a incluir na categoria das cautelares todas as medidas urgentes, inclusive as antecipatórias (até porque assim está no Código de Processo Civil, que foi elaborado quando não se tinha a percepção da existência dessa categoria), temos dificuldades quando nos pomos a indagar se dada medida é cautelar ou não, com a forte tendência de prosseguir superdimensionando o campo da cautelaridade. Como se procura demonstrar a seguir, as antecipações de tutela não são instrumentais *ao processo*, não se destinam a outorgar-lhe a capacidade de ser justo e útil (o que constitui missão das cautelares), mas a fornecer ao sujeito aquilo mesmo que ele pretende obter ao fim, ou seja, a coisa ou situação da vida pleiteada: os alimentos provisionais são antecipações dos próprios alimentos a serem obtidos afinal; a sustação do protesto cambial é o mesmo impedimento à realização deste, imposto desde logo e sem esperar o fim do processo *etc*.[7]

28. o campo mais largo das antecipações e mais estrito das cautelares

A grande massa das medidas urgentes que se veem nas leis extravagantes e mesmo no Código de Processo Civil, inclusive as trazidas pelas duas *Reformas*, é composta de provimentos antecipatórios e não cautelares. São cautelares, das quatro espécies indicadas por Calamandrei, os provimentos instrutórios antecipados (produção antecipada de prova), os provimentos destinados a assegurar a execução forçada (arresto, sequestro, busca-e-apreensão) e, talvez, as cauções processuais. As antecipações de provimentos decisórios, justamente porque consistem em *antecipar* resultados finais, não são cautelares, mas antecipações de tutela.

São antecipatórias de tutela jurisdicional, e não cautelares, as medidas urgentes, ou liminares, autorizadas em leis extravagantes e referentes ao mandado de segurança, à ação popular, à ação direta de inconstitucionalidade, à ação civil pública, ao processo do

---

7. A inclusão dos alimentos provisionais entre as medidas cautelares (CPC, L. III, arts. 852-854) é fruto da falta de consciência da distinção entre cautelares e antecipatórias; o trato pretoriano da sustação de protesto como medida cautelar, *idem*.

consumidor *etc.* (*infra*, n. 53). Todas elas visam a proporcionar *à parte* uma situação da vida, que será a mesma que ela pretende obter mediante julgamento final da causa, ou parte dela, e nisso consiste a antecipação de tutela jurisdicional. Mesmo no sistema do Código de Processo Civil, são antecipatórias e não cautelares as liminares concedidas em processos ligados à tutela possessória (art. 928, 937 *etc.* – *infra*, n. 52) e aquela que se concede ao credor, réu em ação de consignação em pagamento, nos casos em que se lhe autoriza o levantamento do depósito feito (art. 899, § 1º – *infra*, n. 51). São também declaradamente antecipatórios os provimentos regidos pelo *estatuto da execução específica*, notadamente mediante os §§ 3º e 5º do art. 461 do Código de Processo Civil.

A experiência mostra ainda que mesmo o poder geral *de cautela*, instituído no art. 798 do Código de Processo Civil e tão festejado pela doutrina como a chave mágica da tutela cautelar, é na prática utilizado com vista a antecipar total ou parcialmente a tutela final, não a aparelhar o processo mesmo, como seria se realmente estivessem sendo concedidas medidas cautelares. É emblemática a *sustação de protesto*, que, de tão utilizada no dia a dia dos juízos cíveis, hoje é já quase uma medida típica, embora não a tipifique a lei: não se trata de aparelhar *o processo* com provas ou bens, mas de oferecer ao demandante, desde logo, o resultado prático que ele espera obter afinal (ou, seja, antecipar a ordem de não protestar). São assim também os provimentos que interferem na vida das sociedades mercantis, impedindo a realização de assembleias ou a alienação de bens, nomeando interventor provisório *etc.* É assim também a busca-e-apreensão, notadamente no campo de direito de família, a qual tem tanto caráter satisfativo, que às vezes se transmuda em provimento principal e definitivo, dispensando qualquer outra decisão ulterior (Galeno Lacerda e Carlos Alberto A. Oliveira).[8] Natureza e efeito antecipatório têm ainda as decisões concessivas de alimentos provisórios, ou pro-

---

8. *Cfr. Comentários ao Código de Processo Civil,* VIII, t. II, n. 132, letra e, esp. p. 259.

visionais, que consistem em adiantar ao alimentando parte dos recursos financeiros a que ele provavelmente terá direito em face do alimentante (arts. 852 e 854, par.) *etc.*

A leitura dos oito incisos do art. 888 do Código de Processo Civil, encimado pela rubrica "de outras medidas provisionais", evidencia que também ali se está a disciplinar antecipações de tutela, não medidas realmente cautelares. As "obras de conservação em coisa litigiosa ou judicialmente apreendida" (inc. I) não se destinam obviamente a favorecer o processo mas a amparar o dono da coisa; *idem*, a "entrega de bens de uso pessoal do cônjuge e dos filhos" (inc. II), a posse provisória destes (inc. III) *etc.* O inc. VIII, ao autorizar "a interdição ou a demolição de prédio *para resguardar a saúde, a segurança ou outro interesse público*", também não visa a abastecer o processo de fontes probatórias ou bens a excutir, mas de resguardar a comunidade contra possíveis malefícios. Nada de cautelaridade, portanto.

29. o tempo-inimigo e os males do retardamento

Bem analisado o Código de Processo Civil e submetido seu novo art. 273 a uma interpretação sistemática no contexto da disciplina das medidas urgentes, não é tão importante a busca da precisa distinção entre cautelares e antecipações. A realidade sobre as quais todos esses dispositivos opera é *o tempo como fator de corrosão dos direitos*, à qual se associa o empenho em oferecer meios de combate à força corrosiva do tempo-inimigo. Quando compreendermos que tanto as medidas cautelares como as antecipações de tutela se inserem nesse contexto de neutralização dos males do decurso do tempo antes que os direitos hajam sido reconhecidos e satisfeitos, teremos encontrado a chave para nossas dúvidas conceituais e o caminho que há de conduzir à solução dos problemas práticos associados a elas.

"Il valore, que il tempo ha nel processo, è immenso e, in gran parte, sconosciuto. Non sarebbe azzardato paragonare il tempo a un nemico, contro il quale il giudice lotta senza posa" (Carnelutti).[9]

9. *Cfr. Diritto e processo*, n. 232, esp. p. 354.

Desencadear medidas contra esse inimigo é um modo de cumprir a promessa, solenemente formulada na Constituição Federal, de oferecer aos litigantes uma tutela jurisdicional *em prazo razoável* (Const., art. 5º, inc. LXXVIII: "a todos, no âmbito judicial e administrativo, são assegurados a razoável duração do processo e os meios que garantam a celeridade de sua tramitação") – promessa que já vinha do Pacto de São José da Costa Rica, ao qual aderira a República Federativa do Brasil (art. 8º, n. 1). Por outro aspecto, também já se ensinou superiormente que "la necessità di servirsi del processo per ottener ragione non deve tornar a danno di chi ha la ragione" (Chiovenda)[10] – o que também conduz à necessidade de oferecer remédios contra os males do tempo, porque o decurso deste poderia trazer danos ao litigante que, embora tenha o direito ao bem que pretende, de outro modo acabaria ficando sem a possibilidade de obtê-lo ou de fruir utilmente o bem que viesse a obter.

Por mais de um modo o decurso do tempo pode ser nocivo. A primeira hipótese é a do processo que chega ao fim e o provimento de mérito é emitido, quando o mal temido já está consumado e nada mais se pode fazer; isso se dá, p.ex., se o juiz concede um mandado de segurança para que o impetrante possa participar de um concurso público, fazendo-o no entanto depois do concurso já realizado. O segundo grupo de situações é representado pela tutela jurisdicional demorada que chega depois de uma espera além do razoável e muito sofrimento e privações impostos ao titular de direitos – p.ex., no caso do titular do direito a alimentos, que permanecesse anos a fio esperando a tutela jurisdicional, recebendo-a somente depois de muito tempo de injustas privações. O terceiro caso é o do processo que deixa de dispor dos meios externos indispensáveis para sua correta realização ou para o exercício útil da jurisdição – o que sucede se vem a falecer a testemunha que poderia trazer informes úteis ao bom julgamento da causa ou se desaparece o bem que poderia ser penhorado para a futura satisfação do credor. No primeiro caso, o processo não terá produzido tutela jurisdicional alguma, porque sem a efetiva oferta do bem a que o sujeito tem direito não se pode falar em verdadeira tutela

---

10. *Cfr. Istituzioni di diritto processuale civile*, I, n. 34, esp. p. 147.

jurisdicional; no segundo, a tutela jurisdicional se realiza mas não é tempestiva, sendo ilegítimo e injusto sujeitar o titular de um direito a tanta espera. No terceiro, o processo mal aparelhado terá sido incapaz de oferecer a tutela justa ao sujeito que tiver razão, porque uma instrução sem o concurso da testemunha pode conduzir a resultados injustos e as atividades destinadas à execução forçada, sem a penhora do bem, nada produzirão; as medidas verdadeiramente cautelares, que nenhum bem oferecem desde logo ao sujeito em sua vida comum, têm no entanto a virtude de aparelhar o processo e habilitá-lo a cumprir no futuro, adequadamente e segundo os padrões do justo, a sua missão pacificadora.

30. males ao processo e males ao sujeito: medidas cautelares e medidas antecipatórias de tutela

O isolamento de situações em que o tempo pode causar danos permite perceber que (a) há casos em que os danos causados pelo tempo vão diretamente ao sujeito de direitos, impedindo-o de receber o bem a que tem direito ou privando-o deste por algum tempo, que será maior ou menor conforme o caso, mas sempre será inconveniente; e (b) há também casos em que o mal é causado diretamente ao processo e só indiretamente atinge o sujeito. Aqui é muito oportuna a invocação dos reclamos doutrinários modernos por um *processo justo* (Augusto Mario Morello) ou por um *processo justo e équo* (Luigi Paolo Comoglio), os quais remontam à cláusula *due process of law* e aos valores que essa garantia constitucional visa a preservar. Processo justo é aquele que se realiza segundo os ditames da lei e dos princípios éticos postos à sua base, sabido que sem a observância desses referenciais fica perigosamente comprometida a probabilidade de que o exercício da jurisdição venha a produzir resultados úteis e justos – sendo intuitivo que o processo deixa de ser *justo e équo*, quando realizado sem a utilização dos meios exteriores dos quais depende para produzir resultados úteis e justos. No momento em que o processo se desfalca de meios dos quais poderia dispor para o correto exercício da jurisdição (fontes de prova, bens a pôr sob constrição), sua aptidão a produzir resultados corretos se reduz e, consequentemente, ele deixa de ser um *processo justo e équo*.

A distinção é portanto esta: são cautelares as medidas com que a ordem jurídica visa a evitar que o passar do tempo prive *o processo* de algum meio exterior que poderia ser útil ao correto exercício da jurisdição e consequente produção, no futuro, de resultados úteis e justos; e são *antecipações de tutela* aquelas que vão diretamente à vida das pessoas e, antes do julgamento final da causa, oferecem a algum dos sujeitos em litígio o próprio bem pelo qual ele pugna ou algum benefício que a obtenção do bem poderá proporcionar-lhe. As primeiras são *medidas de apoio ao processo* e as segundas, *às pessoas*.

> Ouvir desde logo a testemunha mediante o procedimento da produção antecipada de prova, ou pôr o bem sob constrição judicial mediante o arresto não significa que a parte interessada já fique desde logo satisfeita em sua pretensão ao bem da vida em disputa no processo, porque (a) a testemunha poderá até depor de modo contrário ao interesse de quem pediu a antecipação e, de todo modo, seu depoimento somente servirá para instruir o juiz, cuja decisão virá depois e (b) o arresto não põe o bem à disposição do credor, mas do juízo, ficando em regime de depósito judicial, em princípio com pessoa diferente do possível credor. Nenhuma dessas medidas é apta a produzir o menor grau de satisfação, como as antecipatórias. Elas são *cautelares*. Diferentemente, entregar o bem ao autor mediante um interdito possessório ou mandar que a comissão de concurso admita o candidato a realizar a prova enquanto a sentença final não vem, é oferecer provisoriamente a esses sujeitos uma situação favorável e benéfica em relação a algum bem a que talvez tenha direito. Essas medidas são *antecipatórias de tutela*.

É inegável, todavia, que tanto as cautelares quanto as antecipatórias convergem ao objetivo de evitar que o tempo corroa direitos e acabe por lesar alguma pessoa. Mesmo sem oferecer diretamente ao litigante a fruição do bem ou de algum benefício que essa fruição poderia trazer-lhe, a tutela *cautelar* evita que o processo se encaminhe a um resultado insatisfatório, como aconteceria se a testemunha viesse a faltar ou o bem penhorável a ser destruído; e as antecipações de tutela, indo diretamente à vida dos litigantes, põem à disposição de um deles, desde logo, uma nova situação da vida a que provavelmente terá direito. Cada uma a seu modo, ambas têm o efeito de neutralizar os males corrosivos de direitos, previsíveis se se deixasse o tempo passar.

A concessão de medidas antecipatórias não se liga sempre a uma situação de urgência, ou *periculum in mora*. Essa é apenas uma das hipóteses básicas em que elas devem ser concedidas (art. 273, inc. I). Mas têm cabimento também, independentemente de qualquer situação de perigo, (a) como sanção à malícia processual do demandado que procura retardar o fim do processo (art. 273, inc. II) ou (b) como modo de prestigiar um direito que a ordem jurídica reputa mais forte e digno de maiores atenções, como a posse turbada ou esbulhada (interditos possessórios). Mesmo nessas hipóteses, as antecipações tutelares têm como objetivo evitar os males do tempo, no caso o chamado *dano marginal* decorrente de esperas que de outro modo seriam inevitáveis.

Daí a legitimidade da recondução das medidas antecipatórias e cautelares a um gênero só, que as engloba, ou a uma categoria próxima, que é a das *medidas de aceleração da tutela jurisdicional*. E à moderna ciência processual, avessa a conceitualismos e prioritariamente preocupada com os resultados do processo e do exercício da jurisdição, muito mais relevância tem a descoberta dos elementos comuns que aquelas duas espécies apresentam, do que a metafísica busca dos fatores que as diferenciam. Tal é a postura do Código de Processo Civil italiano, que, na moderníssima versão decorrente das sucessivas alterações por que passou nos anos *noventa*, encerra a seção destinada aos *procedimentos cautelares* (arts. 669-bis ss.) com uma norma geral destinada às medidas de urgência atípicas (art. 700), as quais poderão ser, segundo opinião generalizada em doutrina, *conservativas* ou *antecipatórias*.[11] Os estudiosos italianos não se preocupam, na exegese

---

11. *Cfr.*, por todos, Luigi Paolo Comoglio, "Il procedimento cautelare", esp. n. 1.3, pp. 163-164. Na linguagem de Calamandrei, que muitos acatam, as me-

de seu art. 700, em distinguir com muita clareza o que é cautelar e o que não é.

Em obra festejada e vitoriosa, José Roberto dos Santos Bedaque examina os fenômenos da tutela antecipatória e da conservativa, incluindo ambas na área da cautelaridade.[12] Só no plano terminológico, não no substancial, o que aqui se diz se afasta das propostas do conceituado Professor.

31. fungibilidade

Nesse contexto, é verdadeiramente correta, útil e oportuna a inovação trazida pela segunda *Reforma*, ditando a fungibilidade entre medidas cautelares e antecipatórias. É correta no plano conceitual, porque não há razão para distinguir tão rigidamente umas de outras. É útil na prática, porque permite superar erros ou divergências quanto à correta qualificação de uma demanda ou de uma medida em uma dessas categorias, ou na outra, o que vem sendo causa de dificuldades e constrangimentos para partes, advogados, juízes. E, metodologicamente, a regra explícita da fungibilidade tem o mérito de sugerir a visão unitária do grande gênero *medidas urgentes*, que é caminho aberto para o enriquecimento da teoria das medidas antecipatórias, à luz das inúmeras regras explícitas endereçadas pelo Código de Processo Civil às cautelares (e esse é o tema central do presente estudo).

Mas a redação do § 7º do art. 273 não é suficientemente clara porque dá a impressão de que somente autorizaria o juiz a receber como cautelar uma demanda proposta com o título de antecipação, e não o contrário. Essa impressão é falsa, porque é inerente a toda fungibilidade a possibilidade de intercâmbio re-

didas antecipatórias são designadas como *inovadoras* porque tendem a provocar modificações no mundo exterior ao processo (*cfr. Introduzione allo studio sistematico dei provvedimenti cautelari*, n. 11, pp. 26-27).

12. *Cfr. Tutela cautelar e tutela antecipada: tutelas sumárias e de urgência*, esp. p. 419 (conclusão). Essa obra foi a tese com que o prestigioso professor obteve o título de livre-docente na Faculdade do Largo de São Francisco, com nota diferenciada.

cíproco, em todos os sentidos imagináveis. Não há fungibilidade em mão única de direção. Já é geralmente aceito, diante disso, que o novo dispositivo autoriza o juiz, amplamente, a receber qualquer pedido de tutela urgente, enquadrando-o na categoria que entender adequada, ainda que o demandante haja errado ao qualificar o que é cautelar como antecipação, ou o que é antecipação, como cautelar.[13]

> Estou medularmente convicto de que a sustação de protesto é tutela antecipada e não medida cautelar, porque consiste em oferecer ao sujeito, em caráter provisório, precisamente o mesmo resultado prático que ele espera obter, em caráter definitivo, ao fim do processo principal – ou seja, a não realização do protesto.[14] Não se trata de aparelhar *o processo*, mas de amparar diretamente, desde logo, *uma das partes*. Antes da nova *Reforma*, quem pedisse uma sustação de protesto a título de antecipação corria o sério risco de não obter a medida liminar e ainda lhe ser indeferida a própria petição inicial. *Quem disse que sustação de protesto é antecipação de tutela? E onde já se viu uma antecipação de tutela em caráter preparatório?* – certamente lhe responderia um juiz menos preparado e mais propenso ao formalismo e à burocracia inconsistente. Hoje o novo § 7º do art. 273 impede que mesmo um juiz mais formalista possa agir dessa maneira.

Nos tópicos logo a seguir e ao longo dos que virão depois, procura-se fixar alguns conceitos e fazer a aproximação entre as duas categorias processuais, com o objetivo de demonstrar que a antecipação de tutela é permeável à maioria das regras estabelecidas no Livro III do Código de Processo Civil com referência às medidas cautelares. Essa demonstração constitui a fundamental linha metodológica do presente estudo.

13. *Cfr.* Dinamarco, *A Reforma da Reforma*, n. 48, pp. 92-94.
14. Há quem pense que a demanda principal a que se associam os pedidos de sustação de protesto seja de declaração de nulidade do título de crédito, ou de sua anulação. Mas um título a que falta causa não é nulo, ou formalmente inválido: o que ocorre é a inexistência do direito por ele representado. O pedido, portanto, é de declaração de inexistência do direito (ação declaratória negativa) – e, como é óbvio, declarada essa inexistência, segue-se um efeito anexo, consistente em vetar o protesto.

32. periculum in mora

Como ficou dito e é notório, o elemento comum de maior significado, existente entre as medidas cautelares e as antecipatórias de tutela, é a destinação, que ambas têm, a servir de armas na luta contra a corrosão de direitos por ação do tempo. Daí serem elas enfeixadas na categoria das *medidas de urgência*, ou seja, medidas a serem outorgadas no mais curto lapso de tempo possível, muito mais rapidamente que a tutela jurisdicional plena e definitiva. Tanto a umas quanto a outras aplica-se a sábia lição de Calamandrei, de que "entre fazer logo porém mal e fazer bem mas tardiamente, os provimentos cautelares visam sobretudo a fazer logo, deixando que o problema do bem e do mal, isto é, da justiça intrínseca do provimento, seja resolvido mais tarde, com a necessária ponderação, nas sossegadas formas do procedimento ordinário".[15]

> Em três hipóteses a antecipação de tutela independe do requisito *urgência*, sendo concedida sem se cogitar dele: a) em caso de abuso do direito de defesa ou emprego de expedientes protelatórios pela parte contrária (art. 273, inc. II); b) quando inexistir controvérsia sobre alguns dos fatos constitutivos do direito do autor, autorizando-se a antecipação (parcial) da tutela na medida do direito decorrente dos fatos incontroversos (art. 273, § 6º, red. lei n. 10.444, de 7.5.02 – *infra*, n. 35); c) quando se trata de restabelecer a posse esbulhada ou turbada ao seu titular (interditos possessórios).[16] Mesmo nesses casos, todavia, o provimento antecipatório tem o objetivo de favorecer a parte com o acesso mais rápido ao bem da vida pretendido; fora daí, as medidas antecipatórias são, tanto quanto as cautelares, reações ao *periculum in mora* (art. 273, inc.

---

15. *Cfr. Introduzione allo studio sistematico dei provvedimenti cautelari*, n. 8, esp. p. 20.
16. *Cfr.* Bedaque, *Tutela cautelar e tutela antecipada: tutelas sumárias e de urgência*, esp. p. 420: "a técnica cautelar pode ser utilizada, também, para afastar o dano marginal do processo, em situações específicas em que, embora inexistente perigo concreto, seja aconselhável a antecipação provisória dos efeitos da tutela final". Bedaque, como se sabe, emprega linguagem um pouco diferente desta que aqui está presente: ele indica as medidas cautelares como gênero, no qual se inserem as antecipações.

I) e essa clássica locução é de plena pertinência à sua disciplina. É razoável negar a natureza de medida de urgência às antecipações sancionatórias, mas é inegável que elas são regidas, em sua disciplina geral, pela técnica das medidas antecipatórias – só não dependendo da existência do risco de dano à parte.

33. cognição sumária, fumus boni juris e juízo do mal maior

Da finalidade de neutralizar os males do tempo, como elemento comum às medidas cautelares e às antecipatórias, passa-se com naturalidade a outro elemento que também as irmana e que é a suficiência de uma *cognição sumária*, de menor profundidade do que a exigida para a tutela definitiva – porque, obviamente, se se exigissem todos os trâmites de uma cognição exauriente, isso tomaria tempo e as medidas de urgência deixariam de ser... *urgentes*. Para fazer *logo*, embora com o risco de não fazer tão bem (Calamandrei), é preciso que o juiz se contente com uma cognição da qual lhe resulte apenas a sensação de uma probabilidade suficiente, não necessariamente uma certeza tranquila e definitiva.

Parte da doutrina ainda é indevidamente cautelosa no emprego da locução *fumus boni juris* no trato dos requisitos para as medidas antecipatórias de tutela, mas essa atitude não é mais que o reflexo da falsa crença de que a antecipação e a cautela fossem fenômenos inteiramente distintos, sem ligações e sem serem duas espécies do mesmo gênero; a ideia de uma mera *fumaça*, como indício da existência das chamas vivas de um direito, está presente na sistemática dos requisitos para a concessão de uma e de outra, indistintamente.[17]

17. Em tempos de conceitualismo processual acirrado, questionava-se se a suficiência do *fumus boni juris* significa que no processo cautelar se exige *cognição menos profunda* sobre os próprios fatos constitutivos do direito do autor ou se a cognição, sem ser mais ou menos profunda que a ordinária, *se desloca* para os fatos indicadores da probabilidade, deixando de enfocar diretamente os fatos constitutivos. Na prática, essa bizantina questão não conduz a qualquer resultado útil, quer em relação à tutela cautelar, quer à antecipação de tutela.

Segundo o art. 273 do Código de Processo Civil a antecipação da tutela depende da prova inequívoca quanto aos fatos relevantes. Se tomada essa locução no sentido de prova segura, seguríssima, capaz de induzir a certeza quanto aos fatos, as antecipações de tutela não poderiam ser concedidas com a celeridade suficiente para vencer os males do tempo, afastando-se por isso dos objetivos a colimar; por isso, mais adequado entender *prova inequívoca* como prova convergente ao reconhecimento dos fatos pertinentes, ainda que superficial e não dotada de muita segurança, desde que não abalada seriamente por outros elementos probatórios em sentido oposto.[18] A doutrina é pacífica no entendimento de que, para antecipar a tutela, basta a *probabilidade* e, obviamente, não se exige a certeza; mas é sempre indispensável observar uma linha de equilíbrio com a qual o juiz leve em conta os males a que o interessado na medida se mostra exposto e também os que poderão ser causados à outra parte se ela vier a ser concedida.

Tal é o *juízo do mal maior*, indispensável tanto em relação às antecipações de tutela quanto às medidas cautelares. Quanto mais intensa for a atuação da medida sobre a esfera de direitos da parte contrária, tanto mais cuidado deve ter o juiz, mas a variação de intensidade dos efeitos invasivos não é determinada rigidamente pela natureza antecipatória ou cautelar; mesmo no campo das cautelares, convivem algumas que não causam mal algum, como a inocente produção antecipada de prova, e outras mais severas e invasivas, como o arresto, o sequestro ou a busca-e-apreensão. É por isso incorreto pensar que as antecipações de tutela dependam invariavelmente de uma probabilidade maior que a exigida para conceder cautelares, ou, pior ainda, que seja necessário algo mais que a probabilidade. Eventuais diferenças

---

18. Para Barbosa Moreira, *prova inequívoca* significa *prova em sentido inequívoco*, que não deixe margem a outras interpretações de seu sentido, conduzindo pois à verossimilhança das alegações do autor, ou à probabilidade de que seu pedido seja julgado procedente (*cfr*: "Antecipação da tutela: algumas questões controvertidas", n. 3, pp. 103-105).

de graus de probabilidade suficiente não infirmam o que é essencial, a saber, a suficiência da probabilidade e dispensa da certeza em relação a todas as medidas urgentes.

O grau máximo de probabilidade considerado pelo direito positivo é representado pela *incontrovérsia* sobre alguns dos fatos alegados, a qual autoriza a antecipação de parte do pedido até mesmo em ausência de perigo na demora (art. 273, § 6º); se houver incontrovérsia sobre todos os fatos, o juiz julgará antecipadamente o mérito (art. 330, inc. I c/c art. 302).[19]

33-A. *juízo do direito mais forte*

Ao juízo do mal maior associa-se o *juízo do direito mais forte*, que deve aconselhar o juiz a ponderar adequadamente as repercussões da medida que concederá, redobrando cuidados antes de determinar providências capazes de atingir valores de tão elevada expressão econômica, política ou humana, que somente em casos extremos devam ser sacrificados; assim é nos casos em que se trate de interferir na economia interna de uma empresa, ou de impedir uma privatização, ou de autorizar ou impedir a realização de uma cirurgia *etc*. Em hipóteses assim, o juízo do mal maior deverá ser mais severo, sob pena de lesar bens ou valores dos quais possa depender a vida das pessoas, a vitalidade das empresas, a estabilidade de uma economia estatal *etc*. Tal critério tanto servirá, conforme o caso, para legitimar a concessão de medidas urgentes ou para sua negação – dependendo de ser *mais forte* o direito de quem as pede ou do adversário.

O grau máximo de priorização de um direito, segundo a ordem constitucional e legal, é representado pelos direitos protegidos pela *coisa julgada material* (Const., art. 5º, inc. XXXVI). Não se descarta em tese a admissibilidade de medidas urgentes em caráter de antecipação dos efeitos da rescisão de uma sentença ou acórdão (ação rescisória) mas as antecipações nesses casos devem ser sempre cercadas de uma cautela muito grande, imposta pela necessidade de dar peso à segurança jurídica decorrente da *auctoritas*

---

19. *Cfr.* Dinamarco, *A Reforma da Reforma*, n. 50, p. 95.

rei judicata. Ocupa também um patamar bastante elevado de priorização de direitos a autorização a conceder tutela antecipada em processos relacionados.

34. *provisoriedade e irreversibilidade*

Nos casos em que a *urgência* é indispensável para a preservação dos direitos, sendo por isso suficiente uma *cognição sumária* e bastando a sensação de *probabilidade* que esta produzir no espírito do juiz, é também natural que tanto as medidas cautelares quanto as antecipatórias sejam regidas pela *provisoriedade*. Chega a ser intuitivo que, quando o juiz vier a formar convicção mais segura a respeito dos fatos e mesmo de seu correto enquadramento jurídico, ele tenha o poder de revogar a medida antes concedida com base na mera probabilidade. A lei é expressa nesse sentido, quer em relação às medidas cautelares (art. 807), quer no trato da tutela antecipada (art. 273, § 4º).

É usual em doutrina a negação de que a provisoriedade seja característica constante em todas as medidas cautelares, com a observação de que algumas destas se destinam a ter eficácia perene e não provisória, como é o caso da produção antecipada de prova. Este não é o momento mais adequado para discutir essa delicada questão conceitual, mas é inegável que grande parte das medidas cautelares são destinadas a ter vida efêmera, como o arresto, que apenas dura até que se penhore o bem provisoriamente constrito; como o sequestro, a exigência de caução, a busca-e-apreensão e, em geral, todas as medidas capazes de invadir o patrimônio ou esfera jurídica das pessoas. Seguramente, são também provisórias as antecipações de tutela, porque é muito difícil imaginar alguma que não imponha constrição alguma à esfera jurídica do adversário e essa constrição deve cessar se o juiz se convencer de que o beneficiário da antecipação não tem o direito que parecia ter; para assegurar a possibilidade de revogá-las, a lei proíbe sua concessão quando houver o risco de irreversibilidade da situação a ser criada (art. 273, § 2º).[20]

---

20. Todo o sistema de medidas urgentes apóia-se na conveniência de distribuir riscos. Por isso, em casos extremos e particularmente graves os juízes antecipam a tutela jurisdicional apesar da situação de irreversibilidade que pos-

35. um grau mais elevado de probabilidade: fatos incontroversos

Como está no § 6º do art. 273 do Código de Processo Civil, "a tutela antecipada também poderá ser concedida quando um ou mais dos pedidos cumulados, ou parcela deles, mostrar-se incontroverso". Esse dispositivo abre espaço para reflexões acerca da doutrina dos *capítulos de sentença*, em associação à do *objeto do processo*, o qual pode ser simples mas também poderá ser composto, ou decomponível.[21]

Quando o objeto do processo é um só e indecomponível, como no pedido de tutela possessória referente a um imóvel indivisível, o mérito será julgado desde logo se os fatos constitutivos alegados na petição inicial não forem negados pelo réu: quer ele fique revel ou conteste mas deixe de impugnar os fatos alegados pelo autor, estes se presumem ocorridos e dispensam prova (CPC, arts. 302, 319 e 334, inc. III), o que conduz ao *julgamento antecipado do mérito* (art. 330, inc. II).[22] Trata-se de autêntico julgamento de mérito, proferido mediante *sentença* (art. 162, § 1º) e cujos efeitos substanciais são suscetíveis de ficar imunizados pela coisa julgada material.

Quando o objeto do processo é *composto*, pode suceder o que o § 6º prevê, a saber, a incontrovérsia sobre alguns dos fatos ser suficiente para o julgamento de um dos pedidos, mas não dos demais.

Pensar na hipótese de uma demanda de reintegração de posse, proposta em cúmulo com o pedido de indenização por danos emer-

sam criar, porque a negativa poderia permitir a consumação de situações irremediáveis a dano do autor. Essa flexibilização se legitima tanto mais, quanto mais elevados forem os valores a preservar e portanto mais graves forem os riscos a que estiver exposto o demandante.

21. *Cfr.* Dinamarco, *Capítulos de sentença*, nn. 18 ss., pp. 50-78. V. ainda *Instituições de direito processual civil*, II, n. 486; *Fundamentos do processo civil moderno*, I, n. 110.

22. *Cfr.* ainda Dinamarco, *Instituições de direito processual civil*, III, nn. 1.118-1.122.

gentes ou lucros-cessantes: se o réu contesta negando somente a ocorrência do dano, sem negar o esbulho, haverá incontrovérsia em torno dos fatos constitutivos do direito à tutela possessória, mas a pretensão pecuniária ainda poderá depender de prova. Se não houvesse o cúmulo de pedidos, a pretensão possessória já poderia ser desde logo julgada pelo mérito (art. 302 c/c 330, inc. I) mas, como é preciso fazer a instrução quanto aos fatos constitutivos do direito à indenização, o § 6º autoriza o juiz somente a antecipar a reintegração do autor na posse, prosseguindo no processo para investigar sobre a ocorrência do dano.

Na visível intenção do legislador, essa antecipação ainda não constitui um julgamento *de meritis*: no prosseguimento do processo, chegando o momento de sentenciar, o juiz julgará não só o pedido que dependeu de prova como também esse que, por não precisar de prova alguma, já fora objeto de antecipação (na sentença de mérito haverá portanto *dois capítulos autônomos*, um relacionado com o primeiro dos pedidos e outro, decidindo sobre os demais pedidos). A medida antecipatória é uma decisão interlocutória e não sentença, não ficando excluído, ainda que isso seja pouco provável, que afinal a sentença de mérito (única), ao decidir sobre todos os pedidos cumulados, venha a julgar improcedente a pretensão que fora objeto de antecipação. Seria preferível autorizar o juiz, nas hipóteses figuradas no novo parágrafo, a decidir parcialmente sobre o mérito desde logo, fazendo-o por uma decisão interlocutória. Esse é o alvitre de Marinoni, mesmo *de lege lata*,[23] mas é muito improvável que os juízes e tribunais deem um passo além, arrostando a *rigidez do procedimento* na ordem processual civil brasileira,[24] em razão da qual "o mérito deve ser sempre julgado *em sentença* e a sentença será sempre uma só no processo (art. 459 c/c art. 269, inc. I, e art. 162, § 1º)".[25]

Como medida antecipatória que é, essa autorizada pelo art. 273, § 6º está sempre sujeita a ser *revogada no curso do processo*

---

23. *Cfr. A antecipação da tutela*, nn. 5.4.4 e 5.4.5, pp. 345 ss.
24. *Cfr.* Dinamarco, *Instituições de direito processual civil*, I, n. 73, item *IX*; II, n. 632.
25. *Cfr.* Dinamarco, *A Reforma da Reforma*, n. 50, pp. 95-96.

(art. 273, § 4º); essa hipótese é também bastante improvável mas poderá acontecer sempre que, no desenvolvimento da instrução referente ao outro pedido, a presunção decorrente da incontrovérsia venha a se enfraquecer ou a ficar desmentida. Mas, justamente em razão dessa incontrovérsia no momento de antecipar, não é aconselhável que o juiz se preocupe tanto com a *irreversibilidade* dos efeitos a serem produzidos (art. 273, § 2º): se até o mérito da demanda apoiada em fatos incontroversos já poderia ser julgado, só não o podendo em virtude do cúmulo com outro pedido, apenas em casos muito excepcionais se justificará a denegação da tutela antecipada em casos assim, pelo temor da irreversibilidade de seus efeitos.

Pode também ocorrer a suficiência dos fatos incontroversos, para que o juiz antecipe *menos* do que o total pretendido pelo autor. Estamos no campo do objeto do processo *decomponível*, ou seja, representado pela pretensão a haver coisas sujeitas a quantidade, seja por peso, medida, número de unidades ou valor em moeda *etc.* Se os fatos incontroversos forem suficientes para antecipar somente uma parcela do que foi pedido, a antecipação estará autorizada pela letra expressa do § 6º do art. 273 do Código de Processo Civil.

    O autor pediu indenização pela queimada de uma pastaria, atribuindo esta ao réu. A contestação reconhece a prática do ato lesivo, mas nega que todo o pasto haja sido queimado. O juiz antecipará a tutela na medida dos danos causados à área que o réu houver admitido que danificou (art. 273, § 6º), prosseguindo na instrução para apurar sua eventual responsabilidade quanto à outra área.

O novo § 6º comporta ainda uma interpretação sistemática que conduz à ampliação substancial do que nele está escrito (*lex minus dixit quam voluit*). A parcial incontrovérsia a que ele alude pode ocorrer fora da mera hipótese dos pedidos cumulados pelo autor em sua demanda inicial, que aparentemente seria a única ali prevista. O objeto do processo será também composto, quando o réu houver deduzido uma *reconvenção*, sendo perfeitamente concebível a incontrovérsia suficiente para antecipar a tutela pretendida por uma das partes, prosseguindo-se na instrução com referência ao que a outra parte houver pedido. O mesmo poderá acontecer, ainda, quando houver *denunciação da lide* ou *chamamento ao processo*.

Parece menos provável que o novo dispositivo possa encontrar aplicação, quando os julgamentos forem tão interdependentes, que a antecipação quanto a uma das pretensões possa trazer prejuízos à parte contrária, em caso de afinal sair-se vitoriosa. É o que se dá na *oposição*, uma vez que ou o bem será destinado ao opoente, ou ao autor, ou permanecerá com o réu. Também em caso de denunciação da lide ou de chamamento ao processo poderão surgir situações embaraçosas como essa, devendo o juiz antecipar ou não, segundo as concretas circunstâncias do caso.

Em todas as hipóteses abrangidas pelo § 6º do art. 273, a lei dá tanto peso à incontrovérsia relativa aos fatos constitutivos do direito do demandante, que ali se dispensa sempre o requisito da urgência. A regência, aqui, é similar à das liminares em ações possessórias, para os quais basta a posse satisfatoriamente justificada na demanda inicial, sem se cogitar do *periculum in mora* (CPC, art. 928).[26]

36. aplicação de disposições contidas no Livro III do Código de Processo Civil

O exame conjunto dos provimentos cautelares e das antecipações de tutela, feito nos tópicos acima, confirma duas afirmações lançadas no início e que são (a) a de que as primeiras são medidas instrumentais *ao processo*, destinadas a dar-lhe apoio e possibilitar que ele seja capaz de oferecer uma tutela jurisdicional efetiva, tempestiva, justa e útil, enquanto que as antecipações vão diretamente à vida *das pessoas*, oferecendo-lhes desde logo, no todo ou em parte, a fruição da situação que pretendem obter como resultado final do processo; b) a de que, não obstante a especificidade dessas destinações distintas, as medidas cautelares e as antecipatórias têm em comum o objetivo de obstar aos males do

---

26. *Cfr.* Dinamarco, *A Reforma da Reforma*, n. 51, pp. 96-97.

tempo, donde resulta a extrema semelhança entre os dois institutos. Comparando-os, percebe-se que essa comunhão de objetivos é um elemento muito mais significativo e perceptível que as diferenças entre eles, tanto que em inúmeros casos continua sendo equivocadamente afirmada ou pressuposta a natureza cautelar de certos provimentos que na realidade cautelares não são – é o caso, em primeiro lugar, da sustação de protesto e dos alimentos provisionais.

Chegou-se muitas vezes ao ponto de, numa postura fútil e pueril, dizer que alguma medida só pode ser considerada se for pedida a título de cautelar mas não, se pedida como antecipação de tutela jurisdicional – como se uma coisa fosse o que se diz que ela é e não o que é realmente, ou se a manipulação do *nomen juris* fosse suficiente para alterar a natureza das coisas. O novo § 7º do art. 273 do Código de Processo Civil, impondo a regra da fungibilidade entre cautelares e antecipações, afastou esse erro (*supra*, n. 31).

Assim, sendo esses dois institutos tão intimamente ligados, ao menos *por analogia* devem ser aplicados à tutela jurisdicional antecipada muitos dos dispositivos destinados diretamente à tutela cautelar. Sabido que o legislador de 1973, ao elaborar o Código de Processo Civil, não tinha consciência da distinção entre cautelares e antecipações, e que o de 1994, ao reformá-lo, limitou-se a trazer o novo art. 273 sem a preocupação de delinear por inteiro o instituto, a abrangência geral do disposto no Livro III é um imperativo metodológico e apóia-se comodamente nas regras hermenêuticas referentes à interpretação histórica, sistemática e teleológica. Só pela lógica do absurdo poder-se-ia afirmar que algumas dessas disposições só se aplicam se a parte optar pela qualificação da medida como cautelar e não antecipatória, ou que se devem dar tratamentos diferentes a dois institutos tão intimamente ligados, como irmãos gêmeos quase siameses.

  Esse é o ponto central da presente exposição. Procura-se demonstrar que o art. 273 do Código de Processo Civil é somente a abertura para um *poder geral de antecipação de tutela*, despreocupado de traçar todo o perfil dogmático do instituto, o qual há de ser reconstruído mediante a interpretação sistemática desse dispositivo, em confronto com o que está disposto quanto às medidas cautelares.

37. poder geral de antecipação da tutela jurisdicional

O poder judicial de antecipar a tutela jurisdicional não é novidade nem foi introduzido na ordem processual brasileira pela primeira vez pela *Reforma do Código de Processo Civil*: os *interditos possessórios*, de tradição bi-secular, são medidas antecipatórias e as liminares em mandado de segurança, em ação direta de inconstitucionalidade ou em ação civil pública, *idem*.[27] A grande e significativa inovação trazida pelo art. 273 consistiu na generalização do poder de antecipar, sempre que, sendo provável ou verossímil o direito, haja perigo na demora ou venha o demandado empregando artifícios desleais no processo (art. 273, *caput* e incs. I-II); ou sempre que haja uma incontrovérsia parcial quanto aos fatos, hipótese em que a parcial antecipação não dependerá de qualquer outro requisito (art. 273, § 6º). O *poder geral de antecipação*, assim concebido, alinha-se ao poder de conceder antecipações nos casos específicos definidos em lei, do mesmo modo como o poder geral de cautela, explicitado no art. 798 do Código de Processo Civil, tem vida ao lado do poder de conceder as cautelas que a lei tipifica. Há antecipações típicas, ou nominadas (interditos, liminares previstas em lei) e antecipações atípicas, ou inominadas – estas, autorizadas pelo art. 273 do estatuto processual básico. Tanto é tutela antecipada aquela concedida com apoio nesse dispositivo, quanto aquelas outras tipificadas em lei.[28] Os pontos de dúvida sistemática que a seguir se examinam referem-se tanto às antecipações típicas quanto às atípicas lastreadas nesse dispositivo de alcance geral.

27. Cfr. Dinamarco, *A Reforma do Código de Processo Civil*, n. 103, p. 140.
28. *Cfr*. Dinamarco, *Fundamentos do processo civil moderno*, II, n. 766.

Nem seria absurdo pensar no próprio poder geral de cautela, instituído pelo art. 798 do Código de Processo Civil, como verdadeiro poder geral de antecipar, porque a grande maioria das medidas concedidas com base nesse dispositivo tem natureza antecipatória e não cautelar. A sustação de protesto é um bom exemplo e assim também as medidas liminares de ingerência em sociedades anônimas, a autorização para viagem de um menor, uma ordem de demolição *etc.* Se nos convencermos disso, chegaremos à conclusão de que a regra geral contida no art. 273 não seria sequer necessária, tendo como mérito principal a indicação da necessidade de distinguir entre cautelares e antecipações de tutela.

38. *antecipação de tutela em caráter antecedente ou preparatório*

Uma das medidas antecipatórias de uso mais frequente na experiência forense de todo dia, a *sustação de protesto cambial*, só tem utilidade quando concedida imediatamente, considerado que o prazo para a efetivação do protesto é de quarenta-e-oito horas e, se fosse necessário aguardar a instauração do processo principal, a medida seria inócua. Sustações dessa ordem eram concedidas muito antes da *Reforma* e continuaram a sê-lo depois dela, sempre na crença de que se tratasse de medida cautelar. Basta ver que sustar o protesto não é meio de resguardar o processo mas as pessoas e seu patrimônio, para se ter a percepção de que a natureza dessa medida é outra: na linha do que vem sendo exposto, não é cautelar, mas antecipação de tutela, o provimento que se destina a oferecer, na vida comum das pessoas, aquela situação favorável que elas poderão obter depois, quando o mérito da demanda vier a ser apreciado.

Essa observação empírica concorre para demonstrar a admissibilidade da antecipação da tutela em caráter preparatório e não só incidentemente, depois de instaurado e pendente o processo principal. Se o objetivo é impedir que o decurso do tempo corroa direitos, constitui imperativo da garantia constitucional do acesso à justiça (Const., art. 5º, inc. XXXV) a disposição dos juízes a conceder a antecipação antes ou depois da propositura da demanda principal, sempre que haja necessidade e estejam presentes os requisitos de lei (art. 273, *caput* e inc. I). O cumprimento integral dessa garantia exige que, no plano infraconstitucional e na prática dos juízos, haja meios suficientes para obter a tutela jurisdicional efetiva e tempestiva; não é efetiva nem tempestiva, e às vezes sequer chega a ser tutela, aquela que vem depois de consumados os fatos temidos ou sem a capacidade de evitar o insuportável acúmulo de prejuízos ou de sofrimentos. Negar sistematicamente a tutela antecipada em caráter antecedente, ou preparatório, seria ignorar o art. 5º, inc. LXXVIII, da Constituição Federal, portador da severa promessa de uma tutela jurisdicional *dentro de um prazo razoável* (v. também art. 8º, n. 1, do Pacto de São José da Costa Rica).

> O exemplo da sustação de protesto é emblemático e o curioso é que continua a ser concedida antes da instauração do processo principal, mas a título de tutela cautelar e não de antecipação de tutela jurisdicional. O que há de curioso nisso é a crença de que, rotulando de *cautelar* o que cautelar não é, possa-se chegar a resultados que seriam impossíveis se o rótulo fosse outro. Como dito, os efeitos dessa visão distorcida ficarão neutralizados pela chamada regra da fungibilidade (art. 273, § 7º – *supra*, n. 31).

Diante disso, é preciso interpretar o disposto no art. 796 do Código de Processo Civil, que nominalmente é endereçado de modo específico ao processo cautelar, como se estivesse redigido assim: "o procedimento das *medidas urgentes* pode ser instaurado antes ou no curso do processo principal e dele é sempre dependente". Esse é o resultado de uma legítima e necessária interpretação teleológica e sistemática, que tem em vista os objetivos comuns de todas as medidas de urgência e a coexistência entre o art. 273 e as disposições contidas no Livro III do Código de Processo Civil.

> A proibição de vender um valioso bem, endereçada a uma sociedade mercantil, nada tem de cautelar e é pura antecipação de tutela. Qual razão sistemática ou teleológica conduziria a negá-la porque pedida antes da instauração do processo? Continua a ser pueril a tentativa de contornar esse problema, dizendo simples-

mente que tal medida será concedida a título de cautelar e não de antecipação de tutela. *Idem*, quanto às sustações de protesto, aos alimentos provisionais, à nomeação de administrador provisório para uma sociedade anônima *etc.* Já é tempo de esquecer o modelo de Calamandrei, que foi proposto nos albores da doutrina da cautelaridade e está superado, inclusive no direito positivo, pela consciência da distinção entre o que é cautelar e o que é antecipação (*supra*, n. 27).

39. competência para a antecipação de tutela antecedente ao processo principal

Segundo as práticas correntes, são da competência do juiz da causa as antecipações de tutela pleiteadas no curso do processo (caráter incidente), até por imposição da regra geral segundo a qual todos os incidentes do processo devem ser solucionados pelo juiz deste. Essa regra vem sendo invariavelmente aplicada, mas sem a consciência de que ela decorre do disposto no art. 800 do Código de Processo Civil, segundo o qual as medidas cautelares são da competência do juiz da causa; na realidade, todas as *medidas urgentes* regem-se por essa competência, sempre que postuladas na pendência do processo. Além disso, aceitando-se a admissibilidade das antecipações a serem concedidas em caráter preparatório, surge a necessidade de determinar o juiz competente para concedê-la. É sempre no art. 800 que se encontrará a solução para esse problema, devendo ele ser lido assim, mediante a interpretação sistemática que se vem alvitrando: "as *medidas urgentes* serão requeridas ao juiz da causa e, quando preparatórias, ao juiz competente para conhecer da ação principal".

40. limite temporal da eficácia da antecipação concedida em caráter preparatório (30 dias – CPC, art. 808, inc. I)

Aceita a admissibilidade da tutela antecipada ainda antes da instauração do processo principal (*supra*, n. 38), é imperativa a limitação de sua eficácia, tanto quanto se estabelece para as cautelares, à duração máxima de trinta dias, contados da efetivação

– de modo que, não proposta a demanda principal nesse período (CPC, arts. 806 e 808, inc. I), a medida urgente deixa de ser eficaz e seus efeitos serão desconstituídos. A legitimidade dessa limitação é patente: constituiria uma truculência transferir radicalmente do demandante ao demandado os males do decurso do tempo, sujeitando-o a um sacrifício por tempo indefinido e permitindo-se ao demandante a escolha do momento de postular a medida principal e a determinação do tempo de espera que bem lhe aprouvesse. Quando entrou em vigor o Código de Processo Civil, trazendo essa novidade, houve uma vacilação inicial mas depois a doutrina e os tribunais fixaram com firmeza uma distinção, para estabelecer que só se sujeita a tal limitação temporal a eficácia das cautelares *constritivas*, ou seja, daquelas que importem invasão ou sacrifício da esfera jurídica do demandado (arresto, busca-e-apreensão *etc.*) – tendo duração indeterminada aquelas destituídas dessa capacidade invasiva, como a produção antecipada de prova, a justificação, protestos, interpelações *etc.* A razão de ser dessa distinção é óbvia, porque a eficácia de medidas não invasivas do patrimônio ou da liberdade das pessoas pode durar por tempo indeterminado sem causar prejuízo a quem quer que seja, por mais que dure.

Ora, as antecipações de tutela são ordinariamente invasivas do patrimônio do demandado, tanto que elas não se destinam a dar apoio a um processo mas a oferecer ao demandante alguma situação mais cômoda que aquela que ele vem a juízo lamentar – e, na medida em que elas oferecem a alguém a posse ou fruição de algum bem ou situação mais favorável, ao adversário se impõe a privação desse bem ou a piora de uma situação antes desfrutada. Daí por que, com vista a impedir que o demandante seja juiz absoluto do tempo que esse sacrifício durará, é de rigor limitar a trinta dias a eficácia das medidas antecipatórias concedidas antes da propositura da demanda principal, extinguindo-se essa eficácia se tal demanda não vier a ser proposta no prazo. Diante disso, leia-se assim o art. 808, inc. I do Código de Processo Civil: "cessa a eficácia da *medida urgente* se a parte não intentar a ação no prazo estabelecido no art. 806". E leia-se no art. 806: "cabe à parte propor a ação no prazo de trinta dias, contados da data da efetivação da *medida urgente,* quando esta for concedida em procedimento preparatório".

Reafirmo, com a consciência de ser repetitivo: a) seria irracional não impor às medidas antecipatórias a regra da limitação temporal, mediante a alegação de que esta é privativa das medidas cautelares, não se aplicando às antecipações; b) é também irracional impor essa limitação, mas usando do expediente da distorção conceitual, ou seja, afirmando que se trata de uma cautelar e não medida antecipatória. Não há mal algum na insistência com que venho dizendo isso, porque ela é causada por uma outra insistência, a dos que não querem abandonar tais raciocínios preconceituosos e misoneístas.

41. *vedada a repetição da medida antecipatória*

A mesma razão de equilíbrio e isonomia que manda limitar a trinta dias a eficácia das medidas invasivas quando não proposta no prazo a demanda principal (*supra*, n. 40) conduziu o legislador a impedir que, perdida essa eficácia, pudesse a medida ser de novo reeditada e assim até ao infinito (CPC, art. 808, par.). E, como as antecipações são em regra invasivas da esfera de direitos do adversário, a elas se impõe também tal vedação, tanto quanto às cautelares.

É de uma santa ingenuidade a atitude daqueles que admitem a concessão de medida urgente, a título de antecipação de tutela, depois de ter sido extinta a eficácia de uma tutela antes concedida como cautelar, havendo ambas sido postuladas com o mesmo objetivo e fundamento nas mesmas razões. A mudança do rótulo do remédio não influi no prazo de sua validade.

42. *tutela exclusivamente a pedido ou também de-ofício?*

Por sugestão do prof. Galeno Lacerda, faz-se uma legítima distinção entre as medidas cautelares *incidentes*, que podem e devem ser concedidas de-ofício, e as *preparatórias*, que dependem de pedido de parte. É dever do juiz determinar cautelas incidentes ao processo, porque a ele cumpre, mais do que a ninguém, preservar a imperatividade e a eficácia de suas próprias decisões e dos comandos que através do processo prepara e depois emite; ao perceber que o fluir do tempo poderá comprometer o correto e útil exercício da jurisdição, ele determinará o que for necessário para evitar que isso aconteça, sob pena de figurar na relação processual como mero autômato, ou espectador irresponsável, permitindo a degradação de seu próprio mister. Esse raciocínio conduz também, por si próprio e quando aplicado *a contrario sensu*, a excluir a tutela cautelar *preparatória* de-ofício, pela simples razão de que, inexistindo um processo pendente, não se cogita de um exercício incorreto ou inútil da jurisdição – sendo temerário antecipar o que poderá ocorrer se e quando o interessado vier a provocar a instauração do processo principal.

No tocante às medidas cautelares preparatórias, vige portanto a regra *nemo judex sine actore*, ou princípio da demanda (CPC, arts. 2º e 262), que não se aplica quando se trata de tutela cautelar incidente.

> Em várias oportunidades venho apoiando esse pensamento, tendo em vista a forte razão de ordem pública que está à base do raciocínio de Galeno Lacerda, além de uma série de disposições contidas na própria lei, como aquela segundo a qual cabe ao juiz *"velar pela rápida solução do litígio"* (CPC, art. 125, inc. II), além da que o manda *"prevenir ou reprimir qualquer ato contrário à dignidade da justiça"* (inc. III). Além disso, o Código manda ainda que o juiz, posto que só em casos excepcionais e de urgência, imponha medidas cautelares *sem audiência das partes* (art. 797). Tratando-se de impedir desgastes ao exercício da jurisdição, trazidos pelo decurso do tempo em associação a certos comportamentos desleais de uma das partes, tais dispositivos devem ser interpretados como portadores da autorização e comando no sentido de que o juiz atue de-ofício, concedendo medidas cautelares incidentes ainda quando não pedidas.[29]

Às antecipações de tutela não se aplica, todavia, a fundamental razão política pela qual as medidas cautelares incidentes de-

---

29. *Cfr.* Dinamarco, *Fundamentos do processo civil moderno*, II, n. 466.

vem ser concedidas de-ofício, porque aquelas não se destinam a dar apoio a um processo e ao correto exercício da jurisdição, mas a favorecer uma das partes em suas relações com a outra ou com o bem da vida em disputa. Torna-se relevante, nesse ponto, a distinção conceitual entre medida cautelar e antecipação de tutela, segundo a qual uma é instrumental ao processo e a outra, não (*supra*, nn. 29 e 30). Enquanto se trata de impedir que o tempo e a malícia de uma das partes corroa o exercício da jurisdição e de preservar a imperatividade e eficácia das decisões judiciárias, legitima-se o superamento da regra de inércia da jurisdição, prevalecendo as garantias constitucionais do devido processo legal sobre a regra *nemo judex sine actore*; mas, quando se pensa em oferecer a uma das partes, antecipadamente, a posse ou fruição de bens ou situações jurídicas no mundo exterior, retomam força e vigor as disposições dos arts. 2º e 262 do Código de Processo Civil, para que o juiz dependa sempre da provocação do interessado. Não é dado a este o poder de conceder tutelas jurisdicionais antecipadas, quer antes da instauração do processo, quer na pendência deste – e essa norma está expressa no corpo do art. 273 do Código de Processo Civil, quando estatui que as antecipações poderão ser concedidas *a requerimento de parte*.

> Essa razão de ordem política e sistemática é apoiada, na prática, pela observação de que as antecipações de tutela são ordinariamente gravosas para a parte contrária, ou invasivas de sua esfera jurídica, o que traz como consequência ao menos o risco de prejuízos a serem ressarcidos pelo beneficiário (art. 811 – *infra*, n. 46). Criar-se-ia uma desconfortável situação de impasse, sendo necessário indenizar o lesado em caso de sair-se vencedor ao cabo do processo, mas sendo ao menos de duvidosa legitimidade a responsabilidade da outra parte por um ato que não pediu.

43. *limites temporais da possibilidade de antecipar a tutela*

O laconismo do art. 273 do Código de Processo Civil deixa em aberto a questão dos limites temporais da possibilidade de antecipar a tutela jurisdicional, questionando-se se essa providência pode ser tomada logo ao início do processo e até mesmo *inaudita altera parte* e se o poder de fazê-lo se exaure antes da prolação da sentença ou permanece até depois de proferida esta. Grassa muita dúvida na prática judiciária do instituto e as manifestações de que se tem conhecimento carecem de uma coerência unitária capaz de oferecer segurança aos litigantes. Na busca de uma solução compatível com o objetivo institucional da tutela antecipada, com o sistema do Código de Processo Civil e com a superior garantia constitucional de acesso à justiça, a resposta deve ser pela mais ampla abertura para a concessão incidental da medida *a qualquer tempo*, a partir de quando o processo se instaura pela propositura da demanda em juízo e enquanto a sentença ou acórdão proferido não estiver sob o manto da coisa julgada. Obviamente, em cada caso concreto a concessão da medida dependerá da presença dos requisitos exigidos em lei, estando o juiz convencido da necessidade de antecipar – mas sem o preconceito consistente em afastar *a priori* a concessibilidade porque o momento é prematuro ou porque está superado o período em que a medida pode ser concedida.

Não há razão para negar a pronta admissibilidade das antecipações, logo no momento de apreciar a petição inicial, porque às vezes o adiamento da decisão pode ser fatal e tornar inútil qualquer propósito de evitar a consumação de situações indesejáveis. Parafraseando Chiovenda, seja lembrado que *a necessidade de esperar pelas demoras do processo não deve causar dano a quem precisou servir-se do processo para obter um bem ou evitar um mal*: é portanto contrária à garantia constitucional de tutela jurisdicional efetiva e tempestiva aquela postura consistente em fechar as portas para a antecipação tutelar logo ao início do processo. Diante disso e da extrema comunhão de propósitos que anima os institutos da tutela cautelar e da antecipação de tutela (*supra*, nn. 29, 30, 31 *etc.*), é imperioso ler no art. 804 do Código de Processo Civil a seguinte disposição: "é lícito ao juiz conceder liminarmente ou após justificação prévia as *medidas urgentes*, sem ouvir o réu, quando verificar que este, sendo citado, poderá torná-la ineficaz". Ainda aqui é pertinente ressalvar que as medidas judiciais *inaudita altera parte* são excepcionais no sistema, porque arranham a garantia constitucional do contraditório e só devem ser concedidas quando o retardamento puder importar restrição ou sacrifício à possibilidade de acesso à justiça. É compreensível que, sem haver uma urgência extrema, o juiz prudentemente aguarde a citação do réu e sua resposta, com o que terá melhores condições para formular com mais segurança o seu juízo sobre a necessidade de antecipar.[30] Mas, sendo preciso, que antecipe desde logo!

> A possibilidade de oferecer a tutela antecipada *inaudita altera parte* ou após justificação ao início do processo é expressamente proclamada no § 3º do art. 461, responsável pela regência da tutela jurisdicional referente às obrigações de fazer ou de não fazer, ou de entregar coisa (art. 461-A). Uma fácil interpretação sistemática conduz a atribuir a esse dispositivo uma eficácia mais ampla e considerar que qualquer tutela antecipada pode ser concedida nesses momentos, inexistindo razão para uma interpretação restritiva. O § 3º do art. 461 deve ser entendido como portador da regra de que toda tutela antecipada pode ser concedida ao início do processo, e não somente aquela referente a tais obrigações.

A mesma razão de abertura para a efetividade do acesso à justiça manda também que não se ponham barreiras à possibilidade de antecipar a tutela jurisdicional em primeiro grau de jurisdição, a partir de algum momento ou fase do procedimento. A necessidade de antecipar pode surgir a qualquer tempo, inclusive no momento de decidir a causa ou até mesmo depois da sentença, sem que antes disso houvesse o *periculum* justificador da medida; pode também inexistir no espírito do juiz a convicção da probabilidade do direito do autor, ou *fumus boni juris*, antes desses momentos adiantados do procedimento, sobrevindo no momento de

---

30. Seja em sua aplicação direta às medidas cautelares, seja em sua extensão às antecipações de tutela, o art. 804 *minus dixit quam voluit* porque, como é pacífico e corrente, a concessão de medidas liminares não é estritamente condicionada à previsão de uma conduta maliciosa do réu mas, bem mais amplamente, ao risco de que o *decurso do tempo* frustre a tutela jurisdicional – com ou sem o concurso da malícia daquele.

sentenciar ou mesmo depois. Essas não são situações ordinárias, do dia a dia, mas quando ocorrerem é preciso ter a disposição de tomá-las em consideração sem o preconceito de uma suposta preclusão do poder de ditar a antecipação da tutela jurisdicional. Quando ocorrer uma situação extraordinária que clame por uma medida urgente, é perfeitamente legítimo incluir na sentença de mérito um *capítulo* impondo a providência adequada a evitar que o direito pereça. Sistematicamente é até mais seguro conceder a tutela antecipada nesse momento, quando, superadas pela instrução exauriente as dúvidas do julgador sobre os fatos e as teses jurídicas pertinentes, ele terá chegado ao convencimento de que o autor tem razão: se houver a urgência que a legitime, a antecipação deve ser concedida ainda nesse momento final do procedimento em primeiro grau de jurisdição.

> Em casos assim, não se trata de uma sentença de mérito e de uma decisão interlocutória acoplada a ela, como já se chegou a pensar. O ato proferido pelo juiz é um só, é a *sentença*; esse é o ato com que o procedimento em primeiro grau tem fim, pouco importando o conteúdo. Ainda aqui manifesta-se a importância do conceito de *capítulos de sentença*, os quais foram objeto de uma precisa exposição em importantíssimo ensaio de Liebman, mas ainda não penetraram na cultura do processualista brasileiro.[31] Nem sempre uma sentença decide sobre uma só pretensão, podendo ela desdobrar-se em dois ou mais dispositivos, como o que concede a reintegração de posse e o que condena a ressarcir prejuízos. Tem-se nesses casos, na unidade formal de uma sentença só, uma pluralidade de *capítulos* que a compõem, cada um portador de um preceito independente ou conjugado a outro. Por isso, e considerando ainda que o conceito de sentença não é rigidamente associado pelo direito positivo ao conteúdo substancial desse ato – podendo ela conter ou não o julgamento do *meritum causæ* (CPC, art. 162, § 1º) – não é sistematicamente correto desdobrar o ato judicial com que o juiz decide a causa e ao mesmo tempo concede uma antecipação de tutela, como se ali houvesse dois atos, uma sentença e uma decisão interlocutória. Essa importante premissa conceitual repercute

---

31. *Cfr.* Liebman, "Parte o 'capo' di sentenza", *passim*; Dinamarco, *Capítulos de sentença*, nn. 1-17, pp. 9-49.

na determinação do recurso cabível contra a concessão de tutela antecipada no mesmo ato que julga a causa, o qual será apenas e exclusivamente a apelação, jamais o agravo. Mas há vozes em sentido contrário, colidentes com o princípio da unirrecorribilidade (*infra*, n. 44).

Mesmo depois de proferida a sentença de mérito, é mais do que razoável entender que permanece a competência do juiz de primeiro grau para apreciar pedidos de antecipação tutelar, desde que os autos ainda estejam em seu poder, não havendo sido remetidos ao tribunal. Essa afirmação poderia parecer obstada pela regra do *exaurimento da competência*, pela qual o juiz está em princípio proibido de introduzir alterações na sentença já publicada (CPC, art. 463), mas conta com o apoio de uma disposição soberanamente superior, que é a garantia do acesso à justiça. Seria realmente um desfalque a essa garantia a negação absoluta de um remédio para as situações urgentes, excluindo-se a competência do juiz inferior, sob o pretexto de que sua competência está exaurida, e não podendo o tribunal conhecer do pedido porque ainda não dispõe dos autos. Teríamos nesses casos um período de hibernação mais ou menos longo, em que nada se poderia fazer em cumprimento da promessa constitucional de uma tutela jurisdicional efetiva e tempestiva.[32]

Só depois de remetidos os autos ao tribunal *ad quem* é que se consumam as situações regidas pelo parágrafo do art. 800, reputando-se então transferida a competência para a concessão de medidas urgentes.

> O art. 463 do Código de Processo Civil não expressa um princípio universal e muito menos algum valor digno de enorme reverência. O próprio Código, em sua configuração atual, faz exceção a ele ao mandar que, depois de proferida sentença condenando a um fazer ou a um não fazer, o juiz ainda altere o dispositivo sentencial para impor medidas de eficácia equivalente à do adimplemento (art. 461, *caput*).

32. *Cfr.* Dinamarco, *Fundamentos do processo civil moderno*, I, n. 311.

44. *efeitos dos recursos em relação à tutela antecipada*

Concedida ou negada a tutela jurisdicional antecipada no curso do processo, eventual recurso contra a decisão interlocutória que a propósito houver decidido será destituído de efeito suspensivo, porque assim quer a lei (CPC, art. 497) e sobretudo porque o sistema das antecipações não se compatibiliza com as demoras que seriam inevitáveis se fosse necessário aguardar o julgamento pelo tribunal. Assim é o sistema instituído no art. 273 e seus parágrafos, onde se admite de modo explícito a execução provisória das decisões concessivas de tutela antecipada (art. 273, § 3º) – o que seria impraticável se o recurso tivesse suspensividade.

> Essa orientação impõe-se tanto nos casos ordinários em que a tutela seja concedida no curso do processo, quanto nos excepcionais em que isso seja feito depois da sentença – quando também o recurso adequado é o do agravo.

Nos casos extraordinários em que a tutela seja concedida na própria sentença que decide a causa, nem por isso se legitimaria o entendimento de que contra esse ato judicial único caberiam dois recursos, a saber, apelação contra o julgamento *de meritis* e agravo contra a concessão da antecipação tutelar. A percepção de que se trata de um ato só, conquanto internamente estruturado em *capítulos* destinados a decidir sobre mais de uma pretensão, conduz com segurança à admissibilidade da apelação apenas. Como recurso extremamente amplo, capaz de repropor diante do tribunal todas as pretensões contidas no processo e todas as questões suscitadas e pertinentes ao julgamento delas, a apelação é o meio adequado a investir o órgão destinatário do poder de decidir sobre tudo quanto haja sido decidido na sentença, inclusive o tema da antecipação de tutela. Essa orientação não colide com a adequação do agravo contra antecipações ou negativas de antecipação decididas *antes da sentença*, porque nesse caso terão sido realizados dois atos, sendo natural que a decisão interlocutória portadora de tal decisão comporte esse recurso e não o de apelação (CPC, art. 522).

Sentença é, no processo de conhecimento, o "ato do juiz que implica alguma das situações previstas nos arts. 267 e 269 desta Lei" (CPC, art. 162, § 1º). É, em palavras melhores, o ato com o qual o juiz define a causa, com ou sem julgamento do mérito – e definir *a causa* não importa necessariamente a extinção do processo.[33] O ato judicial que reconhece a ocorrência de uma razão para a extinção do processo sem julgamento do mérito ou com o qual o mérito é julgado chama-se *sentença* (e não é tal a decisão que aprecia uma das preliminares indicadas no art. 267, *rejeitando-a*). Se no ato julgador do mérito o juiz incluir também uma antecipação tutelar, o que ele a propósito desta dispuser estará integrado na *sentença* – não podendo ser havido como decisão interlocutória simplesmente porque não se trata de decisão dada no curso do processo (ela não é um *inter locutus*). Sabendo-se também que na unidade formal de uma sentença possam estar presentes dois ou mais julgamentos, cada um deles ocupando um de seus capítulos, conclui-se que não pode haver *duas sentenças em uma sentença só*, nem *uma sentença e uma decisão interlocutória*. O que há são dois *capítulos* de uma só sentença.[34]

A apelação interposta contra a sentença que em capítulos distintos julga procedente a demanda inicial e concede a antecipação sujeitar-se-á a dois regimes quanto ao possível efeito suspensivo, a saber: a) quanto ao capítulo *principal*, ela terá ou não esse efeito, conforme os preceitos ditados no art. 520 do Código de Processo Civil e seus parágrafos; b) com referência ao capítulo que decide sobre o pedido de antecipação, o efeito será somente devolutivo, sem suspensividade.

Como parece mais do que óbvio, a antecipação deixaria de ser autêntica *antecipação* quando ficasse sujeita à espera do julgamento pelo tribunal. Pelo aspecto do direito positivo, da afirmada e demonstrada destinação comum das medidas cautelares e antecipações de tutela ao objetivo de dar remédio pronto a situações de urgência decorre que às segundas se aplica por inteiro a não suspensividade estabelecida no Código de Processo Civil em

---

33. *Cfr.* Dinamarco, *Instituições de direito processual civil*, II, nn. 651 e 651-A, e III, n. 1.217.
34. Já o disse *in A Reforma da Reforma*, n. 99, p. 145.

relação às primeiras (CPC, art. 520, inc. VII, red. lei n. 10.352, de 26.12.01).

45. cont.: apelação contra "sentença que confirmar a antecipação de tutela" (art. 520, inc. VII)

Para dirimir possíveis dúvidas, o Código de Processo Civil manda que se processe sem efeito suspensivo a apelação interposta contra "sentença que confirmar a antecipação de tutela" (art. 520, inc. VII). Essa expressão está a indicar, em primeiro lugar, a sentença que, ao decidir *de meritis*, o faça no mesmo sentido da antecipação antes concedida, ou seja, aquela que julgue o mérito em favor do beneficiário dessa tutela. Seria, de fato, "desconfortavelmente insensato dizer que, logo agora que foi proferida a sentença de mérito favorável após a exauriente instrução da causa, ele [o beneficiário da antecipação] perderia o direito àquilo de que já vinha fruindo; teria mais eficácia uma decisão tomada sumariamente e que é provisória por definição, do que a sentença calcada em ampla instrução realizada antes do processo. Essa ideia seria tão absurda, que um elementar exercício da lógica do razoável seria suficiente para afastá-la, mesmo sem a explicitude da lei que agora temos".[35] Por isso, estará sujeita a apelação só devolutiva, não suspensiva, toda sentença que confirme a antecipação tutelar, ainda quando a causa não seja enquadrável em qualquer das demais hipóteses de exclusão da suspensividade, tipificadas nos demais incisos do art. 520 do Código de Processo Civil.

Também *confirma* a medida antecipatória a sentença que, julgando *improcedente* a demanda do autor, mesmo assim manda que se mantenham os efeitos da antecipação. Não raras vezes isso acontece na prática. Em casos assim, o autor terá interesse em apelar contra o julgamento do mérito, que lhe foi desfavorável: e o réu, contra o capítulo em que o juiz *confirmou* a antecipação. Por disposição do novo inc. VII do art. 520 do Código de Processo Civil, a apelação do réu nesse caso será dotada exclusiva-

---

35. *Cfr.* ainda *A Reforma da Reforma*, n. 98, p. 145.

mente do efeito devolutivo, porque, como já observado, não faria sentido permitir a suspensividade contra uma medida que é, por destinação institucional, *urgente*.

Tornamos também nesse ponto a uma estreitíssima coincidência entre o regime dos efeitos dos recursos contra medidas cautelares ou contra antecipações de tutela. A leitura antes proposta para o inc. IV do art. 520 (*supra*, n. 44) é confirmada pelo que está disposto no inc. VII.

46. responsabilidade objetiva

Porque concedidas com base em cognição superficial e incompleta, as antecipações de tutela trazem consigo uma potencialidade danosa, tanto quanto as cautelares ou, muitas vezes, até mais. Se depois, ao cabo da instrução exauriente e completa, o juiz decidir a causa contra o sujeito que se beneficiou da antecipação, isso significará que a aparência de razão do autor (*fumus boni juris*) não passava de ilusão e só conduzira à antecipação porque havia urgência (*periculum in mora*).

Nessa situação, se a efetivação da medida urgente houver causado dano, é natural que por ele responda aquele que requerera tal medida e dela se beneficiara. Na disciplina da tutela antecipada o Código de Processo Civil invoca a esse propósito as *regras inerentes à execução provisória*, especialmente a da responsabilidade por danos causados ao executado (art. 273, § 3º e art. 475-O, inc. I). Nem sempre, porém, a efetivação de uma medida antecipatória se faz pelos caminhos de uma execução, só sendo assim quando essa medida consistir na imposição de uma conduta a ser realizada pela parte; ou seja, quando ela tiver os contornos de uma *condenação*.[36] Mas em outras situações a efetivação das medidas antecipatórias de tutela faz-se por outros modos, não mediante

---

36. É expressivo o vocábulo com que os alemães designam o que chamamos de sentença condenatória. Eles falam em *sentenças de prestação* (*Leistungs-urteil*), que são aquelas consistentes em impor ao vencido a realização de uma certa conduta, o adimplemento da obrigação.

execução. *Efetivação* é um conceito mais amplo que *execução* e, se toda execução é um modo de efetivar, nem toda efetivação será uma execução.

Uma sustação de protesto não tem o menor sabor de condenação e não se efetiva pelas vias executivas. Nem é por esse caminho que se impede a alienação de um imóvel (é mais eficiente oficiar ao registro imobiliário), ou se efetiva a nomeação de administrador provisório para uma sociedade mercantil.

Havendo portanto medidas antecipatórias que não se efetivam pela via executiva, e nada dispondo o Código sobre a responsabilidade do sujeito que as provocou, mais uma vez surge a necessidade de um lavor interpretativo capaz de, mediante remissão ao que está disposto quanto às medidas cautelares, conduzir a resultados satisfatórios. Se essas duas espécies de medidas urgentes são igualmente portadoras dos mesmos riscos inerentes à superficialidade da instrução em que se baseiam, seria ilegítimo instituir a responsabilidade objetiva do beneficiário de medidas cautelares ou de antecipações sujeitas ao regime da execução provisória, negando-se igual tratamento nos demais casos. Por isso, ao art. 811 do Código de Processo Civil, inserido no livro regente do processo cautelar, deve ser atribuída ampla eficácia de estabelecer que "o requerente de *medida aceleratória de tutela jurisdicional* responde ao requerido pelo prejuízo que lhe causar a efetivação da medida" – com a vantagem da larga abrangência, ou seja, sem ficar excluída qualquer hipótese de dano causado por qualquer medida urgente.

A teor do disposto nesse artigo, a responsabilidade é sempre *objetiva*, o que faz ser suficiente a efetividade do dano e da causalidade entre a medida e este, dispensando-se o lesado de qualquer prova do dolo ou culpa do beneficiário da medida; aplica-se também a disposição segundo a qual "a indenização será liquidada nos próprios autos em que a medida houver sido concedida" (art. 811, par. e art. 273, § 3º c/c art. 588, inc. IV, red. lei n. 10.444, de 7.5.02).

É razoável entender que, em princípio, esse raciocínio prevalece apenas em relação às antecipações de tutela fundadas no *periculum in mora*, ou seja, àquelas concedidas em razão da urgência e para atender a uma necessidade do autor (art. 273, inc. I). Eventual prejuízo causado pelas antecipações *sancionatórias*, que constituem repressão às condutas desleais do réu (art. 273, inc. II), é consequência do comportamento deste e não da vantagem concedida ao autor; mas a hipótese do inc. II é de ocorrência muito rara e não se exclui que, excepcionalmente, possam configurar-se situações de prejuízo a ser ressarcido, o que se aferirá caso a caso (p.ex., excesso na repressão). Análoga prudência é aconselhável quando a antecipação tiver por fundamento a *incontrovérsia* quanto a alguns dos fatos constitutivos do alegado direito do autor, porque também essa situação é fruto de uma conduta do réu (revelia, omissão em impugnar especificamente todas as alegações de fato).

47. caução

Em um só dispositivo o art. 273 do Código de Processo Civil faz indireta exigência de caução a ser prestada pelo requerente de tutela antecipada. Trata-se de seu § 3º, portador de remissão ao art. 588, cujo inc. II (atual 475-O, inc. III) exige que a essa contra-cautela seja subordinado "o levantamento de depósito em dinheiro, e a prática de atos que importem alienação de propriedade ou dos quais possa resultar grave dano ao executado". Só essa disposição é contudo insuficiente, pela já apontada razão de que nem sempre a efetivação de medidas antecipatórias faz-se mediante *execução*, havendo portanto largo campo em que não se aplicam as regras da execução provisória (especialmente na sistemática implantada pela lei n. 11.232, de 22.12.05). Em primeiro lugar, só se pode pensar em *execução*, e portanto em *execução provisória*, nos casos em que se antecipa a efetivação do preceito contido em pronunciamento jurisdicional dotado de eficácia executiva (CPC, art. 475-N, inc. I); a efetivação das sentenças constitutivas ou da maioria das meramente declaratórias[37] obtém-se por outros

---

37. Ressalvadas as sentenças declaratórias de direitos suscetíveis de satisfação por ato do obrigado (prestação), as quais são títulos executivos por força de lei (art. 475-N, inc. I).

meios, como na hipótese de sustação de protesto, de suspensão de efeitos de decisão tomada em assembleia de sociedade anônima *etc.* (*supra*, n. 46). Por outro lado, a efetivação de sentenças ou decisões consistentes em ordenar uma entrega ou uma conduta (fazer ou não fazer) não se faz por via de *execução*, mas, na terminologia da lei de 2005, mediante atividades que ali se denominam *cumprimento de sentença* (o vocábulo *execução* ficou reservado para as atividades destinadas à efetivação de obrigações por quantia – CPC, art. 475-I). Por dois caminhos, no entanto, chega-se à pertinência geral da exigência de caução a cargo do requerente da antecipação de tutela, sempre que presentes os requisitos para impô-la. Um deles é aquele sistemático, bastante amplo, ligado à substancial unidade das medidas de urgência, que conduz à unidade dogmática das duas espécies em que elas se manifestam (cautelares e antecipatórias): se o juiz pode condicionar a efetivação dos provimentos cautelares a uma contracautela destinada a resguardar o demandado contra riscos demasiados (art. 804), do mesmo modo e com o mesmo objetivo ele pode fazer essa exigência ao conceder uma antecipação de tutela. Por outro lado, o risco de *irreversibilidade* dos efeitos da medida antecipatória, que chega a constituir motivo para a inadmissibilidade desta (art. 273, § 2º), pode ser afastado ou mitigado em muitos casos, se uma caução for prestada e com isso ficar assegurada a possibilidade de retorno ao *status quo ante* em caso de o requerente da medida não ter razão afinal. À luz desses dois dispositivos, o juiz verificará se a caução deve ser exigida ou não, e qual o valor da garantia a ser prestada; esse juízo levará em conta, em primeiro plano, a existência e o grau do risco a ser imposto ao demandado.

48. síntese conclusiva

Constitui fio condutor da presente exposição e de todas as propostas nela contidas a assertiva de que, conquanto suscetíveis de uma distinção conceitual mais ou menos clara, as medidas cautelares e as antecipatórias de tutela integram uma categoria só, mais ampla, que é a das *medidas aceleratórias de tutela juris-*

dicional. Essa ideia esteve também ao centro da tese com que o prof. José Roberto dos Santos Bedaque conquistou a livre-docência na Faculdade de Direito de São Paulo e que também sustenta essa visão unitária, aqui endossada.

Medidas aceleratórias de tutela jurisdicional é uma locução mais ampla que *medidas urgentes*, porque nem sempre a urgência é o motivo da aceleração ou da antecipação de tutela. Pensar na antecipação sancionatória, que tem por motivo "o abuso de direito de defesa ou o manifesto propósito protelatório do réu" (CPC, art. 273, inc. II), e na antecipação da parte incontroversa da demanda (art. 273, § 6º).[38]

A essa premissa metodológica associa-se o tratamento homogêneo de que são merecedoras as duas espécies de medidas de urgência. Ao longo desta exposição alinharam-se razões para considerar admissível a tutela antecipada ainda antes da instauração do processo principal (CPC, art. 796), para ter-se por competente para essa tutela antecedente aquele mesmo juiz que será competente para tal processo (art. 800), para condicionar a eficácia daquela à propositura da demanda principal em trinta dias a contar da efetivação (art. 808, inc. I), para vedar a reedição de medida antecipatória que haja perdido a eficácia (art. 808, par.), para admitir-se a antecipação incidente desde o momento em que a demanda principal é ajuizada e enquanto os autos não tiverem sido remetidos ao tribunal destinatário da apelação, para sujeitar todas as decisões concessivas ou denegatórias de antecipação a recurso sem efeito suspensivo (ainda quando a concessão haja sido incluída na própria sentença, sendo possível o recurso de apelação – art. 520, inc. VII), para impor ao beneficiário da medida a responsabilidade objetiva pelos danos que esta houver causado (art. 811) e para autorizar o juiz a exigir uma caução que assegure ao lesado a futura indenização, eventualmente devida (art. 804 c/c art. 273, § 2º).

38. *Cfr.* José Roberto dos Santos Bedaque, *Tutela cautelar e tutela antecipada: tutelas sumárias e de urgência*; Bruno Vasconcelos Carrilho Lopes, *Tutela antecipada sancionatória*.

Talvez o item em que se manifesta a maior diferenciação entre as duas espécies de medidas urgentes seja o da concessibilidade de-ofício, dado que as antecipações não podem ser concedidas sem pedido da parte, mesmo na pendência de um processo – sendo no entanto legítima a concessão de medidas *cautelares* incidentes, conforme lição irrefutável do prof. Galeno Lacerda.

Assumida aquela premissa central e tomando em conta todas essas ilustrações da unidade metodológica do instituto da *tutela de urgência*, o laconismo do art. 273 do Código de Processo Civil poderá ser superado legislativamente mediante a inclusão de mais um parágrafo destinado a tornar explícita a regência da antecipação de tutela jurisdicional pelas regras diretamente destinadas a reger as medidas cautelares. O aconselhável dispositivo seria redigido assim: *aplica-se à antecipação de tutela, no que couber, o disposto no capítulo I do título único do Livro III deste Código*. Enquanto o legislador não se dispuser a tornar explícita uma norma assim, a chamada regra da *fungibilidade*, contida no novo § 7º do art. 273, pode ser inteligentemente explorada pelo intérprete empenhado em obter bons resultados, com o objetivo de chegar à desejável visão unitária das medidas urgentes.

O capítulo I, acima referido, é o primeiro dos capítulos do Livro III do Código de Processo Civil e tem a rubrica *das disposições gerais*, sendo composto pelos arts. 796 a 812.

Chama-se também a atenção ao fato de que o instituto da antecipação tutelar ainda não ganhou suficiente maturidade no mundo jurídico brasileiro, o que se manifesta mediante a indevida afirmação da natureza cautelar de várias medidas que na realidade são antecipatórias, como sucede em relação à sustação de protesto, aos alimentos provisionais e muitas outras atípicas que ocorrem na experiência diuturna. Essa distorção ainda vai durar muito, porque arraigada em nossa cultura e em nossas mentalidades, tendo muito vigor a superada mas clássica e prestigiosa lição de Calamandrei, que incluía as antecipações dos efeitos do julgamento da causa entre as medidas cautelares. Mas é preciso afinar melhor os instrumentos, para com isso chegar-se à consciência do verdadeiro conceito e abrangência de cada uma das duas espécies de medidas de urgência, sem o que jamais se afastará o vício quase ridículo, consistente em condicionar a concessão de uma tutela urgente à denominação que lhe haja atribuído o autor, ou à que lhe der o juiz – concedendo-se a medida a título de tutela antecipada e negando-se quando lhe for dado o título de tutela cautelar, ou *vice-versa*. Sem essa consciência conceitual, prosseguir-se-á também admitindo a concessão de uma mesma providência antes denegada, desde que na reiteração haja o autor tomado o cuidado, ou a malícia, de dar-lhe denominação diferente; continuarão também abertas as portas para a reedição da mesma medida que antes perdera a eficácia (art. 808, inc. I), com o mesmo efeito da primeira e fundada na mesma situação de fato, sempre que pedida a outro título e não com a mesma denominação daquela que já falecera. O novo § 7º do art. 273, portador da fungibilidade explícita entre as duas categorias de medidas urgentes, deve servir de guia para que esses enganos não se repitam.

§ 2º: CONSIDERAÇÕES ESPECÍFICAS

49. *ressalvas e precisações: as antecipações tipificadas em lei*

Como foi dito (*supra*, n. 37), o que há de mais importante no art. 273 do Código de Processo Civil é a institucionalização de um *poder geral de antecipação*, paralelo e estreitamente análogo ao poder geral de cautela emergente do art. 798 do Código de Processo Civil. Mas foram também instituídas ao menos duas figuras de tutela antecipada típica, que se acostaram a outras antecipações típicas implantadas no sistema com anterioridade, a saber: a) a antecipação dos efeitos da tutela jurisdicional destinada à efetivação de obrigações de fazer, de não fazer ou de entregar coisa e (b) a antecipação que em determinada situação se outorga *ao réu* nas ações de consignação em pagamento. São também antecipações de tutela, disciplinadas no Código de Processo Civil, (c) as liminares em processo possessório. Disciplinadas fora do Código, existem antecipações de tutela em importantes micro-sistemas processuais da atualidade brasileira, como (d) o processo do mandado de segurança, (e) o da ação popular, (f) o da ação direta de inconstitucionalidade, (g) o da ação civil pública, (h) o das ações coletivas referentes às relações de consumo *etc.*

    Discutiu-se no passado se algumas dessas liminares (especialmente, a do processo do mandado de segurança) têm ou não natureza *cautelar*. Essa discussão tende a ficar superada, a partir de quando se instituiu no Código de Processo Civil o conceito de tutela jurisdicional antecipada, o que concorre para implantar no pensamento jurídico-processual brasileiro a consciência de que uma medida urgente não tem necessariamente essa natureza. Essas medidas não são cautelares, mas antecipações de tutela, porque não se destinam a oferecer meios de eficiência e justiça ao processo, mas a confortar diretamente algum sujeito, em sua relação com outro sujeito ou com os bens da vida.

50. *as obrigações específicas (fazer, não fazer, entregar)*

O parágrafo que institui a antecipação de tutela relativa às obrigações de fazer, não fazer ou entregar coisa reproduz substancialmente as regras impostas com caráter de mais generalidade pelo art. 273. Eis os pontos do que está no § 3º do art. 461: a) ele exige que a demanda tenha *fundamento relevante*, o que equivale a exigir a probabilidade de existência do direito; b) impõe o requisito do *fundado receio de ineficácia do provimento final*, o que significa exigir o perigo da demora; c) autoriza a *revogação ou modificação da medida* a qualquer tempo; d) exige motivação da decisão que a modifica ou revoga. Obviamente, também a decisão concessiva ou denegatória da antecipação deve ser motivada, quer por aplicação analógica do disposto no § 1º do art. 273, quer por exigência constitucional (Const., art. 93, inc. IX). Indo além do que está no art. 273, o dispositivo em exame autoriza expressamente a concessão da tutela antecipada liminarmente ou mediante justificação prévia, nesse caso citando-se o réu: e esse é um fundamento para considerar-se que também o poder geral de antecipação, regido no art. 273, pode ser exercido desde esses momentos iniciais do processo (*supra*, n. 37). Sem peculiaridades de monta, a antecipação instituída no art. 461, § 3º rege-se pelos preceitos gerais ditados explicitamente em relação ao poder geral de antecipação (art. 273 e §§) e por aqueles contidos nas disposições gerais do Livro III do Código de Processo Civil; nem se exclui que, em caso de urgência, essa tutela seja antecipada ainda antes da propositura da demanda principal (antecipação antecedente, ou preparatória: *supra*, n. 38).

51. ação de consignação em pagamento

No processo da ação de consignação em pagamento, sendo alegada pelo credor a insuficiência do depósito feito pelo devedor, fica evidente que ele pretende o dinheiro depositado, só não se conformando com o valor alegado pelo autor da demanda (porque sustenta ser credor de importância maior). Daí a sensata disposição contida na atual redação do art. 899 do Código de Processo Civil, na qual se autoriza o levantamento pelo réu, o que não importa qualquer risco para a parte contrária.[39] Dada a precisa peculiaridade dessa antecipação, a ela deixam de se aplicar, por serem impertinentes, muitas das regras inerentes às medidas de urgência – como a da possibilidade de concessão antes da propositura da ação, a da responsabilidade civil, caução e, notadamente a da exigência do *periculum in mora*. Mas aplica-se com extrema docilidade a permissão de conceder essa tutela antecipada até mesmo na sentença ou ainda depois de proferida esta e pendente recurso, mesmo que este tenha efeito suspensivo, justamente porque risco algum essa antecipação impõe ao direito do devedor. A disposição contida no art. 899 é caso expressivo de tutela antecipada concedida ao réu e não ao autor.

Seria conveniente que o Código de Processo Civil, seguindo o bom exemplo da Lei das Locações Prediais Urbanas, alargasse

[39]. *Cfr.* Dinamarco, *A Reforma do Código de Processo Civil*, n. 185, p. 275.

a possibilidade de levantamento, autorizando-a em todos os casos nos quais *não haja controvérsia sobre a existência da obrigação* (lei n. 8.2.45, de 18.10.91, art. 67, par.). Se o réu houver alegado que não houve a recusa em receber, (CPC, art. 896, inc. I), risco algum trará para o autor o levantamento do valor depositado, indo adiante o processo somente para determinar se houvera ou não a recusa e, com base no que a propósito se concluir, carregar a ele ou ao demandante a obrigação de pagar despesas e honorários da sucumbência. A analogia de situações é tão nítida, e tão grande a segurança de não causar danos ao devedor, que se autoriza a aplicação, no processo das ações consignatórias regidas pelo Código de Processo Civil, daquela cláusula mais ampla contida na Lei do Inquilinato.

52. *ações possessórias*

Ainda no corpo do Código de Processo Civil, embora *muito* anteriores à sua Reforma, estão disciplinadas as liminares inerentes às ações possessórias. Elas são a expressão atual dos antigos interditos do direito romano, que não foram concebidos para salvar o direito ou preservar o bem, como as medidas urgentes em geral, mas nem por isso deixam de ser medidas destinadas a superar os males do tempo, suscetíveis de serem concedidas com fundamento em uma instrução sumária. Essas liminares são a manifestação de um *juízo do direito mais forte* (*supra*, n. 33), feito pelo legislador ao instituir o que se chama *proteção possessória*: a importância social e econômica da posse e o interesse público pela estabilidade em seu exercício repercutem na ordem processual com esse empenho em assegurar a quem a exerce, ou a quem a exerceu e perdeu, a continuidade ou a restauração desse exercício – e daí os tradicionais instrumentos consistentes nos interditos *retinendæ possessionis* ou *recuperandæ possessionis*, do direito romano clássico (Biondi).[40]

Examinados sobre o pano-de-fundo da dogmática das medidas relacionadas com o tempo, os interditos possessórios carac-

---

40. Cfr. Biondo Biondi, Istituzioni di diritto romano, 130.2, p. 443 (rubrica os efeitos da posse).

terizam-se como autênticas antecipações de tutela,[41] pelo simples e óbvio motivo de que consistem em propiciar ao titular do *jus possessionis*, logo de início, a mesma e precisa proteção que ele espera obter ao fim do processo em caráter definitivo, ou seja, o poder de atuar sobre o bem, como se fosse proprietário.[42] Do confronto entre a disciplina específica dessas liminares, contida nos arts. 828-829 do Código de Processo Civil, com a disciplina geral das antecipações, exposta nos tópicos acima, deve resultar o entendimento de que são aplicáveis a elas muitas das regras integrantes dessa disciplina geral. Por fortes razões éticas e econômicas, é imperioso impor ao beneficiário dessas medidas a responsabilidade civil objetiva em caso de afinal se decidir que ele não tinha o direito material à posse do bem e, portanto, o réu ficara injustamente privado deste (art. 811 – *supra*, n. 46). Também não há por que desautorizar a outorga da posse ao autor depois do momento indicado no art. 928 do Código de Processo Civil (*inaudita altera parte* ou logo após uma justificação liminar), o que se dará sempre que o juiz, ao longo do procedimento e havendo recolhido elementos instrutórios suficientes, se convença da boa probabilidade do direito do autor – e isso poderá ser feito até mesmo ao sentenciar, tanto quanto se dá em relação às antecipações em geral (*supra*, n. 43).

> Existe forte tendência doutrinária a negar que o juiz possa conceder interditos depois dos momentos iniciais do procedimento, mas essa interpretação só pode ter a seu favor o frágil argumento de o art. 928 do Código de Processo Civil ter explicitado apenas tais momentos para as liminares possessórias. Acima dessa formal disposição do direito infraconstitucional está a superior garantia constitucional do acesso efetivo e tempestivo à justiça, que não se compadece com soluções assim restritivas; além disso, só pela lógica do absurdo se pode pensar que o juiz está autorizado a conceder medidas no início e não depois, quando já tiver uma

---

41. *Cfr.* Dinamarco, *A Reforma do Código de Processo Civil,* n. 264, p. 371.
42. Tal é o conceito de posse proposto por Jhering e acatado no Código Civil brasileiro de 1916 (Silvio Rodrigues, *Direito civil*, V, n. 11, esp. p. 20).

percepção melhor da causa, graças à instrução. Ainda que assim não fosse, sempre poderá o juiz conceder antecipação de tutela possessória, até mesmo depois de haver sentenciado, desde que presente um requisito que para a liminar possessória típica não se exige – a saber, o risco de dano irreparável ou de difícil reparação, a deslealdade do demandado, a superveniente incontrovérsia sobre parte dos fatos alegados pelo autor (art. 273, *caput*, incs. I-II e § 6º). Ou, em outras palavras: quando não se tiver por admissível a antecipação tutelar *típica*, nem por isso se exclui a *atípica*, regida por esse dispositivo legal.

Uma boa interpretação sistemática e teleológica deve conduzir também a admitir a tutela possessória em caráter antecedente ou preparatório, porque seria um contrassenso autorizar as cautelares e as demais antecipações antes de instaurado o processo principal (como a sustação de protesto *etc.*), negando a medida precisamente quando se trata de um direito a que tradicionalmente o legislador pretende outorgar uma proteção especial. No momento angustioso da invasão de um imóvel, se tem o dono ou possuidor até mesmo a faculdade de exercer o *desforço imediato*, que é modalidade de autotutela e traz em si os perigos desta (CC, art. 1.210, § 1º), deve-se *a fortiori* admitir a possibilidade da tutela jurisdicional urgente, desde logo.

53. *antecipações regidas por leis extravagantes*

A Lei do Mandado de Segurança autoriza a concessão de liminar suspendendo a eficácia do ato impugnado, *quando for relevante o fundamento e desse ato puder resultar a ineficácia da medida que acaso venha a ser concedida* (lei n. 1.533, de 31.12.51, art. 7º, inc. II); estão aí, de modo muito claro, as exigências da probabilidade do direito (fundamentos relevantes) e da urgência da medida (risco de ineficácia).

A Lei da Ação Popular autoriza a suspensão liminar do ato lesivo impugnado sem explicitar os requisitos do *fumus boni juris* e do *periculum in mora* (lei n. 4.717, de 29.6.65, art. 5º, § 4º), mas sua interpretação sistemática e teleológica conduz facilmente a reconhecer que esses requisitos são indispensáveis. Ao dizer que essa suspensão será concedida *para a defesa do interesse público*, ela está claramente a exigir a existência de um perigo, porque não se conceberia uma *defesa*, sem que houvesse um mal que precise ser evitado; nem estamos naquelas situações, como a das ações possessórias, em que as liminares são concedidas com fundamento em um *juízo do direito mais forte* (*supra*, n. 52), o qual, por si só, é suficiente para legitimar a dispensa do perigo a debelar. Por outro lado, suspender a eficácia do ato sem a mínima demonstração de sua ao menos possível contrariedade ao direito (*fumus boni juris*) significaria presumir a ilegitimidade dos atos do Poder Público, o que contraria frontalmente as premissas do exercício do poder estatal; a mesma cláusula *due process*, que limita o exercício desse poder com ultraje aos princípios constitucionais, impede também que o juiz avance sobre as atividades dos outros Poderes, censurando-os ou invalidando-os sem que eles sejam ao menos aparentemente ilegítimos.

A Lei da Ação Civil Pública estabelece que "o juiz poderá conceder mandado liminar, com ou sem justificação prévia" (lei n. 7.347, de 24.7.85, art. 12). Não fala em requisito algum mas, se uma justificação pode ser necessária, é porque necessária é também a presença dos requisitos da urgência e da probabilidade; além disso, o contrário equivaleria a desconsiderar o devido processo legal. Mais técnico e explícito, o Código de Defesa do Consumidor dispõe que "sendo relevante o fundamento da demanda e havendo justificado receio de ineficácia do provimento final, é lícito ao juiz conceder tutela liminarmente ou após justificação prévia, citado o réu" (lei n. 8.078, de 11.9.90, art. 84, § 3º). E, como esses dois estatutos se interpenetram mediante recíproca aplicação das normas de um ao processo regido pelo outro (LACP, art. 21 e CDC, art. 90), as exigências do Código de Defesa do Consumidor, como requisitos para antecipar a tutela, impõem-se também na área regida pela Lei da Ação Civil Pública.

A Lei da Ação Direta de Inconstitucionalidade tem um longo e minucioso capítulo sobre a *medida cautelar*, mas tamanha é a imprecisão dos dispositivos ali contidos (arts. 10º a 12), que chegam ao ponto de não dizer sequer para qual fim essa medida de urgência poderá ser concedida, também nada dizendo sobre seus requisitos. É inerente à índole de tal lei, todavia, a destinação dessa falsa cautelar à antecipação dos efeitos esperados do julgamento final da causa em caso de procedência da demanda, ou seja, ao bloqueio da eficácia da lei ou ato normativo submetido à ação direta. A lei não fala do perigo do retardamento nem de alguma circunstância equivalente, omitindo-se também quanto ao *fumus boni juris*, mas nem um nem outro desses requisitos pode ser desconsiderado, porque não há interesse legítimo à antecipação se não houver um perigo a debelar e porque fazê-lo sem a verossimilhança da inconstitucionalidade é transgredir o devido processo legal.

Pensar em uma hipotética ação direta com o pedido de declaração de inconstitucionalidade de uma lei promulgada no ano de 2009, contendo a exigência da condição de brasileiro nato para a pessoa ser admitida a qualquer emprego – excluídos portanto os naturalizados e todos os estrangeiros – mas estabelecendo que essa restrição só vigorará a partir do ano de 2015. Por mais que o Supremo Tribunal Federal demore para julgar essa causa, não é provável que até daqui a tantos anos a causa não haja sido julgada, sendo inteiramente despicienda qualquer liminar. Ao *periculum in mora* como requisito para a liminar em ação direta, a lei especial faz uma alusão indireta ao estabelecer que, *em caso de excepcional urgência*, a liminar poderá ser concedida *inaudita altera parte* (art. 10º, § 3º); isso quer dizer que, para a concessão precedida da audiência de todos a urgência não precisa ser excepcional, mas precisa haver.

A Lei de Improbidade Administrativa autoriza a imposição da indisponibilidade de bens aos agentes públicos e demais pessoas envolvidas em atos de improbidade e sujeitas a processo perante a Justiça (lei n. 8.429, de 2.6.92, art. 7º). Nada diz sobre o *periculum in mora* nem sobre a *fumus boni juris* como requisitos para impor essa *medida emergencial* e há vozes radicais e passionais no sentido de que esses requisitos não seriam exigidos. Mas, como em todos os casos, impor tanta restrição ao patrimônio de um sujeito sem a existência de um provável direito a ser tutelado e de um perigo a ser neutralizado constituiria frontal desafio às garantias constitucionais do contraditório, ampla defesa e sobretudo do *due process of law*. "Faz-se indispensável que a decretação liminar da medida seja precedida de criteriosa avaliação das condições gerais de admissibilidade da ação em que é pleiteada, bem como da presença do *fumus boni iuris* e do *periculum in mora*, evitando-se qualquer automatismo no provimento judicial" (Enrique Ricardo Lewandowski).[43] Esse perigo consubstancia-se na iminência ou na prática mesmo de dissipação de bens por parte dos réus (venda apressada de bens, fuga do centro de atividades *etc.*), que pudessem vir a frustrar a eficácia de uma futura condenação.

Todas essas previsões contidas em variadas leis constituem oferta de medidas antecipatórias de tutela, não de proteção cautelar. Aquele que obtém uma liminar em mandado de segurança passa a fruir desde logo, em caráter de provisoriedade, aquele mesmo bem ou situação que pretende obter ao fim, em caráter de definitividade; o impedimento à comercialização de um produto, ditado liminarmente em processo referente a relações de consumo, é o mesmo impedimento que poderá vir depois em sentença, em termos definitivos, se a demanda for julgada procedente; mesmo a medida urgente possível no processo das ações declaratórias de inconstitucionalidade, que a lei chama de *cautelar*, outra coisa não é que a antecipação provisória da retirada de eficácia de uma lei ou ato normativo. Nenhuma das medidas aqui consideradas é instrumental ao processo, nem se destina a aportar meios para o melhor e mais eficiente exercício da jurisdição, o que é próprio às cautelares (*supra*, nn. 29-30).

---

43. "Comentários acerca da indisponibilidade liminar de bens prevista na lei 8.429, de 1992", in *Improbidade administrativa*, 2ª ed., S. Paulo, Malheiros Editores, 2003, p. 185. No mesmo sentido: Carlos Mário Velloso Filho, "A indisponibilidade de bens na lei 8.429, de 1992", in *Improbidade administrativa* cit., p. 117.

54. o regime jurídico dessas antecipações, segundo as regras gerais

As deficiências técnicas das leis extravagantes portadoras de regras sobre medidas urgentes, mais a desordenada discrepância de linguagem, dificultam mas não chegam ao ponto de impedir o encaixe de todas as medidas instituídas por elas nos quadrantes da dogmática das medidas urgentes em geral (o que constitui o tema central da presente exposição). Todas elas estão sujeitas aos itens dessa disciplina, estudados acima, ressalvados, como é natural, os casos de incompatibilidade conceitual ou funcional.

Esse enquadramento dogmático seria até mais fácil de ser sustentado, para quem acreditasse que realmente se trata de cautelares, porque nessa hipótese o que está no Livro III do Código de Processo Civil se lhes aplicaria de modo direto, sem depender da construção unitária que vem sendo proposta (*supra*, esp. n. 36).

Concessão em caráter preparatório. O Supremo Tribunal Federal exclui a possibilidade de medida urgente antes da propositura da ação direta de inconstitucionalidade, porque incompatível com a legislação especial e com a natureza das ações dessa ordem;[44] mas o Superior Tribunal de Justiça, corretamente, admite antecipações preparatórias da ação popular.[45] Por outro lado, em razão da própria índole da proteção oferecida pela Lei da Ação Civil Pública e pelo Código de Defesa do Consumidor, é importante admitir essa tutela provisional prévia nos casos regidos por elas, sob pena de estreitar a possibilidade de acesso à justiça e a tempestividade da tutela jurisdicional (*supra*, nn. 38 e 40). A *competência*, nesse caso, é regida pelo art. 800 do Código de Processo Civil, tanto quanto para as cautelares antecedentes (*supra*, n. 39), sendo portanto competente o juiz que, mediante uma fácil prospecção, se revele como competente para a demanda principal

---

44. *Cfr.* Negrão, *Código de Processo Civil e legislação processual em vigor*, nota 6 ao art. 10º da Lei da Ação Direta, p. 1.098, 1ª col.

45. *Cfr.* Negrão, *Código de Processo Civil e legislação processual em vigor*, nota 1-d ao art. 5º da Lei da Ação Popular, p. 1.118, 2ª col.

prevista e prometida (art. 801, inc. III). A medida concedida antes da propositura da demanda principal tem sua *eficácia limitada a trinta dias*, tanto quanto as cautelares e as medidas urgentes em geral (*supra*, n. 40), não podendo ser *reeditadas* (*supra*, n. 41).

Momentos, no curso do processo. Manda a lógica do sistema, em associação com a promessa constitucional de tutela jurisdicional efetiva e tempestiva (Const., art. 5º, inc. XXXV), que, não concedida liminarmente a tutela antecipada em processos como estes aqui considerados, permaneça a possibilidade de concedê-la depois, naturalmente mediante a demonstração de requisitos *supervenientes* e respeitadas eventuais *preclusões* (*supra*, n. 43).

Provisoriedade e reversibilidade. Dada a sumariedade da cognição em que se apóiam as liminares concedidas nesses processos especiais, é natural o risco de errar, sendo por isso indispensável que tais medidas, como todas as outras urgentes, fiquem sujeitas a possível desfazimento – o que se legitimará sempre que o juiz se aperceba do erro ou mesmo quando algum fato superveniente assim aconselhar. Mesmo no silêncio das diversas leis extravagantes, não se pode admitir a efetivação de uma medida editada assim para atender a uma situação urgente, quando a situação por ela criada puder ser irreversível e, portanto, for impraticável repor o demandado, caso tenha razão, no *status quo ante*. Essa truculência, que equivaleria a aceitar as premissas do anti-isonômico *processo civil do autor*,[46] transgrediria a garantia constitucional da igualdade das partes e seria a negação da cláusula *due process of law*. O máximo que se pode admitir, quando o mal a debelar for extremamente grave mas a medida a conceder for apta a criar situações irreversíveis, será a concessão desta mediante *caução* suficiente a recompor o patrimônio do demandado em caso de afinal se reconhecer a improcedência da demanda

---

46. *Processo civil do autor*: método obsoleto, ligado ao espírito e às raízes do sistema das *actiones* romanas, consistente em tratar o processo como se fosse um instrumento de exercício dos direitos pelo autor, com outorga de benefícios a este e despreocupação pela situação do demandado (*cfr*. Dinamarco, *Instituições de direito processual civil*, I, n. 39).

principal. A provisoriedade e a reversibilidade, impostas como requisitos gerais da antecipação nos §§ 2º e 4º do art. 273 do Código de Processo Civil, são preceitos integrantes da disciplina geral das antecipações, que se aplicam a todos os casos (*supra*, n. 34); a exigibilidade de caução também é uma regra de aplicação geral, sempre destinada a assegurar o indispensável equilíbrio entre os litigantes (*supra*, n. 47).

Uma das leis portadoras da disciplina do mandado de segurança autoriza a suspensão de medidas pelo presidente do tribunal competente para julgar o recurso cabível, sempre que elas sejam lesivas à ordem pública (lei n. 4.348, de 26.6.64, art. 4º). O mesmo está disposto no art. 12, § 1º, da Lei da Ação Civil Pública.[47]

Responsabilidade civil. A parte que houver provocado uma medida urgente em mandado de segurança, em ação popular, em ação civil pública ou em processo relacionado com o consumo, deve responder ao adversário pelos prejuízos que injustamente lhe houver causado, porque tais hipóteses são substancialmente idênticas à de dano mediante medidas cautelares, expressamente sancionada pelo art. 811 do Código de Processo Civil (*supra*, n. 46). Na ação direta de inconstitucionalidade, não serão titulares do direito à indenização os ocupantes do pólo passivo da relação processual mas os sujeitos beneficiados pela lei que haja sido provisoriamente suspensa e depois dada por constitucionalmente válida, desde que hajam sofrido danos causados pela suspensão.

---

47. Sobre a suspensão de eficácia dessas medidas, sua natureza jurídico- -processual e requisitos para ser concedida, *cfr.* Dinamarco, *Fundamentos do processo civil moderno*, I, nn. 312-325.

CAPÍTULO VI
OS EFEITOS DOS RECURSOS[1]

55. os atos jurídicos processuais e seus efeitos – 56. os recursos e seu procedimento – 57. efeitos dos recursos sobre o processo, sobre os sujeitos processuais e sobre a eficácia das decisões judiciárias – 58. o efeito constante e mais amplo de toda interposição recursal: impedir ou retardar preclusões – 59. interposição de recurso e abertura do procedimento recursal – 60. alongamento da litispendência ou da fase cognitiva – 61. efeito devolutivo (abordagem genérica) – 62. devolução imediata, gradual ou diferida – 63. devolução gradual – 64. dimensões da devolução – horizontal, vertical e subjetiva – 65. a dimensão horizontal – 66. – cont.: devolução do *meritum causae* em apelação contra sentença terminativa (art. 515, § 3º) – 67. a dimensão vertical – 68. a dimensão subjetiva – 69. devoluções parciais, preclusão e coisa julgada – 70. destinatários da devolução – 71. devolução imediata – 72. devolução diferida – 73. devolução cancelada – 74. efeito suspensivo (abordagem genérica) – 75. o efeito suspensivo e o conteúdo substancial da sentença – 76. dimensões temporais do efeito suspensivo – 77. dimensão objetiva – 78. efeitos do juízo de admissibilidade pelo juízo *a quo* – 79. efeitos do juízo de admissibilidade pelo juízo *ad quem* – 80. efeitos do julgamento do recurso pelo órgão destinatário – 81. efeitos do conhecimento do recurso – cassação (hipóteses) – 82. efeitos da anulação da decisão – 83. efeitos do julgamento pelo mérito do recurso (provimento ou improvimento) – 84. sobre os embargos de declaração – 85. a mensagem

55. os atos jurídicos processuais e seus efeitos

O que confere a um acontecimento da vida a conotação de juridicidade, fazendo dele um ato ou fato *jurídico*, é a capacidade de atuar sobre a esfera de direitos das pessoas, seja para dar vida

---

1. Conferência proferida em curso promovido pela Associação dos Advogados de São Paulo, aos 13 de setembro de 2000. Texto revisto, ampliado e acrescido de notas pelo autor, com a atualização imposta pela legislação superveniente.

a uma relação jurídica ou para extingui-la ou modificá-la – ampliando-lhe ou reduzindo-lhe o objeto, dando-lhe novas feições *etc.* Não há uma só situação jurídica, na vida das pessoas ou dos grupos, que não seja fruto de um acontecimento da vida, ou seja, de um fato jurídico em sentido amplo: *ex facto oritur jus*.

Os atos jurídicos *processuais*, como condutas humanas voluntárias realizadas no processo, destinam-se a produzir efeitos sobre uma especial relação entre sujeitos, que é a relação jurídica processual.[2] O ato de recorrer, ou mais simplesmente, o *recurso*, é um ato processual que, como todo ato processual, produz efeitos sobre tal relação; e esses efeitos são extremamente variados, não se limitando ao conhecido binômio *devolução-suspensão*, de que ordinariamente se ocupa a doutrina. Visa a presente exposição ao exame de todo o quadro dos efeitos produzidos pelos recursos, a partir da análise de cada um dos atos inerentes aos procedimentos recursais – sabendo-se que cada um deles é programado para produzir determinados efeitos, que não coincidem com o efeito dos outros atos que o antecedem ou que vêm depois.

56. os recursos e seu procedimento

Recurso é um ato de inconformismo, mediante o qual a parte pede nova decisão, diferente daquela que lhe desagrada. É conatural ao conceito de recurso, no direito brasileiro, o seu cabimento *no mesmo processo*, mesma relação processual, em que houver sido proferida a decisão impugnada.[3] Recorre-se da decisão que acolhe ou rejeita alguma pretensão no curso do processo sem definir a causa (decisões interlocutórias), recorre-se do ato judicial

---

2. Desprezam-se aqui as ricas discussões travadas sobre o critério correto para qualificar um ato ou fato como *processual* – se têm essa natureza os que no processo se realizam ou aqueles realizados em qualquer sede e destinados a atuar sobre o processo – porque essa questão não tem a mínima relevância sobre o tema em estudo.

3. *Cfr.*, por todos, Nelson Nery Júnior, *Princípios fundamentais – teoria geral dos recursos*, n. 2.1, esp. p. 18.

que define a causa julgando-lhe o mérito ou não (sentenças), recorre-se de decisões tomadas pelos tribunais (acórdãos). Só não comportam recurso os despachos de mero expediente, porque eles não contêm decisão alguma, limitando-se a dispor sobre o impulso do processo e ordenação dos atos processuais; não há como pedir *nova* decisão, em face de atos sem qualquer conteúdo decisório (CPC, art. 504).

"Está implícita no conceito de recurso a ideia de uma oposição, de um ataque – recorrer de uma sentença significa denunciá-la como errada e pedir uma nova sentença que remova o dano injusto causado por ela" (Liebman).[4]

A interposição de um recurso instaura no processo um novo procedimento, o *procedimento recursal*, destinado à produção de novo julgamento sobre a matéria impugnada. O processo não se duplica nem se cria uma nova relação processual.[5] Novo *curso* se instaura, ou nova caminhada, em prolongamento à relação jurídica processual pendente, e daí falar-se em *recurso*. O procedimento dos recursos compõe-se de atos ordenados segundo determinados critérios e em vista do objetivo de cada espécie recursal, sendo que cada um dos atos sucessivamente realizados nesse procedimento vai produzindo seus efeitos e impulsionando a demanda do recorrente ao julgamento pelo órgão destinatário. Daí falar-se em efeitos da interposição do recurso, do recebimento ou indeferimento pelo juízo *a quo*,[6] da negativa de seguimento pelo relator nos tribunais, do conhecimento ou não conhecimento pelo órgão destinatário, do provimento ou improvimento do recurso, do provimento para reformar a decisão ou para anulá-la *etc.*

4. *Cfr.* Manuale di diritto processuale civile, II, n. 288, esp. p. 253.
5. *Cfr.* Barbosa Moreira, *O juízo de admissibilidade no sistema dos recursos civis*, n. 3, esp. p. 12.
6. Obviamente, quando o recurso passa pelo juízo de origem, o que não acontece com o agravo de instrumento.

57. *efeitos dos recursos sobre o processo, sobre os sujeitos processuais e sobre a eficácia das decisões judiciárias*

Como em pormenor se verá ao longo da exposição que segue, os atos integrantes dos procedimentos recursais atuam (a) sobre a situação das partes na relação jurídica processual, impedindo *preclusões* que extinguiriam, a seu dano, alguma situação jurídica ativa, (b) sobre a eficácia das decisões judiciárias, suspendendo-a em alguns casos logo que o recurso é interposto e neutralizando--a definitivamente quando o recurso é conhecido e (c) sobre o processo mesmo, no qual um novo procedimento se insere (o procedimento recursal); e, quando o ato impugnado é uma *sentença,* que determinaria o fim da fase de conhecimento se recurso algum fosse interposto (CPC, art. 162, § 1º), a interposição recursal tem o efeito de impedir que esse efeito se produza, ou seja, o recurso prolonga a vida dessa fase. Tal é a variadíssima gama de efeitos recursais, de que este estudo se ocupa.

As duas *Reformas do Código de Processo Civil* e algumas leis intermediárias trouxeram alguma alteração ao regime desse conjunto de efeitos dos recursos, que a seu tempo serão considerados.

58. *o efeito constante e mais amplo de toda interposição recursal: impedir ou retardar preclusões*

A moderna ciência processual alcançou maturidade suficiente para compreender que o processo é uma entidade complexa, em que se amalgamam indissoluvelmente dois elementos essenciais: o procedimento e a relação jurídica processual – uma relação entre atos e uma relação entre pessoas (Liebman).[7] A relação jurídica entre sujeitos, que é a relação processual, tem caráter eminentemente dinâmico e progride e se altera à medida que os atos do procedimento se realizam e vão pondo os sujeitos em situações diferentes daquela em que estavam antes da realização de cada ato. Ao longo do procedimento nascem e se extinguem poderes, deveres, faculdades e ônus dos sujeitos processuais, que são as

---

7. Cfr. *Manual de direito processual civil*, I, n. 20, p. 62 trad.

situações jurídicas ativas e passivas integrantes da dinâmica da relação processual (Benvenutti, Fazzalari).[8]

Têm-se por *situações jurídicas ativas* (expressão de uso muito frequente na doutrina italiana) as que *permitem* realizar atos processuais segundo a deliberação ou o interesse de seu titular, ou exigir de outro sujeito processual a prática de algum ato. Elas são *sempre favoráveis* ao titular, porque apontam à realização, por ele próprio ou por outrem, de um ato de seu interesse. As situações jurídicas ativas caracterizam-se como *faculdades* que a lei outorga às partes, ou *poderes* de que elas ou o juiz são titulares no processo. Dizem-se *passivas* as situações jurídicas processuais que *impelem* o sujeito a um ato (*deveres* e *ônus*) ou lhe impõem a aceitação de um ato alheio (sujeição).[9]

Também integra a dinâmica da relação processual o acontecimento de fatos capazes de extinguir situações jurídicas ativas das partes.

Tais fatos operam *preclusões* e são comumente (a) o decurso do tempo, causador da preclusão temporal, (b) a prática de ato incompatível com a vontade de realizar o ato, que ocasiona a preclusão lógica e (c) a prática do próprio ato que a parte tinha a faculdade de realizar, da qual resulta a preclusão consumativa. Fala-se também em uma preclusão mista (Liebman),[10] sem interesse para a presente exposição. Ora, quando uma decisão de qualquer natureza é proferida e as partes vêm a ter ciência dela, começa a fluir o prazo para manifestar eventual irresignação, recorrendo. Se

8. Veio do administrativista Feliciano Benvenutti essa fértil colocação do processo como entidade complexa (*Funzione amministrativa, procedimento processo,* n. 2), que se propagou ao direito processual e foi logo aceita por Elio Fazzalari em dois escritos: "Processo (teoria generale)" e *Note in tema di diritto e processo,* cap. III, n. 1, p. 110. De minha parte, aderi à ideia desde a primeira edição da tese *Execução civil* (v. n. 70, pp. 128 ss.). Depois, passou Fazzalari a falar no *módulo processual,* composto por procedimento e contraditório e excluída do conceito a relação processual (*Istituzioni di diritto processuale,* esp. pp. 8 e 23), mas, bem pensado, em substância ele não se afastou da ideia original (*cfr.* Dinamarco, *A instrumentalidade do processo,* n. 16, pp. 148 ss.).

9. *Cfr.* Dinamarco, *Instituições de direito processual civil,* II, n. 492.

10. Resultado conjunto do decurso do tempo em associação à realização de atos subsequentes do procedimento (*cfr. Manual de direito processual civil,* I, n. 107, esp. p. 303 trad.; v. também minha nota n. 178, *ib.*).

o recurso não for interposto no prazo, ocorre a preclusão temporal e a decisão torna-se firme no processo; o grau máximo de imunização das decisões judiciárias a impugnações pelas partes é a coisa julgada formal, tradicionalmente referida pela doutrina como *præclusio maxima* e capaz de impedir, desde quando consumada, a admissibilidade de qualquer recurso.

No direito processual civil brasileiro, toda interposição recursal tem o efeito direto e imediato de *prevenir a preclusão temporal*, a qual fatalmente ocorreria se recurso algum fosse interposto. Ao recorrer, e independentemente do resultado dos variados pronunciamentos judiciais sobre o recurso interposto – juízo de admissibilidade pelo órgão inferior ou pelo superior, provimento ou improvimento do recurso, provimento para reformar ou para anular a decisão recorrida – a parte evita que o ato judicial recorrido adquira desde logo firmeza e imunidade a questionamentos futuros, ou seja, ela evita que, ao menos naquele momento, ocorra a preclusão. Esse efeito está presente em todo e qualquer recurso e chega ao ponto de integrar o conceito desse remédio processual.

É tradicional em doutrina a afirmação de que a interposição recursal tem o efeito de *impedir a preclusão*, ou seja, de evitar que ela se consume.[11] Insurge-se contra ela Nelson Nery Júnior, sustentando que as interposições recursais têm somente o efeito de adiar, ou retardar a preclusão, não o de impedi-la.[12] Mas é preciso distinguir, porque no momento da interposição do recurso ignora--se ainda qual destino terá – e, especificamente, não se sabe se ele superará os sucessivos juízos de admissibilidade a que estará sujeito.[13] Se o recurso não chegar ao julgamento pelo mérito porque in-

11. Essa afirmação, usual em doutrina, é aceita e reiterada por Barbosa Moreira, ob. cit., n. 221, esp. p. 391.
12. *Cfr. Princípios fundamentais – teoria geral dos recursos*, n. 2.1, esp. pp. 18-19.
13. A evolução legislativa brasileira vai superando a tradicional ideia de que os juízos de admissibilidade fossem apenas dois: pelo órgão *a quo* e pelo *ad quem*. Em face do direito positivo vigente, essa afirmação peca pelo simplismo e superficialidade, porque se contam em poucos dedos os recursos sujeitos a somente esses dois crivos. No recurso extraordinário e no especial os juízos de admissibilidade podem multiplicar-se, principiando pelo que faz o presidente do tribunal *a quo*, passando ao que é feito pelo relator no Supremo Tribunal Federal ou no Superior Tribunal de Justiça (na apreciação do agravo interposto contra o

deferido ou não conhecido (pelo relator ou pelo próprio colegiado), ou porque o recorrente veio a desistir, isso significa que o órgão destinatário não voltou a decidir sobre o que havia sido decidido na instância inferior – cuja decisão, nesse caso, será coberta por uma preclusão retardada.[14] Se ele for conhecido, a preclusão relativa ao ato impugnado não estará simplesmente adiada, mas definitivamente impedida, porque o conhecimento do recurso importa sempre a substituição do ato sujeito a ele (CPC, art. 512) – e isso sucede ainda quando o tribunal nega provimento ao recurso, *confirmando* o ato recorrido.[15] Conhecido o recurso para manter ou inverter o julgamento inferior, a preclusão que depois poderá ocorrer dirá respeito ao segundo julgamento, não ao primeiro, que já foi retirado do mundo jurídico – e assim sucessivamente, ao longo dos recursos subsequentes eventualmente admissíveis (embargos infringentes, recurso especial, extraordinário *etc.*). Lá na primeira hipótese, portanto, a preclusão do ato recorrido somente fica retardada (recurso não apreciado pelo mérito); aqui na segunda, ela fica rigorosamente impedida (recurso conhecido, qualquer que seja o resultado do julgamento pelo seu mérito).

A *ação rescisória*, posto seja um *remédio processual* – porque se insere entre os meios capazes de produzir a cassação de um ato judicial[16] – não integra o conceito de *recurso* porque não se destina a evitar a preclusão mas a atacar a sentença de mérito já atingida por esta. "Há mais meios de impugnação do que recursos, posto que todo recurso seja meio de impugnação" (Pontes de Miranda).[17]

juízo negativo feito por aquele) e podendo chegar à própria Turma competente (no julgamento do próprio recurso extraordinário ou especial, ou do agravo interno interposto contra ato do relator). A própria apelação tem a admissibilidade controlada em primeiro lugar pelo juízo de origem, depois pelo relator (art. 557) e só finalmente pelo órgão colegiado a que se endereça. O agravo de instrumento contra ato de primeiro grau jurisdicional passa por dois juízos de admissibilidade – o do relator e o da câmara ou turma (art. 527, incs. I-II). Os embargos de declaração (se é que são um recurso), só por um.

14. Mas, como o ato de indeferimento ou não-conhecimento tem natureza declaratória de uma inadmissibilidade recursal preexistente, para uma série de efeitos reputa-se ordinariamente que a preclusão foi anterior. Esse importantíssimo ponto não tem, contudo, relevância para a presente exposição.

15. *Cfr.* Barbosa Moreira, *Comentários ao Código de Processo Civil,* V, n. 222, p. 392.

16. *Cfr.* Carnelutti, *Istituzioni del processo civile italiano*, I, n. 314, esp. p. 286.

17. *Cfr. Comentários ao Código de Processo Civil*, VII, nota 3 ao cap. I do tit. X, p. 4. A locução *meios de impugnação* é empregada ali com o mesmo significado amplo e genérico de *remédios processuais*, da linguagem de Carnelutti.

Não é como o similar italiano, a *revocazione straordinaria*, que desempenha a função da ação rescisória brasileira mas recebe da lei a configuração de recurso; a noção de recurso não coincide por inteiro, em razão disso, no processo civil brasileiro e no italiano. Tanto quanto a ação rescisória, o mandado de segurança impetrado contra ato jurisdicional insere-se no contexto dos remédios processuais, mas recurso não é.[18]

Quando uma *sentença* é objeto de recurso, a preclusão que se evita é a coisa julgada formal, *præclusio maxima*; se a sentença for de mérito, evita-se também a coisa julgada material, que só sobre os efeitos substanciais desta pode incidir (CPC, arts. 467-468).[19] Entre as decisões interlocutórias existem as que não ficam sujeitas a preclusão (arts. 245, par., e 267, § 3º) e, quanto a elas, a interposição de recurso não é o fator que a impede.

59. interposição de recurso e abertura do procedimento recursal

Outro óbvio efeito da interposição do recurso consiste em dar início, no mesmo processo, a um novo procedimento, dito *procedimento recursal*. O ato de interpô-lo é a demanda inicial desse procedimento, tanto quanto no processo como um todo existe uma demanda inicial; o conjunto composto pela petição de interposição e razões recursais desempenha, no novo procedimento, o mesmo papel que cabe à petição inicial do processo. Como todo procedimento, seu ato final é uma decisão judiciária – ordinariamente, um *acórdão*, salvo nos casos em que a lei determina o julgamento dos recursos por órgão singular (CPC, arts. 527, inc. I, 544, § 3º, 545, 557). Entre a demanda e o julgamento há um procedimento mais complexo ou menos, conforme a espécie recursal, mas em todos os casos existe sempre a oportunidade para a resposta do recorrido, tanto quanto no procedimento principal (contrarrazões lá, contestação aqui).

18. *Cfr.* Nelson Nery Júnior, *Princípios fundamentais – teoria geral dos recursos*, n. 2.1, esp. p. 18.
19. Mas não se podem desconsiderar as hipóteses, excepcionalíssimas embora, em que o juiz decide *de meritis* em uma decisão interlocutória (*infra*, n. 149).

Tem-se julgamento monocrático dos recursos (a) nos embargos infringentes previstos pela Lei das Execuções Fiscais, art. 34, em relação a causas de menor valor; b) no agravo contra decisão denegatória de recurso extraordinário ou especial (CPC, art. 544, § 2º c/c art. 545); c) nos casos indicados pelos arts. 527, inc. I, e 557 do Código de Processo Civil. Também o julgamento dos embargos de declaração compete ao juiz prolator da sentença ou decisão interlocutória (mas: tais embargos são verdadeiro recurso? *infra*, n. 84). A lei não explicita a necessidade de resposta aos embargos declaratórios, mas ela será indispensável quando estes tiverem escopo infringente (*infra*, n. 101).

No procedimento instaurado mediante a interposição recursal, prossegue a mesma relação processual que se desenvolvia na instância antecedente, sucedendo-se situações jurídicas ativas e passivas das partes, ditas *recorrente* e *recorrido*. Todas elas são, direta ou indiretamente, efeitos da interposição. Assim como a propositura da demanda inicial gera para o Estado-juiz o dever de processar a causa e decidir afinal, assim também a demanda recursal gera o dever de processar o recurso e julgá-lo; o mérito da causa ou o do recurso só serão julgados se presentes os pressupostos de um ou de outro julgamento (pressupostos de admissibilidade do julgamento do mérito, pressupostos de admissibilidade dos recursos).

60. *alongamento da litispendência ou da fase cognitiva*[20]

Quando o ato recorrido é uma *sentença*, que ordinariamente poria fim à fase cognitiva do processo, a interposição do recurso cabível – a apelação – tem ainda o efeito de manter viva essa fase, sem que a sentença produza aquele seu efeito processual. Isso tanto ocorre em relação às sentenças de mérito ou terminativas,

---

20. *Fase cognitiva*: considerando que o *cumprimento de sentença* ou a execução por quantia certa contra devedor solvente constituem mera continuação do processo no qual houver sido proferida a sentença a ser efetivada (e não um novo processo autônomo – lei n. 11.232, de 22.12.05), nos casos em que a sentença dependa de uma dessas providências o fim do processo só ocorrerá depois de feita a efetivação pela via adequada; daí ser imperioso tratar o conjunto de atividades realizadas entre a demanda inicial e a sentença como *fase cognitiva*.

quanto aos acórdãos não terminativos – a saber, os que julgam procedente ou improcedente a demanda do autor e os que determinam a extinção do processo sem julgamento do mérito.

Mantida a pendência da fase cognitiva, todos os *efeitos processuais e substanciais da litispendência* reputam-se ativos até que novo julgamento sobrevenha e eventualmente a extinção venha a ocorrer. Assim, a repropositura da demanda esbarra no impedimento que a litispendência gera e o segundo processo se extingue por esse motivo (art. 267, inc. V); a liminar eventualmente concedida e não revogada expressamente permanece eficaz (art. 808); a prescrição não retoma seu curso (CPC, art. 219 c/c CC, art. 202, par.); a coisa permanece litigiosa *etc.*

> O recurso não tem a eficácia de dilatar a duração da relação processual quando o ato recorrido já não tiver, por si mesmo, a eficácia de pôr fim a ela. Tais são as decisões interlocutórias de qualquer grau de jurisdição (art. 162, § 2º); o processo continuaria ainda que recurso algum houvesse sido interposto contra elas.

61. efeito devolutivo (abordagem genérica)

Devolver significa, no glossário da técnica recursal, *transferir*: quando um recurso é interposto, o julgamento da causa ou de uma demanda incidente é devolvido ao órgão superior, ou transferido a ele o poder de julgar. A interposição recursal tem, portanto, a eficácia de incluir concretamente na competência do tribunal a causa ou o incidente em que o recurso houver sido interposto.[21]

> Para Alcides de Mendonça Lima (*cfr. Introdução aos recursos cíveis*, cap. IV, § 3º, p. 286) há devolução inclusive quando o recurso é endereçado ao próprio órgão que proferiu o ato impugnado. Nessa óptica, devolução não é necessariamente *transferência* mas apenas abertura do procedimento recursal e criação do poder-dever de rejulgar.

No sentido em que o vocábulo *devolução* é geralmente aceito, especialmente entre os brasileiros, a devolução faz-se geralmen-

---

21. *Cfr.* Barbosa Moreira, *Comentários ao Código de Processo Civil*, n. 143, esp. pp. 256-257.

te[22] a um órgão judiciário de estatura maior que a do prolator do ato recorrido, assim acontecendo seja quando toda a matéria suscetível de recurso é impugnada, seja quando somente parte dela o é. Todo recurso endereçado a órgão superior tem invariavelmente esse efeito, embora às vezes parcial em relação à matéria impugnável e às vezes a devolução seja diferida (recursos *retidos*).[23]

62. *devolução imediata, gradual ou diferida*

A devolução imediata e automática só acontece quando é interposto o *agravo de instrumento* contra ato de juiz de primeiro grau de jurisdição ou os *embargos de declaração* (admitindo-se que esse seja um verdadeiro recurso). O agravo de instrumento é interposto mediante direta apresentação ao tribunal destinatário e, logo que interposto, o órgão *ad quem* já se reputa investido do poder de processá-lo e julgá-lo (CPC, art. 524). Os embargos declaratórios vão diretamente ao juiz prolator do ato embargado, que os julgará (arts. 536-537).

Em todos os demais casos a devolução é gradual, depende de outros atos. Há hipóteses em que ela chega a ficar condicionada a certos eventos que no futuro ocorrerão ou deixarão de ocorrer (recursos retidos); assim é no agravo retido, que já vem da redação originária do Código de Processo Civil (art. 523), e no recurso extraordinário ou especial retido, instituídos pela *Reforma* (CPC, art. 542, § 3º).

Mesmo nos casos em que a devolução não é efeito de um ato só, a interposição recursal já tem o efeito de definir o órgão a que no futuro, quando preenchidos todos os requisitos, o caso será devolvido. Esse *efeito da interposição* significa que, a se consumar a devolução, ela será feita ao órgão indicado pelo recorrente e a

---

22. Digo *geralmente*, porque em casos como embargos de declaração *com* efeito infringente, o órgão julgador será o mesmo de antes. Para maiores detalhes acerca da natureza jurídica dos embargos declaratórios, cfr. o Capítulo VII deste livro.

23. *Cfr.* Barbosa Moreira, *Comentários ao Código de Processo Civil*, V, n. 143, esp. p. 257.

nenhum outro; o ato de recorrer, onde já se indica o tribunal destinatário, preclui a faculdade de retificar recursos ou de reiterá-los (princípio da unirrecorribilidade).

63. devolução gradual

A apelação, o recurso ordinário constitucional, o recurso especial, o extraordinário e o agravo contra decisão denegatória de um desses últimos têm eficácia gradual porque são interpostos perante o órgão *a quo* e a este pertence a competência para realizar atos muito importantes antes de consumar-se a remessa ao destinatário. Ressalvado o último deles (agravo contra decisão denegatória), o órgão ao qual o recurso é apresentado tem o poder de realizar um primeiro juízo de admissibilidade, negando trânsito ao recurso quando entender que lhe falta algum pressuposto de admissibilidade. Em todos eles, é ao órgão *a quo* que compete colher a resposta do recorrido, na primeira fase do procedimento recursal (a segunda realizar-se-á perante o tribunal *ad quem*). Quando se fala em *devolução gradual*, tem-se presente, portanto, que a devolução consumada é o efeito de uma série de atos somados, que vão desde a interposição até à emissão do juízo positivo de admissibilidade e determinação da remessa dos autos ao tribunal que o julgará.[24]

> Salvo casos específicos, depois da interposição o juiz prolator da decisão recorrida só tem competência para o juízo de admissibilidade e para os atos meramente procedimentais (despachos de mero expediente) destinados a dar impulso ao recurso e impor a boa ordem em seu processamento – sendo inadmissível inovar no processo com novos pronunciamentos portadores de carga decisória. Constitui hipótese excepcional a possibilidade de reconsiderar a sentença de indeferimento da petição inicial, quando interposto recurso contra ela. Em princípio não pode o juiz inovar no processo a partir de quando a sentença é publicada (*exaurimento da compe-*

---

24. Interessante análise e conjugação de hipóteses de juízos de admissibilidade pode ser lida em uma das primeiras e mais preciosas obras do prof. José Carlos Barbosa Moreira, *O juízo de admissibilidade no sistema dos recursos civis* (v. esp. nn. 116 ss., pp. 131 ss.).

tência, art. 463)²⁵ mas o art. 296 autoriza-o a tanto, na hipótese de ocorrer a apelação – e esse é um efeito da interposição recursal. Também as medidas de persuasão e sub-rogação autorizadas nos parágrafos do art. 461 e no art. 461-A do Código de Processo Civil (execução por obrigações de fazer ou de não fazer) podem ser impostas pelo juiz após a publicação da sentença e antes que os autos subam ao tribunal por força da apelação eventualmente interposta;²⁶ e pode ainda o juiz inovar no processo nessas condições, para a concessão de medidas urgentes necessárias (*supra*, n. 43).

64. dimensões da devolução – horizontal, vertical e subjetiva

O tribunal reputa-se investido do poder de decidir novamente, por força da devolução que os recursos operam (devolução imediata, gradual ou diferida, conforme o caso), nos limites da lei e da vontade expressa pela parte que recorre. Todo recurso é limitado por uma precisa dimensão *horizontal*, estabelecida pela matéria em relação à qual nova decisão é pedida; a uma dimensão *vertical*, representada pelo conjunto de questões suscetíveis de serem apreciadas; e a uma dimensão *subjetiva*, representativa dos sujeitos a serem possivelmente beneficiados ou prejudicados pelo novo julgamento.

Ao cuidar das duas primeiras dessas dimensões, que dão o desenho dos limites objetivos dos recursos, fala Barbosa Moreira em *extensão e profundidade* da devolução recursal.²⁷

65. a dimensão horizontal

A lei estabelece e também a vontade do recorrente pode estabelecer limites ao âmbito da devolução a ser operada pelo recurso,

---

25. Ressalvo minha opinião no sentido de que tanto a letra do art. 463 quanto a lógica do sistema conduzem ao entendimento de que o exaurimento da competência só se dá quando a sentença *de mérito* é proferida; mas domina amplamente o pensamento contrário, a saber, o de que a competência do juiz se exaure quando ele publica *qualquer* sentença.

26. *Cfr.* Dinamarco, *Fundamentos do processo civil moderno*, I, n. 311.

27. *Cfr. Comentários ao Código de Processo Civil*, V, n. 143, esp. p. 257.

no sentido das vantagens que o recorrente se habilita a obter pela nova decisão pedida ao tribunal.

Da ordem jurídica vem, em primeiro lugar, a regra segundo a qual *não se pode pedir mais* do que seria possível obter mediante a decisão que já foi proferida na instância inferior. Considerando uma apelação interposta pelo autor contra a sentença que julgou procedente a demanda inicial, ela não é apta a proporcionar ao apelante um benefício maior que aquele indicado no *petitum* – porque o recurso é integrante do mesmo processo que já pendia desde o início e o que o tribunal decidir deverá sempre ser uma decisão sobre o mesmo *meritum causæ* já decidido, sendo-lhe defeso ir além do objeto do processo, delineado na petição inicial. Na linguagem *carneluttiana* preferida pelo Código, nenhum recurso devolve ao tribunal uma pretensão maior que a da *lide* posta em juízo.

> *Objeto do processo* é a pretensão deduzida pelo autor em busca de satisfação mediante o exercício da atividade jurisdicional, ou seja, ele constitui o *mérito* – ou, na linguagem de Carnelutti, a *lide*.[28] Os arts. 128 e 460 do Código de Processo Civil mandam que todo juiz se atenha aos limites da demanda proposta, entre eles o limite representado pelo pedido, ou objeto do processo, sendo vedado decidir além ou fora do que houver sido pedido (sentença *ultra vel extra petita*). Não pode o juiz nem pode tribunal algum ultrapassar esses limites, que, repete-se, são fixados definitivamente pelo que vem indicado na petição inicial.[29]

É também regra estabelecida a inadmissibilidade de recurso contra parte favorável da sentença ou decisão, só tendo *legítimo interesse recursal* a parte vencida (art. 499). Não se permite ao litigante *contra se venire*, (a) seja mediante recurso contra a sentença que lhe foi inteiramente favorável, (b) seja contra sentença que julgue a demanda parcialmente procedente, insurgindo-se o

---

28. *Cfr.* Dinamarco, *Fundamentos do processo civil moderno*, I, nn. 118-119.
29. Ou na reconvenção, ação declaratória incidental, denunciação da lide *etc.* – as quais são também demandas propostas em juízo.

recorrente contra a sentença inteira. No primeiro caso, devolução alguma se produz, porque o julgamento pelo tribunal não poderá ir além do juízo negativo de admissibilidade do recurso (ele não conhecerá do recurso); no segundo, a devolução será somente parcial, porque a irresignação em face do capítulo de sentença favorável também falecerá quando da realização desse juízo.

Também do direito processual objetivo vêm algumas regras particulares, como a de que, nos *embargos infringentes*, jamais haverá devolução além dos limites da divergência (art. 530). Se na apelação ou na ação rescisória dois julgadores concederam ao autor a importância *X* e um deles concedeu-lhe *X+1*, os embargos infringentes que este opuser não poderão operar a devolução de sua pretensão a haver *X+2*.

> Onde a lei limita a devolução possível, a vontade do recorrente não pode ir além e a devolução excessiva não se opera, ainda que ele assim peça: um ato de vontade do recorrente pode *limitar* a devolução, ficando aquém do possível, mas jamais *ultrapassar* os limites do legalmente possível.

O art. 515 do Código de Processo Civil, situado embora no capítulo *da apelação* e aludindo nominalmente a essa espécie recursal, é portador de uma regra geral em tema de devolução recursal nos limites da vontade do recorrente – a de que *todo recurso devolve ao tribunal exclusivamente a matéria indicada pelo recorrente*. Em princípio, nenhum recurso é apto a propiciar ao recorrente uma vantagem maior do que aquela que houver sido pedida ao tribunal. Essa regra é uma projeção a menor do clássico *ne eat judex extra vel ultra petita partium*, expressa nos já aludidos arts. 128 e 460 do Código de Processo Civil e de plena aplicação aos tribunais. Assim como juiz algum pode dar ao autor mais ou coisa diferente do *petitum*, assim também o juiz dos recursos não pode dar ao recorrente mais ou coisa diferente do que lhe houver sido pedido na interposição recursal.

> A disposição do art. 515 do Código de Processo Civil sugere mais uma vez, e de modo muito direto, a elegante teoria dos *capí-

tulos de sentença, que permite ver nesta tantas decisões quantos forem os preceitos emitidos em sua parte dispositiva.[30] Se peço uma reintegração de posse cumulada com perdas-e-danos e o juiz me nega ambas, posso manifestar apelação em relação aos dois pedidos, ou seja, ao capítulo que julgou improcedente o pedido de reintegração e ao que julgou improcedente o pedido de indenização – mas posso também apelar somente quanto a um deles. Tal será uma apelação *parcial* e não integral, sendo capaz de devolver ao tribunal exclusivamente aquele capítulo de sentença de que apelei; e ao órgão destinatário desse recurso não será lícito apreciar o outro pedido inicial, porque estranho aos limites objetivos do recurso interposto. *Devolução parcial*, portanto. Do mesmo modo, se peço a condenação do réu a pagar 100 e o juiz julga improcedente a minha demanda, posso apelar com o pedido de condenação por todos os 100 de minha demanda inicial, mas posso também limitar minha pretensão, pedindo que o tribunal profira uma condenação a pagar 80, ou 60, ou 20. Também *devolução parcial*, nesse caso.

Para delimitar o âmbito da devolução, a lei exige que todo recurso contenha o *pedido de nova decisão*. Assim faz o Código de Processo Civil com muita clareza no trato do recurso de apelação (art. 514, inc. III) e, menos claramente, no tocante ao agravo e ao recurso extraordinário ou especial (arts. 524, inc. II, e 541, inc. III); apesar da falta de clareza na disciplina destes – o Código limita-se a mandar que o agravante ou o recorrente indique *as razões do pedido de reforma da decisão recorrida* – manda a lógica do sistema que não só as razões do pedido sejam explicitadas, mas também, *a fortiori*, o pedido mesmo. Essa é também uma regra geral, na disciplina dos recursos.

Uma projeção relevantíssima da regra contida no art. 515 é a *não devolução* da pretensão à reforma substancial da sentença ou decisão interlocutória, com nova decisão do que ela houver decidido, quando o recurso houver explicitado somente o pedido de sua *anulação*. Tendo a parte a faculdade de optar entre pedir a anulação ou a reforma pelo mérito, mas pedindo apenas aquela, o tribunal

---

30. *Cfr.*, por todos, Liebman, "Parte o *capo* di sentenza"; Dinamarco, *Capítulos de sentença*, esp. n. 11, p. 31.

atuaria *extra petita* caso concedesse o que não lhe foi pedido.³¹ O contrário nem sempre é verdadeiro, porque há questões sobre as quais todos os juízes têm o poder-dever de se pronunciar a qualquer tempo ou grau de jurisdição, como as condições da ação, incompetência absoluta *etc.* (art. 267, § 3º – *infra*, n. 67).³²

A disposição do art. 515 sobre devolução parcial por vontade do recorrente é apoiada e complementada pela regra da *interpretação estrita do pedido* (CPC, art. 293). Assim como juiz algum pode interpretar ampliativamente o pedido, assim também o tribunal não pode considerar devolvida a ele uma *porção da lide* que não haja sido objeto de um pedido suficientemente claro, contido nas razões de recurso; em caso de dúvida, optará pela devolução menos extensa.

66. cont.: devolução do meritum causæ em apelação contra sentença terminativa (art. 515, § 3º) *(*infra, nn. 86 ss.*)*

Tradicionalmente, a ordem processual limita a devolução possível na apelação interposta contra sentenças terminativas, impedindo que o tribunal, ao lhe dar provimento, vá além e julgue desde logo a causa; segundo essa regra tradicional, limitar-se-á o tribunal a reformar aquela sentença e determinar que o *meritum causæ* seja julgado pelo juiz inferior, sem se pronunciar ele próprio a respeito.³³ Sempre foi assim no processo civil brasileiro e assim é no processo penal do país. Tal é um antiquíssimo culto ao princípio do duplo grau de jurisdição, que por um lado manda ofe-

---

31. Ressalva-se a hipótese de, por aplicação extensiva do § 3º do art. 515 do Código de Processo Civil, aceitar-se que, também em caso de reconhecer uma nulidade, possa o tribunal, em dadas circunstâncias, decidir desde logo sobre o *meritum causæ*; assim é no sistema italiano (*cfr.* Liebman, *Manuale di diritto processuale*, II, n. 314, p. 295).

32. Tal é a *função rescindente*, que todo recurso tem (Araújo Cintra, *Sobre os limites objetivos da apelação civil*, cap. V, n. 1, esp. p. 74; v. também cap. VII, n. 2, esp. p. 104 – discorrendo apenas sobre a apelação, mas emitindo conceitos de caráter geral em tema de recursos).

33. *Cfr.* Barbosa Moreira, *Comentários ao Código de Processo Civil*, V, n. 238, p. 425.

recer meios para que o vencido tenha acesso aos tribunais e, por outro, exige que primeiro julgue o juiz inferior para que só depois o tribunal possa julgar. O § 3º que a *Reforma da Reforma* incluiu no art. 515 do Código de Processo Civil operou uma verdadeira revolução quanto a esse ponto, ao mandar que o tribunal, ao reformar a sentença civil terminativa, vá, sim, além da pura reforma e julgue o mérito, sempre que a instrução esteja completa e a causa, madura para esse julgamento (*infra*, nn. 86 ss.). Isso é ainda reforçado pela ideia contida do § 4º do art. 515, o qual dispõe que ao tratar de nulidade sanável o tribunal ordenará os atos necessários ao saneamento e assim julgará, não sendo necessário devolver os autos ao juízo *a quo*.

67. a dimensão vertical

No plano vertical, ou seja, no tocante às *questões* a serem conhecidas pelo tribunal, a extensão será maior ou menor, conforme a espécie recursal. Reputam-se *questões* todos os pontos controvertidos de fato ou de direito, ou seja, (a) as dúvidas referentes à ocorrência ou inocorrência dos fatos constitutivos, impeditivos, modificativos ou extintivos alegados por uma das partes e impugnados pela outra, ou *questões de fato* e (b) as dúvidas relacionadas com a determinação das normas jurídicas a serem impostas no julgamento ou com o preciso significado de cada uma delas, ou *questões de direito*. *Questão* é conceito que não coincide com *lide*. Sabido que o Código de Processo Civil, cujo anteprojeto foi redigido por um adepto do sistema científico do processo proposto por Francesco Carnelutti, tais vocábulos são ali empregados em sentido rigorosamente *carneluttiano*. *Lide*, no contexto do Código, é o próprio mérito da causa, ou seja, *a pretensão* trazida para ser apreciada pelo juiz, não se confundindo com as *questões*, ou pontos duvidosos, cuja solução determinará o julgamento da lide, ou do mérito (procedência, improcedência, procedência parcial).[34] Para decidir sobre a lide, o juiz vai removendo as dúvidas ou di-

---

34. *Cfr.* Carnelutti, *Istituzioni del diritto processuale civile italiano*, I, n. 13, esp. p. 13.

ficuldades chegadas a seu espírito, que são as questões de fato e as de direito. As questões recebem solução nos fundamentos da sentença (art. 458, inc. II) e a lide, no decisório (art. 458, inc. III).

Há questões de cuja solução depende o julgamento do mérito, quer digam respeito aos fatos constitutivos, impeditivos, modificativos ou extintivos alegados por uma das partes e impugnados pela outra (questões de fato), quer envolvam a descoberta da norma aplicável ou a busca do correto significado dos textos legais (interpretação, questões de direito). Todas essas são as *questões de mérito*, que com o próprio mérito não se confundem.[35]

Há, por outro lado, pontos duvidosos de fato ou de direito, atinentes ao processo mesmo ou aos pressupostos de admissibilidade do julgamento do mérito; trata-se de questões cujo deslinde não influirá no teor do julgamento da lide, ou mérito, mas na possibilidade de um julgamento deste ou nos rumos que o processo deverá tomar. Tais são as *questões processuais*, ou preliminares. Quando se trata do tema da devolução de questões como efeito dos recursos (dimensão vertical do conhecimento devolvido), incluem-se todas as questões, a saber: a) as de fato e as de direito e (b) as de mérito e as preliminares.

Dadas as precisas delimitações da admissibilidade do recurso *especial* e do *extraordinário*, ditadas pela Constituição Federal, somente questões de direito nacional podem ser objeto de devolução nestes (art. 102, inc. III, letras *a* a *c*; art. 105, inc. III, letras *a* a *c*) – excluindo-se *a priori*, portanto, qualquer apreciação de direito local, interpretação de contrato ou exame de prova (Súmulas nn. 279 e 454 STF e nn. 5 e 7 STJ).

Mas a Súmula 528 do Supremo Tribunal Federal considera devolvidas a este todas as questões discutidas na causa e invocadas no recurso extraordinário, ainda quando o presidente do tribunal *a quo* houver negado seguimento ao recurso por uma delas.

A apelação e o recurso ordinário da competência do Supremo Tribunal Federal ou do Superior Tribunal de Justiça (Const., arts. 102, inc. II, letra *a*, e 105, inc. II, letras *b* e *c*) são os que permitem

---

35. *Cfr.* Dinamarco, *Fundamentos do processo civil moderno*, I, n. 106.

o mais elevado grau de devolução vertical. Esses recursos devolvem ao tribunal não só as questões inerentes à causa, a ele propostas pelas partes (recorrente ou recorrido) e também outras, não suscitadas, que, sejam pertinentes e não, hajam sido cobertas por preclusão (art. 516 c/c arts. 245, par. e 267, § 3º). O art. 517 dispõe que "as questões de fato, não propostas no juízo inferior, poderão ser suscitadas na apelação se a parte provar que deixou de fazê-lo por motivo de força maior", mas essa regra não pode abranger fundamentos novos, ausentes da demanda inicial e a ele propostos pela primeira vez (alargamento da causa de pedir): questões envolvendo novos fatos constitutivos da pretensão do autor são insuscetíveis de devolução, pela mesma razão que impede o próprio juiz inferior de conhecer delas (correlação entre a sentença e a demanda, estabilização desta *etc.* – arts. 128, 264, 294).[36]

> A apelação instaura perante a instância superior um *juízo pleno*, submetendo a ele a causa como um todo e não se limitando à censura da sentença ou a algumas das questões versadas em primeiro grau (*infra*, n. 86); assim também o recurso ordinário constitucional e, na medida da divergência, os embargos infringentes. O recurso extraordinário e o especial são *extraordinários* por sua própria natureza, seja porque sujeitos a requisitos especiais de admissibilidade, seja porque não incluem todas as questões relevantes à causa. O recurso ordinário constitucional, pouco versado pelos estudiosos do processo, até porque é empregado com muito menos frequência que a apelação, é regido pelas regras infraconstitucionais alusivas à admissibilidade desta e a seu processamento no juízo de origem (CPC, art. 540).

Regras muito relevantes quanto à dimensão vertical da devolução operada pela apelação estão estabelecidas nos dois primeiros parágrafos do art. 515 do Código de Processo Civil. O primeiro deles manda que se reputem devolvidas ao tribunal "todas as questões suscitadas e discutidas no processo, ainda que a sentença não as tenha resolvido por inteiro"; eventual omissão

---

36. *Cfr.* Dinamarco, *Instituições de direito processual civil*, III, nn. 940-951.

do juiz quanto a uma delas não impede sua devolução à instância superior e conhecimento por esta, ainda quando a parte não haja oposto *embargos de declaração* destinados a tirar o juiz do silêncio. O § 2º do art. 515 considera incluídas na devolução não só as *questões* cuja solução houver sido favorável ao vencedor (e criticadas pelo vencido ao apelar), como também aquelas que hajam sido solucionadas contra ele (mas sem o poder de impedir a conclusão favorável). Esses dois dispositivos associam-se à regra segundo a qual a parte favorecida no dispositivo sentencial (em que é ditada a procedência ou improcedência – art. 458, inc. III) não tem o poder de provocar novo julgamento da causa mediante a interposição de recurso, por falta de legítimo interesse processual; não sendo *parte vencida*, seu recurso não pode ser conhecido (art. 499). Pode, todavia, repropor ao tribunal os fundamentos que invocara em primeiro grau, ainda quando algum deles não haja sido apreciado ou tenha sido rejeitado. Exemplo da primeira hipótese: propus demanda de anulação do contrato, alegando *dolo* da parte contrária e *coação* exercida sobre minha vontade, e o juiz julgou procedente minha demanda pelo fundamento do dolo, omitindo-se quanto ao segundo fundamento. Exemplo da segunda hipótese: o juiz julgou procedente a demanda por dolo, embora negasse ter ocorrido a violência. Em ambos os casos o reconhecimento do dolo foi suficiente para minha vitória na causa, não obstante o outro fundamento houvesse sido omitido ou repelido. Apelará somente meu adversário, pois só ele tem legítimo interesse na modificação do preceito imperativo contido no decisório sentencial; em contrarrazões poderei, no entanto, suscitar as questões a que aludem os §§ 1º e 2º do art. 515 do Código de Processo Civil.

> Antes da vigência do atual Código de Processo Civil não era seguro o entendimento pela inadmissibilidade de apelação pela parte vitoriosa em casos assim, com a finalidade de devolver tais questões ao tribunal; os dois parágrafos do art. 515 deixam claro que, embora o vencedor não possa apelar, ele pode manejar perante o tribunal, em contrarrazões de apelação, o fundamento omitido ou expressamente rejeitado pelo juiz inferior. A vantagem é que,

caso o órgão *ad quem* rejeite o fundamento acolhido pelo juiz (nos exemplos, o dolo), o apelado ainda pode contar com o outro, ou outros, que de algum modo não hajam servido de suporte para a conclusão do juiz *a quo*. No processo civil italiano, onde inexistem normas positivas como estas em comento, por via jurisprudencial tem-se chegado ao mesmo resultado, acolhida a premissa de que "la soccombenza su questioni non determina l'interesse ad appellare".[37]

Essa técnica, conquanto ditada diretamente para a apelação e indiretamente para o recurso ordinário (art. 540), é também compatível com o agravo contra ato do juiz de primeiro grau e com os embargos infringentes, a cujo propósito a lei ou o sistema não opõem restrições referentes a ela; quanto a estes, obviamente, a profundidade vertical da devolução diz respeito exclusivamente ao exame da matéria da divergência (limitação horizontal).

Essa é uma projeção da regra geral de que toda questão só se considera devolvida em relação à matéria impugnada porque, fora desta (ou seja, fora dos limites horizontais da devolução), questão alguma é devolvida. Questões referentes a capítulo de sentença não impugnado pela parte, ou que não possa ser impugnado por ela, não se consideram devolvidas. Essa ideia é muito bem representada por aquela máxima oriunda da jurisprudência italiana e também pelo pensamento, igualmente vindo de lá, segundo o qual "l'appellato soccobente 'virtuale' deve, secondo l'opinione comune, semplicemente riproporre le questioni sfavorevolvemente risolte" (repropô-las em contrarrazões de apelação e jamais em recurso adesivo).[38]

68. *a dimensão subjetiva*

É regra ordinária no sistema recursal a de que, em caso de processo com litisconsortes ativos ou passivos, *a interposição de um recurso devolve ao tribunal somente a pretensão da parte que recorre e em face da parte em relação à qual o recurso é inter-*

37. *Cfr.* Nicola Rascio, *L'oggetto dell'appello civile*, seção 2ª, n. 8.2, pp. 243-244, o qual faz ressalva de sua opinião pessoal.
38. *Cfr.* Nicola Rascio, *L'oggetto dell'appello civile*, seção 2ª, n. 8.2, pp. 245-246.

posto. Esse enunciado, contido na parte final do art. 509 do Código de Processo Civil, constitui projeção do chamado princípio da *autonomia dos litisconsortes*, que o art. 48 proclama.[39] Quando o litisconsórcio é unitário, porém (quer necessário ou não), é impossível reverter o julgamento em relação a um dos litisconsortes sem revertê-lo quanto ao outro, porque a isso se opõe a intransponível barreira da incindibilidade das situações jurídico-materiais, que é a razão de ser e o fundamento da unitariedade. Como poderia o tribunal decretar a anulação do casamento em relação a um dos cônjuges, em ação promovida pelo Ministério Público ou por *qualquer interessado* (CC, art. 1.549), mantendo-se quanto ao outro a improcedência ditada em primeiro grau? Com quem permaneceria casado esse cônjuge?

Para assegurar o tratamento homogêneo inerente ao litisconsórcio, o art. 509 do Código de Processo Civil confere ao recurso interposto por um dos litisconsortes ligados pela unitariedade, ou em face de algum deles, o efeito de operar a devolução em relação a todos; a consequência é que ou o tribunal mantém em relação a todos o que ficara decidido em primeiro grau, ou modifica o julgado inferior, sempre em relação a todos, de modo homogêneo.[40]

> Não sendo unitário o litisconsórcio e recorrendo o vencido somente em face de um dos adversários, sem fazê-lo quanto a todos, esse recurso é também objetivamente limitado no *plano horizontal*, porque das duas ou mais pretensões que havia proposto inicialmente, alguma delas fica fora da devolução. A demanda proposta em face de dois alegados causadores de um dano contém (a) a pretensão à condenação de um deles e (b) a pretensão à condenação do outro; se limitei minha apelação a um dos litisconsortes passivos, deixei de fora a pretensão à condenação do outro, de modo que, também a teor do art. 515 do Código de Processo Civil

---

39. Essa regra não tem toda a dimensão que parece, sendo de muita relatividade no sistema porque são muitas as influências dos atos de um litisconsorte sobre a situação dos demais, ainda quando o litisconsórcio não for unitário (Dinamarco, *Litisconsórcio*, n. 43, pp. 123 ss.). No tocante à dimensão subjetiva dos recursos, ela só não prevalece, como a seguir se dirá, em casos de litisconsórcio unitário.

40. *Cfr.* Dinamarco, *Litisconsórcio*, n. 50, pp. 151 ss.

(*caput*), uma das parcelas do objeto do processo não se devolve ao tribunal.

69. devoluções parciais, preclusão e coisa julgada

Sempre que apenas parte do conteúdo decisório de uma sentença ou decisão é devolvida ao tribunal pelo recurso interposto, não incide quanto à outra, ou outras, o efeito de impedir que se consume a preclusão. Essa eficácia reputa-se confinada ao capítulo sentencial que houver constituído objeto da impugnação (dimensão horizontal dos recursos – CPC, art. 515 – *supra*, n. 65), de modo que quanto aos demais ocorre a coisa julgada formal.[41] Julgada procedente a demanda com pedidos cumulados de indenização por danos materiais e morais, e apelando o réu exclusivamente quanto ao segundo deles, seu apelo não tem a eficácia de impedir o trânsito em julgado no tocante ao primeiro; consequentemente, nessa parte reputa-se indiscutível o direito do autor e ele tem, inclusive, título para a execução definitiva por título judicial (art. 584, inc. I).

Situação assim pode também acontecer quando o vencido apela somente quanto a um dos litisconsortes, não sendo unitário o litisconsórcio, sem apelar quanto a todos: passa em julgado o capítulo referente à pretensão a obter um provimento jurisdicional relacionado com o litisconsorte omitido (*supra*, n. 65).

70. destinatários da devolução

Constitui regra tradicional e ordinária a de que sempre será destinatário da devolução operada pelos recursos (imediata, gradual ou diferida, conforme o caso) um órgão superior da jurisdição, em composição colegial; compete aos regimentos internos determinar quando o julgamento caberá ao tribunal em sua formação plena (ou pelo órgão especial) e quando, por um órgão fracionário (câmaras, turmas, grupos de câmaras, seções). Mas a evolu-

---

41. E, se a sentença for de mérito, ocorrerá também a coisa julgada material.

ção relativamente recente do processo civil brasileiro aponta alguma tendência à *singularização dos julgamentos*, com a instituição de hipóteses em que, no tribunal, o julgamento será singular e não colegiado; há também casos em que um órgão monocrático tem o poder de *interceptar* excepcionalmente o recurso em seu trâmite ordinário, julgando-o ele próprio. E também se incluem no leque dos possíveis destinatários recursais o próprio órgão prolator da sentença ou decisão sujeita a recurso.

Em resumo: a) competência dos órgãos colegiados, como regra geral; b) competência singular, no seio dos tribunais, em casos específicos; c) possibilidade, também extraordinária, de *interceptação* por um órgão singular; d) competência do próprio juízo prolator.

A *apelação* e o *agravo* contra ato do juízo de primeiro grau jurisdicional são da competência dos tribunais indicados na Constituição Federal, a saber, os Tribunais Regionais Federais para recursos contra ato de juiz federal (Const., art. 108, inc. II) e os Tribunais de Justiça, contra atos de juízes estaduais. A devolução endereça-se a um órgão colegiado do tribunal *ad quem*, como resulta do art. 555 do Código de Processo Civil, mas o art. 557 autoriza a interceptação do recurso pelo relator sorteado, com o poder de negar seguimento a recurso *manifestamente inadmissível, improcedente, prejudicado ou em confronto com a súmula ou com jurisprudência dominante do respectivo tribunal, do Supremo Tribunal Federal ou de Tribunal Superior* (STJ). Nessa redação não muito clara, (a) *negar seguimento* tem o significado amplo de impedir que o recurso chegue ao órgão colegiado, (b) negar seguimento a *recurso inadmissível* produz o mesmo resultado que produziria o não conhecimento por este, (c) negar seguimento a *recurso improcedente* vale por negar-lhe provimento, podendo o relator, ainda, (d) *dar provimento* ao recurso quando a decisão recorrida colidir com súmula ou jurisprudência superior dominante, ou seja, reformar a sentença do mesmo modo como o órgão colegiado a reformaria (art. 557, § 1º-A, que curiosamente antecede o § 1º). Como mitigação a essa onda de *singularização* do julgamento dos recursos, o Código de Processo Civil oferece à parte contrariada o caminho de um *agravo* contra o ato do relator (art. 557, § 1º), com a advertência de que os agravos abusivos serão punidos com multa (art. 557, § 2º).

O agravo pode também devolver ao relator o pedido de *suspensão dos efeitos* do ato agravado ou de conceder a medida urgente negada pelo juiz inferior, mediante o chamado *efeito ativo* (art. 527, inc. III).

A devolução operada pelos *embargos infringentes* tem por destinatário, no seio do mesmo tribunal onde houver sido proferido o acórdão embargado (art. 530), um órgão colegiado de maior envergadura que o prolator deste; o regimento interno de cada tribunal estabelecerá se esse órgão será outro que não o prolator do acórdão, ou o mesmo, acrescido de outros juízes, com vista a possibilitar a reversão do julgamento. A lei investe de competência para o exame da admissibilidade desse recurso o relator do próprio acórdão embargado, ressalvada ao embargante a possibilidade de interpor agravo contra o indeferimento (arts. 531-532); não se trata de uma interceptação, mas de uma competência que é institucionalmente do próprio relator, nos mesmos moldes da competência do juiz de primeiro grau para o juízo de admissibilidade da apelação.

É razoável o entendimento de que tanto o relator do acórdão embargado quanto o sorteado para os embargos infringentes tem competência para *negar seguimento a embargos manifestamente improcedentes*, com fundamento no art. 557, § 1º-A, porque a regra de interceptação, contida naquele parágrafo, foi trazida ao Código com a intenção de que seja bastante ampla e abrangente. Seria porém destoante do sistema a suposta autorização de uma decisão de *procedência* dos embargos, para recebê-los e assim reformar o acórdão embargado (art. 557, § 1º-A), porque isso implicaria investir um só julgador do poder de revisão de um julgamento colegiado.[42]

---

42. *Cfr.* Dinamarco, *A Reforma da Reforma,* n. 141, p. 205.

O recurso extraordinário e o especial devolvem a causa ou incidente ao Supremo Tribunal Federal ou ao Superior Tribunal de Justiça, respectivamente, por suas Turmas (RISTF, art. 9º e RISTJ, art. 13, inc. IV). Em ambos os tribunais, tem o relator ou a Turma o poder de, em casos de extrema relevância ou para prevenir divergências jurisprudenciais, *redirecionar a devolução*, remetendo o recurso ao Plenário daquele ou a uma das Seções deste (RISTF, art. 22, par. e RISTJ, art. 14). A devolução operada por esses dois recursos pode ser também *interceptada* pelo relator, a quem o Código de Processo Civil atribui a competência de, já ao apreciar o agravo interposto contra decisão denegatória, prover o recurso extraordinário ou especial quando o acórdão recorrido estiver em confronto com a Súmula ou jurisprudência dominante desses tribunais (CPC, art. 544, §§ 3º e 4º).

Esses recursos passam necessariamente por um duplo juízo de admissibilidade, a ser feito pelo presidente do tribunal *a quo* e pela Turma, Plenário ou Seção competente para o julgamento de mérito (CPC, arts. 542, § 1º, 543 e 544, *caput*). As alternativas dos efeitos desses juízos de admissibilidade são similares às que envolvem os juízos de admissibilidade da apelação, com a observação de que, em caso de juízo negativo no tribunal de origem, o agravo contra a decisão denegatória opera a devolução desse exame ao relator que vier a ser sorteado no Supremo Tribunal Federal ou no Superior Tribunal de Justiça.

> O segundo desses juízos de admissibilidade poderá ser feito pelo relator, em decisão monocrática, sendo ele autorizado a negar seguimento ao recurso quando faltar um de seus pressupostos de admissibilidade (RISTF, art. 21, § 1º e RISTJ, art. 34, inc. XVIII). Sendo interposto agravo interno contra a negativa de seguimento ditada pelo relator, devolve-se à Turma a competência para novo juízo de admissibilidade.

O relator é o destinatário da devolução operada pelo *agravo contra decisão denegatória* de recurso extraordinário ou especial, competindo-lhe o juízo de admissibilidade e o julgamento do mérito desse agravo (CPC, art. 544, § 2º c/c art. 545); seus pronunciamentos ali não caracterizam, pois, uma interceptação da devolução mas exercício de uma competência que já é sua, por disposição legal.

A competência que a lei dá ao relator para prover o próprio recurso extraordinário ou o especial em continuação ao julgamento do agravo contra decisão denegatória (CPC, art. 544, §§ 3º e 4º – v. logo acima) significa que esse recurso (o agravo) tem a potencialidade de uma *dupla devolução* – ou seja, ele devolve ao relator o conhecimento do tema pelo qual foi interposto (a admissibilidade do recurso antes denegado), mas essa devolução pode ir além e abranger o mérito do próprio recurso julgado inadmissível na instância local.

São da competência do próprio órgão prolator do julgamento recorrido: (a) os embargos infringentes contra as sentenças proferidas nos *embargos à execução fiscal de pequeno valor*, os quais são julgados pelo juízo monocrático de primeiro grau que as houver proferido (lei n. 6.830, de 22.9.1980, art. 34), (b) o recurso contra as sentenças dos *juizados especiais cíveis*, que vai às turmas julgadoras integrantes desse microssistema (lei n. 9.099, de 26.9.1995, art. 41, § 1º) e (c) os *embargos de declaração*, que são julgados pelo próprio juiz ou turma julgadora responsável pelo ato embargado (CPC, art. 537).[43] Rigorosamente, também (d) os *embargos infringentes* regidos pelo Código de Processo Civil (arts. 530 ss.) incluem-se na categoria dos recursos que operam devolução ao mesmo órgão prolator, porque, como já considerado, a turma julgadora é elemento fracionário do próprio tribunal onde se proferiu o acórdão recorrido.

> Nesses casos não se tem propriamente uma *devolução*, mas mera reiteração e reexame, uma vez que a interposição de tais recursos não transfere a competência a outro órgão judiciário; referindo doutrina anterior, Alcides de Mendonça Lima sugere que nes-

---

43. Ainda não está sepultada a *vexata quæstio* da natureza recursal ou outra, dos embargos declaratórios do direito brasileiro, apesar de a *Reforma do Código de Processo Civil* haver pretendido configurá-los como tais ao concentrar sua disciplina no capítulo dos recursos (*infra*, n. 84 e nn. 97 ss.).

ses casos se fale em *efeito regressivo*, porque o recurso faz a causa ou incidente voltar ao conhecimento do mesmo órgão prolator.[44]

71. *devolução imediata*

Alguns recursos têm a propriedade de operar a devolução ao órgão destinatário como efeito imediato e automático da interposição, sem que seu conhecimento pelo órgão destinatário se sujeite às sucessivas etapas de uma devolução gradual, como se dá na maioria das modalidades recursais.

O mais frequente desses recursos é o *agravo de instrumento* contra decisões interlocutórias do juízo de primeiro grau de jurisdição. Essa competência decorre da disposição pela qual dito agravo é interposto diretamente ao tribunal, sem passar pelo órgão de origem. É no tribunal que se processa o primeiro juízo de admissibilidade, é ali que a parte agravada é chamada a oferecer resposta *etc.*, tudo sob a supervisão do relator, que é órgão singular integrante do colegiado destinatário – podendo ele, inclusive, suspender ou conceder medidas urgentes, proferir juízo negativo de admissibilidade, converter o agravo de instrumento em agravo retido (art. 523, § 4º, inc. II) ou mesmo improver o agravo (*supra*, nn. 62 e 70). A devolução imediata operada pelo agravo de instrumento não significa, todavia, que a interposição recursal tenha o efeito de impedir que o processo vá avante (porque o agravo não tem efeito suspensivo – *infra*, n. 74) nem o de impedir que o juiz reconsidere a decisão, quando provocado pelo relator ou mesmo espontaneamente (CPC, art. 529); e a possibilidade de o relator pedir informes ao juízo *a quo* não descaracteriza a imediatidade da devolução ao tribunal, primeiro porque essa é mera possibilidade e não uma imposição da lei (art. 527, inc. I) e também porque, quando essa providência é tomada, a devolução já é fato consumado.

Também imediata é a devolução operada pelos *embargos infringentes*, que igualmente são opostos perante o próprio tribunal,

---

44. *Cfr. Introdução aos recursos cíveis*, n. 187, pp. 288 ss.

diferindo somente a composição da turma que os julgará (*supra*, n. 70); o primeiro juízo de admissibilidade é feito pelo relator do acórdão recorrido, que é integrante do tribunal (art. 531). Assim também é nos *agravos admissíveis contra ato do relator*, quer sejam eles instituídos por lei (CPC, arts. 120, par., 532, 545 e 557, § 1º) ou pelos regimentos internos dos tribunais.

A mais clara imediatidade que existe é a dos *embargos de declaração*, que vão diretamente ao juiz ou ao relator e são desde logo apreciados em sua admissibilidade e mérito, por aquele ou pelo órgão colegiado, sem sequer se colher a manifestação do agravado (CPC, art. 537).[45]

72. *devolução diferida*

Diz-se *diferida* a devolução quando a transferência do caso ao órgão destinatário é sujeita, por força de lei, a uma espera que vai além daquela que é necessária para cumprir os trâmites do procedimento recursal. Nesses casos, truncam-se os passos da devolução gradual e só se retomam quando se implementar a condição posta pela lei para que a devolução se consume. Assim é o que sucede nas hipóteses de *recursos retidos*, instituídas pelo Código de Processo Civil e em lei posterior a ele; a interposição principia o *iter* da devolução, mas esta só poderá chegar ao ponto de consumação se e quando, no futuro, se retomar a caminhada em direção ao órgão destinatário.

O *agravo retido*, que vem da redação original do Código, tem seu conhecimento condicionado à futura e incerta interposição de apelação contra a sentença que vier a ser proferida e à reiteração que em razões ou contrarrazões de apelação o agravante venha a fazer (CPC, art. 523, *caput*, e § 1º).

Outros casos de devolução diferida são o *recurso extraordinário* e o *especial retidos*, impostos pela lei n. 9.857, de 17 de dezembro de 1998, ao acrescentar um § 3º ao art. 542 do Código

---

45. Será constitucionalmente legítima essa dispensa do contraditório? Inclusive nos embargos opostos com finalidade infringente? V. *infra*, n. 101.

de Processo Civil; sendo interpostos contra acórdão de eficácia interlocutória (acórdão sem a eficácia de pôr fim ao processo), esses recursos só poderão consumar seu efeito devolutivo (a) quando começar a fluir o prazo para interpor recurso contra futuro e eventual acórdão dotado da eficácia de extinguir o processo e (b) se nesse prazo a parte reiterar o recurso que ficara retido.

A nova disposição tem sido muito questionada, (a) seja porque não pode ser aplicada em caso de medida urgente concedida ou negada pelo tribunal *a quo*, sob pena de inconstitucionalidade por negação de acesso à justiça e infração ao devido processo legal, (b) seja pelo aspecto prático da enxurrada de demandas cautelares que ameaçam o Superior Tribunal de Justiça, pleiteadas com o objetivo de remover a retenção do recurso especial nesses casos, (c) seja pela própria redação do dispositivo, que dá a entender que o recurso jamais operaria a devolução ao tribunal *ad quem* se o recorrente não viesse a interpor novo recurso extraordinário ou especial.[46]

73. *devolução cancelada*

Em várias circunstâncias cessa a devolução operada pelos recursos, seja porque truncado o processo gradual de sua consumação, seja depois de consumada, sobrevindo algum fato que dê causa ao cancelamento.

De *devolução cancelada* fala Alcides de Mendonça Lima, dizendo também que em alguns casos a devolução é *refreada*.[47] Escrita antes da *Reforma do Código de Processo Civil*, a obra do professor pelotense traz um exemplo que só em casos excepcionais poderá se concretizar, o da deserção do recurso. Pela sistemática do novo art. 511 do Código de Processo Civil, o preparo é elemento integrante do ato de recorrer e em casos normais não há como configura-se a possibilidade do *abandono* ulterior do recurso já interposto (deserção é abandono); mas, se o juiz manda complementar o preparo recursal e o recorrente não o faz, nesse caso será razoável entender que o recurso estará deserto.

46. *Cfr.* Dinamarco, *Fundamentos do processo civil moderno*, II, nn. 608-612.
47. *Cfr. Introdução aos recursos cíveis*, n. 193, esp. p. 300.

A hipótese mais simples de cancelamento da devolução é a do *juízo negativo de admissibilidade do recurso* proferido pelo órgão inferior e não reformado pelo superior (*infra*, n. 78): o procedimento recursal se extingue e o recurso interposto não chega a produzir o efeito final de investir o tribunal no poder-dever de julgá-lo. Esse juízo negativo pode ser liminar ou sucessivo à oferta de contrarrazões pela parte (art. 518, § 2º), dando-se o cancelamento da devolução, nesse caso, quando algo do *iter* de sua consumação já estava realizado.

Outro caso de devolução cancelada é a *reconsideração* da sentença ou decisão recorrida, pelo órgão prolator. Ao juiz de primeiro grau é dado reconsiderar a sentença de indeferimento da petição inicial, quando da interposição de apelação contra ela (CPC, art. 296); há também a possibilidade de reconsiderar qualquer decisão interlocutória, em qualquer fase do procedimento do agravo interposto, com ou sem provocação do relator (*supra*, n. 73). Nesses casos, removida a decisão adversa, o recorrente fica desprovido do interesse recursal e diz-se então que o recurso está *prejudicado* (porque terá perdido a capacidade, que tivesse, de proporcionar algum proveito útil ao recorrente).

O Código de Processo Civil disciplina também as hipóteses de *recurso extraordinário prejudicado* pelo julgamento do recurso especial, nas quais aquele não chega a consumar o efeito de devolver o caso ao Supremo Tribunal Federal (art. 543, § 1º): a decisão do Superior Tribunal de Justiça, favorável ao recorrente, pode esvaziar a utilidade pretendida do recurso extraordinário, cuja eficácia devolutiva ficará, portanto, extinta, ou cancelada.

Pode ainda ocorrer o cancelamento da devolução recursal como consequência de ato de alguma das partes, (a) ou porque o recorrido resolve renunciar à sua demanda ou à resistência oposta à demanda do adversário, satisfazendo-o e, portanto, deixando prejudicado o recurso interposto, (b) ou porque o recorrente desiste unilateralmente do recurso interposto (CPC, art. 501), suprimindo ao tribunal, com isso, o poder de apreciá-lo.

O *cancelamento da devolução* só se admite enquanto ainda não julgado o recurso. A partir desse momento, existindo já um pronunciamento do Poder Judiciário a seu respeito, todos os efeitos da devolução estarão consumados e o que ficou decidido impõe--se imperativamente, como ato estatal que é. Eventuais condutas ulteriores das partes, como atos de direito substancial, poderão ter outro efeito sobre as relações existentes entre elas, não o de suprimir a eficácia do julgado.

74. *efeito suspensivo (abordagem genérica)*

O efeito suspensivo, de que alguns recursos são dotados e outros não, consiste em impedir a pronta consumação dos efeitos de uma decisão interlocutória, sentença ou acórdão, até que seja julgado o recurso interposto. Esse efeito não incide sobre a decisão judicial recorrida, como ato processual sujeito a ser cassado e eventualmente substituído por outro, mas propriamente sobre os *efeitos* que esse ato se destina a produzir.[48] O recurso pode ter o efeito de obstar à *eficácia natural* de que os atos judiciais são dotados, refreando sua natural tendência a produzir no processo ou no mundo exterior os efeitos indicados na parte dispositiva.[49] Por isso, quer se trate de sentença de mérito ou terminativa, ou mesmo de decisão interlocutória, o efeito suspensivo dos recursos só existe quando assim determina a lei, sendo natural a expansão de efeitos quando ela silencia. Nem todos os recursos são suspensivos da eficácia das decisões judiciárias, só aqueles aos quais o direito positivo confere tal poder; a suspensividade não é coessencial aos recursos ou ao conceito de *recurso*, como o efeito devolutivo é.

---

48. O efeito devolutivo é que encaminha o ato judicial, como ato, a uma possível cassação e substituição. O suspensivo é *suspensivo de efeitos*, porque o ato judicial em si não se suspende, só os efeitos que ele se destinava a produzir.

49. *Cfr.* Liebman, *Efficacia ed autorità della sentenza*, esp. n. 34, p. 95: "la sentenza, come atto autoritativo emanato da un organo dello Stato, rivendica naturalmente di fronte a tutti il suo ufficio di formulare quale sia il comando concreto della legge, o piu genericamente la volontà dello Stato, per un determinato caso singolo".

No sistema do Código de Processo Civil brasileiro ordinariamente a apelação tem o efeito suspensivo, porque assim ele dispõe (art. 520); mas ela não o tem nos casos também ressalvados em disposições expressas (art. 520, incs. I-VII). Não fora o art. 520, *caput*, do Código de Processo Civil, a apelação não teria esse efeito em caso algum. Assim não é em outros ordenamentos, como o italiano depois de sua *Reforma*, em que a sentença é dotada de pronta exequibilidade e a apelação só obsta à eficácia da sentença quando assim determinar o órgão destinatário (c.p.c. it., arts. 282 e 283). Sistemática semelhante vige no processo civil da Lei da Ação Civil Pública e do Código de Defesa do Consumidor brasileiros (respectivamente, arts. 14 e 90); chegou a ser proposta a adequação do sistema recursal do processo civil a esse modelo mais ágil, mas tal disposição, contida em anteprojeto, não progrediu.

> A disciplina dos efeitos da apelação rege também os do recurso ordinário, que, *mutatis mutandis*, realiza a missão daquela nos casos em que é admissível (art. 540).

De modo também expresso, o Código de Processo Civil estatui que carecem de efeito suspensivo o recurso extraordinário, o especial e o agravo de instrumento (art. 497). A estes e às apelações indicadas nos incisos do art. 520 poderá o relator, a pedido do recorrente, e em casos especiais de risco, agregar o efeito suspensivo que em tese a lei lhes nega (art. 558, *caput* e par.). É lícito, portanto, falar em efeito suspensivo *ope legis* ou *ope judicis* – ou efeito suspensivo *legal*, em contraposição ao *judicial*.

75. o efeito suspensivo e o conteúdo substancial da sentença

As regras de suspensividade e não suspensividade dos recursos, particularmente no que diz respeito a sentenças e acórdãos portadores do julgamento do mérito, são dispostas com uma atenção especial às sentenças *condenatórias* e com o pensamento voltado à admissibilidade da *execução provisória*. Essa tendência é até mais perceptível no direito italiano, cujo Código de Processo

Civil, em seu art. 282, proclama a regra de que "a sentença de primeiro grau é provisoriamente executiva entre as partes".

Existe uma boa razão sistemática para tanto, uma vez que as outras sentenças, a saber, a constitutiva e a meramente declaratória, não são capazes de produzir antes do trânsito em julgado os efeitos programados; nem há a possibilidade de utilizá-las como título para qualquer execução, provisória ou mesmo definitiva, pela simples razão de que só a condenatória tem a eficácia de título executivo (art. 584, inc. I). A sentença *constitutiva* só produz seu institucional efeito substancial de modificar uma situação jurídico-substancial das partes no momento em que passa em julgado – sendo absurdo pensar, p.ex., no averbamento da sentença de separação judicial no registro civil enquanto pende o recurso especial, com o risco de voltarem as partes, depois, em caso de provimento deste, ao estado de casadas.[50] Quanto às meramente *declaratórias*, chega a ser intuitivo que elas não produzem a definitiva certeza jurídica que são destinadas a produzir, enquanto o Poder Judiciário não houver dado sua última palavra sobre o caso, perdurando portanto a incerteza durante todo o tempo em que algum recurso estiver pendente. Nada há, portanto, a suspender por força de lei nesses casos, porque a eficácia natural da sentença constitutiva e da condenatória é menos intensa que a da condenatória, não tendo aquelas, em si mesmas, força para se impor enquanto não sobrevier o trânsito em julgado.

> É também inteiramente vazio de utilidade o tema do efeito suspensivo dos recursos em relação aos agravos interpostos contra *decisões de conteúdo negativo*, como as que negam a medida urgente pedida pela parte. Sem providência alguma a efetivar, nada há a suspender. O que pode o relator fazer, nesses agravos, não é suspender a eficácia da decisão, mas conceder a medida negada pelo juízo inferior; tal é o *efeito ativo*, legitimado no poder geral de antecipação (CPC, art. 273) e positivado em lei expressa (art. 527, inc. III).

50. *Cfr.* Dinamarco, *Fundamentos do processo civil moderno*, II, nn. 592-597.

76. *dimensões temporais do efeito suspensivo*

O efeito suspensivo não se manifesta somente a partir de quando um recurso dotado dessa eficácia é interposto. Os efeitos da sentença suscetível a recurso suspensivo só chegam a tornar-se ativos e operantes quando ela passar em julgado, seja por não haver a parte exercido a faculdade de recorrer, seja porque o recurso interposto foi indeferido na origem ou não foi conhecido no destino (*infra*, nn. 78 e 79).

> Se o tribunal conhecer do recurso, a sentença estará sendo *cassada*, qualquer que seja o teor do julgamento então proferido, (a) seja para reformar a sentença, *substituindo-a* por outra de diferente teor, (b) seja para confirmá-la, *substituindo-a* por outra do mesmo teor. Na segunda hipótese, não obstante o tribunal siga a mesma linha decisória adotada pelo juiz inferior, os efeitos a serem produzidos serão os do acórdão, de responsabilidade do órgão superior, e não os da sentença (justamente porque cassada e substituída – *infra*, n. 81). Na hipótese (c) de ser anulada, e portanto cassada, a sentença deixará de existir no mundo jurídico como ato capaz de produzir efeitos. Não sucede isso quando o recurso não chega a ser conhecido, porque o não conhecimento significa que o tribunal não realiza julgamento algum de mérito, ficando a sentença intacta em sua condição de ato produtivo dos efeitos indicados em sua parte dispositiva (*infra*, n. 80).

A sentença ou acórdão tem seus efeitos obstados desde o momento da prolação, sempre que o recurso *cabível* seja portador de efeito suspensivo: proferida a sentença ou acórdão, faz-se uma prospecção sobre o recurso que em tese poderá ser validamente interposto e, se essa prospecção apontar a um recurso que tenha tal eficácia, o ato judicial reputa-se desde logo impedido de produzir os efeitos programados. Seria um rematado contrassenso afirmar que a sentença suscetível de recurso com efeito suspensivo produz efeitos antes da interposição deste, mas esses efeitos se estancam depois que ele vier a ser interposto. Mais indesejável ainda é adiar a efetivação do efeito suspensivo ao momento da *decisão* que recebe o recurso nesse efeito: o juiz não tem o poder de subtrair o efeito suspensivo que o recurso tem segundo a lei e a sua decisão, nesse momento, é meramente declaratória de uma situação anterior e, por isso, portadora de eficácia *ex tunc*.

"A eficácia executiva da sentença de primeira instância permanece suspensa se vier a ser interposta a apelação e mesmo antes, enquanto pende o prazo para esta" (Liebman).[51]

77. dimensão objetiva

O efeito suspensivo de um recurso tem a mesma dimensão objetiva do efeito devolutivo que o recurso interposto tiver sobre a decisão recorrida. Antes da interposição do recurso a que a lei atribua suspensividade, todos os efeitos substanciais do ato judicial ficam suspensos, na consideração de que o sujeito vencido pode recorrer de todo o ato ou apenas de um *capítulo de sentença*. Interposto o recurso e havendo o recorrente optado por não abranger nele todo o conteúdo da sentença ou acórdão, isso significa que o capítulo irrecorrido não estará coberto pela devolução e passa em julgado, tornando-se exequível porque sobre ele não pode incidir a suspensão (recurso parcial, art. 515, caput – *supra*, n. 69). *Não pode haver suspensão com extensão maior que a da devolução.*

Membros da família de pessoa morta em um acidente de trânsito ajuizaram demanda em face da empresa proprietária do caminhão apontado como causador do dano. Essa demanda foi julgada inteiramente procedente, mas a viúva e filhos do falecido apelaram, com o único objetivo de majorar a verba honorária a cargo da empresa-ré. Obviamente, esse recurso tinha por objeto exclusivamente a pretensão a um *plus* na verba honorária; não operou devolução alguma quanto ao *meritum causæ*, ou seja, não investiu o tribunal do poder de decidir sobre o acerto ou erro do juiz inferior ao julgar procedente a demanda (apelação parcial – art. 515, *caput*). Pendente tal recurso, com os autos ainda na instância de ori-

---

51. *Cfr. Manuale di diritto processuale civile*, II, n. 318, p. 302. O Mestre escreveu antes da *Reforma* efetivada em 1º de janeiro de 1993; agora, como anotado, o sistema italiano é outro (*supra*, n. 74).

gem, os autores pediram e o juiz negou-lhes a carta de sentença que pretendiam para promover a execução do julgado; ele assim decidiu, pelo falso fundamento de que sentenças proferidas em ações daquela natureza são sujeitas a apelação com efeito suspensivo e, portanto, a execução provisória não seria admissível. Errado! Em julgamento do qual tomei parte, o tribunal reformou essa decisão, mostrando que, sendo parcial a apelação interposta pelos autores, o capítulo portador da procedência da demanda passara em julgado, não se podendo falar em suspensão onde sequer devolução havia. E a execução a ser feita seria até definitiva, não provisória (art. 587, 1ª parte).

Nos *embargos infringentes*, a suspensão não atinge eventual capítulo julgado unanimemente ou que por algum outro motivo seja insuscetível desse recurso, restringindo-se àqueles nos quais o julgamento houver sido majoritário e os embargos sejam admissíveis (CPC, art. 530)[52] – porque, em relação a esse recurso, como a outro qualquer, não se admite devolução alguma quando o recurso não tiver admissibilidade segundo o direito positivo. Se a parte não exaurir toda a matéria embargável, opondo embargos parciais e, portanto, menos extensos do que poderia fazer, fica sem devolução nem suspensão o capítulo de acórdão que, mesmo sendo suscetível de embargos, estes não vieram a cobrir.

Mas pode haver suspensão com extensão *menor* que a da devolução. Isso acontece quando a sentença contém capítulos variados, algum deles decidindo matéria sujeita a recurso com efeito suspensivo e outro, sem esse efeito. A teoria dos *capítulos de sentença* é suficiente para oferecer a clara percepção de que, em casos assim, na unidade formal de uma só sentença reside a realidade substancial do julgamento de duas ou mais causas; e, se poderiam estas ser objeto de dois ou mais processos, sendo deci-

---

52. O direito positivo atual deixa longe o velho critério da unanimidade ou não-unanimidade, como ponto de apoio para a admissibilidade dos embargos infringentes. Contra acórdãos unânimes, é certo: não cabe esse recurso. Contra os não-unânimes, porém, são hoje mais numerosas as hipóteses de inadmissibilidade, que de admissibilidade (*cfr.* Dinamarco, *A Reforma da Reforma,* nn. 136 ss., pp. 197 ss.).

didas por mais de uma sentença, é natural que cada um dos capítulos de uma só sentença seja tratado de modo autônomo, como seriam as duas ou mais sentenças que, em processos separados, se proferissem.

Exemplos: a) a sentença que decide cumulativamente sobre uma demanda principal sujeita a apelação com efeito suspensivo (art. 520, *caput*) e uma cautelar ou pedido de tutela antecipada, em relação aos quais a lei exclui a suspensividade (arts. 520, inc. IV, e 273, § 3º c/c 475-O, incs. II-III); b) a que decide sobre uma ação de despejo por falta de pagamento, onde não cabe o efeito suspensivo (Lei do Inquilinato, art. 58, inc. V) e uma consignação em pagamento proposta pelo locatário, em relação à qual existe esse efeito.

78. efeitos do juízo de admissibilidade pelo juízo a quo

Sendo deferido pelo juízo de origem o seguimento da apelação, do recurso ordinário, do recurso especial ou do extraordinário, progride-se na caminhada gradual rumo à consumada devolução ao tribunal destinatário (*supra*, nn. 60-61) – inicialmente com a instituição, para a parte recorrida, do ônus de responder ao recurso. Nesse momento já se configura o poder-dever do Poder Judiciário, de apreciar, em grau superior, o recurso interposto – embora ainda não esteja definido o dever de apreciá-lo *pelo mérito*, porque o juízo positivo de admissibilidade recursal, feito pelo juiz inferior, não vincula o órgão *ad quem*, que lhe é superior na hierarquia jurisdicional. Também o juízo *a quo* tem o poder de desfazer o juízo positivo depois de oferecidas as contrarrazões de apelação (art. 518, par.). Feitas essas ressalvas, tem-se por operado o efeito devolutivo por força do juízo positivo de admissibilidade, indo os autos ao tribunal *ad quem*, com ou sem a resposta do recorrido.

Se o juízo de admissibilidade realizado na instância de origem for negativo, o ato judicial que assim decide gera o efeito de criar para o recorrente mais um ônus, que é o de interpor agravo destinado a obter do tribunal o trânsito. Tal será o agravo de instrumento por denegação de seguimento à apelação (art. 522, § 4º) ou o agravo *nos próprios autos* contra decisão denegatória de recurso especial ou extraordinário (art. 544). O provimento de um desses agravos será mais um passo em direção à consumação do efeito devolutivo do recurso interposto. Não comporta recurso o juízo positivo de admissibilidade feito pelo órgão recorrido, porque, não ficando vinculado a ele o tribunal destinatário, a questão da admissibilidade será de todo modo apreciada por este, em preliminar de conhecimento do recurso deferido.[53]

79. *efeitos do juízo de admissibilidade pelo juízo* ad quem

Quando profere juízo positivo de admissibilidade, o órgão destinatário do recurso está a reconhecer e a assumir ele próprio o poder-dever de decidir o recurso pelo mérito, ou seja, de pronunciar-se pela existência ou inexistência do defeito que o recorrente aponta no ato judicial recorrido. No dizer sugestivo de Barbosa Moreira, "quando o órgão *ad quem*, apreciando preliminar, declara admissível o recurso, é como se removesse a última possível barreira à concretização do novo julgamento pleiteado. A decorrência capital e imediata é a passagem ao exame do mérito do recurso: o procedimento recursal vai atingir a sua consumação normal e plena".[54] Segundo a linguagem empregada na presente exposição, o juízo positivo pelo órgão julgador do recurso tem o efeito de consumar por completo o efeito devolutivo deste. Quando nenhuma questão de admissibilidade recursal houver sido suscitada pela parte ou pelos próprios juízes superiores, a turma julgadora limita-se a aceitar o recurso e julgar-lhe o mérito, sem a explicitude de um juízo positivo. Conhecido o recurso, quer explícita, quer implicitamente, opera-se também um importantíssimo

---

53. *Cfr.* Dinamarco, *Fundamentos do processo civil moderno*, II, n. 641. Barbosa Moreira também entende assim *de jure condito*, mas afirma que a irrecorribilidade dessas decisões não seria incompatível com o sistema processual (*cfr. O juízo de admissibilidade no sistema dos recursos civis*, n. 118, p. 133).

54. *Cfr. O juízo de admissibilidade no sistema dos recursos civis*, n. 123, p. 138.

efeito do julgamento, que é o de *cassar* a decisão recorrida (efeito rescindente dos julgados – *infra*, n. 81).

Como o juízo positivo de admissibilidade é incluído no mesmo ato julgador do mérito do recurso, ele se sujeita ao mesmo recurso adequado à impugnação desse ato, a saber: a) se se tratar de apelação julgada por acórdão insuscetível de embargos infringentes e o tema estiver devidamente prequestionado, *recurso especial*; b) se esse julgamento não for unânime no tocante à admissibilidade recursal e estiverem presentes todos os demais pressupostos de admissibilidade indicados no art. 530 do Código de Processo Civil, *embargos infringentes*; c) se a decisão for do relator em recurso especial ou extraordinário, *agravo* endereçado à Turma competente (CPC, arts. 544, § 2º, e 545).

O juízo *negativo* de admissibilidade proferido pelo órgão *ad quem* tem por efeito programado o encerramento do procedimento recursal sem que o mérito do recurso seja apreciado – ou seja, sem que o órgão julgador se pronuncie sobre o acerto ou erro da decisão sujeita a recurso. Esse efeito pode, no entanto, ser obstado pela interposição de outro recurso eventualmente cabível conforme o caso, a saber: a) os *embargos infringentes*, se estiverem preenchidos todos os pressupostos de lei (art. 530), (b) o *recurso especial*, quando não forem admissíveis os embargos, (c) o *agravo interno*, contra o ato com que, no Supremo Tribunal Federal ou no Superior Tribunal de Justiça, o relator julga inadmissível o agravo interposto contra decisão denegatória de recurso extraordinário ou especial (CPC, art. 545 c/c 544, § 2º) ou (d) também o *agravo interno*, quando o relator negar conhecimento ao recurso, a teor dos arts. 527, inc. I, e 557, do Código de Processo Civil (art. 557, § 1º). O ônus de recorrer contra o juízo negativo de admissibilidade dos recursos é mais um efeito desse ato judicial.

80. *efeitos do julgamento do recurso pelo órgão destinatário*

É usual em doutrina a alusão a um binômio representativo dos efeitos do julgamento dos recursos e composto pela *cassação e substituição*. Esses efeitos, porém, abrangem somente as hipóteses em que o recurso é conhecido e improvido, ou conhecido e provido para reformar a sentença (não para anulá-la – *infra*, n. 82). Não conhecido o recurso, o ato jurídico fica intacto, sem cassação e muito menos substituição. Nos itens a seguir apreciam-se somente as hipóteses em que o *mérito do recurso* é julgado, sabido que a negativa desse julgamento importa a consequência de que o próprio ato recorrido ficará coberto pela preclusão; tratando--se de sentença, ou de acórdão com efeito extintivo do processo, essa preclusão é a coisa julgada formal, sendo que se estiver em apreciação um ato julgador do *meritum causæ*, ocorrerá também a coisa julgada material (*supra*, n. 58).

O não conhecimento do recurso produz efeitos colaterais, de natureza endoprocessual ou não, como o de gerar ao recorrente o ônus e o legítimo interesse por um recurso subsequente eventualmente cabível (embargos infringentes, recurso especial *etc.*), a imposição de penalidade por abusividade ao recorrer *etc.*

81. efeitos do conhecimento do recurso – cassação (hipóteses)

Se o órgão *ad quem* conhece do recurso, ficando portanto superados com sucesso todos os possíveis óbices a sua admissibilidade, passa-se incontinenti ao julgamento do mérito recursal. Assim como mérito da causa é a pretensão trazida do mundo exterior para apreciação pelo Poder Judiciário, mérito do recurso é a pretensão ao reexame da matéria decidida. O mérito do recurso coincidirá com o da causa, quando a interposição se dirigir contra sentença *de mérito* e o recorrente pedir novo julgamento deste, com a aspiração à reversão do que fora decidido na instância inferior. Não haverá, porém, tal coincidência (a) quando a sentença recorrida não é de mérito e o autor vencido apela contra a extinção do processo, com a pretensão a obter o prosseguimento deste;[55] b) quando o recurso é interposto contra uma decisão

---

55. Mas, por obra da *Reforma da Reforma*, quando houver elementos seguros para o julgamento do mérito, o tribunal poderá ir além e julgá-lo (art. 515, § 3º, red. lei n. 10.352, de 26.12.2001 – *supra*, n. 66).

interlocutória, que não se destina a julgar o mérito da causa, e o agravante postula uma decisão favorável em relação ao incidente julgado; c) quando o recurso, qualquer que seja a natureza da decisão judicial recorrida, veicula a pretensão à anulação do ato em virtude de algum *error in procedendo*. A decisão do tribunal em relação a qualquer dessas pretensões é decisão do *mérito do recurso*, ainda quando este não coincidir com o *mérito da causa*; mas também ao julgamento do mérito recursal podem ser opostos certos impedimentos, referentes à admissibilidade do recurso interposto, caso em que o tribunal, antes de pronunciar-se sobre o mérito, apreciará as *preliminares do recurso* (recurso inadequado, falta de preparo, incompetência do tribunal, intempestividade da interposição *etc.*).

Todo julgamento superior que, vencidas as preliminares do recurso, aprecia o seu mérito, tem o efeito de *cassar* a decisão recorrida. Tal é o que parte da doutrina chama *função rescindente* dos recursos, com a observação de que todos eles têm potencial função rescindente.[56] Cassar a sentença, ou rescindi-la, significa retirá-la do mundo jurídico e tolhê-la de efeitos, seja para impedir que os produza ou para cercear os que estejam em curso de produção (execução provisória, efetivação de medidas probatórias, cautelares ou antecipatórias determinadas em decisão interlocutória *etc.*).

> Cassa-se a sentença ou acórdão (a) quando ela ou ele é anulado, para que outro venha a ser produzido na instância de origem, (b) quando seu conteúdo decisório é alterado, invertendo-se o julgamento para que o recorrente seja parte vencedora lá onde era vencida e (c) até mesmo quando o conteúdo da sentença é mantido, reiterando o tribunal o que no juízo inferior se decidira. O mesmo acórdão poderá ter *conteúdo misto*, dividindo-se em capítulos nos quais dá provimento a parte do recurso e nega-se a outra, ou anula-se em parte a sentença e aprecia o mérito de um capítulo não

---

56. *Cfr.* Araújo Cintra, *Sobre os limites objetivos da apelação civil*, cap. V, n. I, esp. p. 74, e cap. VII, n. 2, esp. p. 104. O professor das Arcadas de São Francisco está a falar somente da apelação, que é o tema de seu discurso, mas o que diz é uma regra de amplitude total, abrangendo todos os recursos civis.

anulado *etc.*; nesses casos, cada capítulo deve ser analisado isoladamente, para a determinação dos efeitos que produzirá. Mas, em todos os casos, sendo conhecido o recurso em toda a extensão, a cassação do ato inferior será integral.

82. *efeitos da anulação da decisão*

Ordinariamente, o acórdão que decreta a nulidade do ato recorrido *cassa-o* porque o reduz à ineficácia, mas *não o substitui*, porque não põe outro julgamento em seu lugar: da anulação resulta que os efeitos do ato foram reduzidos a nada e, consequentemente, julgar o mérito nesse momento significaria suprimir um grau jurisdicional. Por isso é que, ao anular o ato recorrido, o tribunal remete o caso de volta à instância de origem, sem nada decidir. Se se tratar de uma *sentença*, cuja tendência é pôr fim ao processo ou à fase cognitiva (art. 162, § 1º), com a anulação a litispendência se prolonga, até quando nova sentença venha a ser proferida e eventualmente passe em julgado; se o ato recorrido for uma decisão interlocutória, o juízo inferior redecidirá sobre o incidente irregularmente decidido.[57] No processo civil italiano, em certos casos a *corte d'appello* é autorizada a desconsiderar a nulidade da sentença apelada, passando ela própria ao julgamento do mérito, sem restituir o processo ao *tribunale*;[58] no Brasil, o novo § 3º do art. 515 abre caminho para se chegar a essa solução de inegável valia prática e legitimidade sistemática, embora seja outra a situação por ele regida de modo direto (*infra*, n. 86).

Por *anulação* entende-se, em primeiro lugar, a cassação da sentença ou decisão por vícios formais. Quer se trate de vícios inerentes ao próprio ato (sentença não motivada *etc.*), quer de vícios decorrentes de vício ou omissão anterior (sentença dada sem intimação da parte a comparecer à audiência), da anulação decorre a necessidade de repetir o ato no mesmo grau jurisdicional – de

---

57. Ao anular a sentença ou decisão a pedido do recorrente, o tribunal profere julgamento sobre o mérito do recurso, embora não esteja a apreciar o *meritum causæ*.

58. *Cfr.* Liebman, *Manuale di diritto processuale civile*, II, n. 327, p. 311.

imediato ou depois de realizadas as providências pertinentes, conforme o caso.

83. efeitos do julgamento pelo mérito do recurso (provimento ou improvimento)

Ao prover ou improver o recurso interposto com o pedido de que o tribunal inverta o teor do julgamento de mérito, fazendo do vencido vencedor e do vencedor, vencido (na causa ou no incidente julgado por decisão interlocutória), o tribunal está *cassando* a sentença ou decisão porque a retira do mundo jurídico para que não mais produza efeitos; e também *substituindo-a* por outra decisão, que é essa que ele próprio está a proferir. Na interpretação do art. 512 do Código de Processo Civil, que fala da substituição do ato inferior pelo superior, a doutrina entende calmamente que essa substituição se dá sempre que o mérito recursal seja julgado,[59] ainda que o recurso seja improvido e, portanto, *confirmada* a sentença ou decisão: a partir da publicação do acórdão, este se reputa o ato julgador da causa ou incidente e a responsabilidade por ele é do órgão julgador do recurso e não do juiz *a quo*. Por isso, se ainda for admissível algum recurso subsequente ao que foi julgado, ele será um recurso *contra o acórdão* e não contra a sentença (ou seja, contra o ato superior e não contra o inferior). Se nenhum recurso se interpuser, *o acórdão* virá a ser imunizado pela preclusão e eventualmente até pela coisa julgada material (se se houver pronunciado sobre o *meritum causæ*) – e não o ato decisório inferior, já previamente retirado do mundo jurídico pelo julgamento superior. A extinção do processo será, nesse caso, obra *do acórdão* e não da sentença recorrida. Eventual ação rescisória poderá ser admitida contra aquele e não contra esta, contando-se depois da prolação do acórdão o prazo para propô-la *etc*.

---

59. Isso não acontece nos embargos de declaração em seus moldes institucionais (sem eficácia infringente), os quais por isso mesmo não podem ser qualificados como verdadeiro recurso.

A substituição mediante provimento de recurso interposto contra sentença *de mérito* (apelação *etc.*) tem o conteúdo de uma nova sentença de mérito, em sentido contrário; se a sentença for terminativa, será substituída por um acórdão não terminativo, de natureza interlocutória, que manda não extinguir o processo – ou que julgue o próprio *meritum causæ*, a teor do disposto no art. 515, § 3º, do Código de Processo Civil.[60] O provimento de recurso contra decisão interlocutória inferior que negou a extinção do processo, repelindo preliminar de carência de ação *etc.*, substitui a decisão recorrida por um acórdão com o efeito de sentença terminativa, i.é, destinado a pôr fim ao processo; nos demais casos a interlocutória reformada é substituída por outra interlocutória (deferimento ou indeferimento de prova ou de tutela urgente *etc.*).

84. sobre os embargos de declaração

Como se sabe, a *Reforma do Código de Processo Civil* unificou a disciplina dos embargos declaratórios, que antes era repartida, figurando os que se opõem contra atos de primeiro grau jurisdicional no capítulo *da sentença* e residindo os embargos contra acórdão entre as disposições sobre *os recursos*. Hoje, todos eles são regidos pelos arts. 535-538 do Código de Processo Civil, que compõem o cap. V do título X do Livro I desse estatuto, ou seja, eles estão incluídos exclusivamente no trato *dos recursos*. Essa tomada de posição do legislador, todavia, não é por si só suficiente para afastar as dúvidas antes existentes sobre a natureza jurídica dos embargos de declaração. Em outros países, medidas com o mesmo objetivo dos embargos declaratórios brasileiros são tratadas como meras providências corretivas de vícios na expressão verbal da sentença. Assim é na Itália, cujo Código de Processo Civil autoriza a *correzione della sentenza* a simples requerimento de parte, em caso de haver o juiz *incorrido em omissões ou em erros materiais ou de cálculo* (c.p.c. it., art. 287); curiosamente e até com alguma pitada de arbitrariedade, a lei brasileira distingue

---

60. O conceito do acórdão como decisão terminativa está presente no § 3º do art. 542 do Código de Processo Civil, introduzido pela lei n. 9.756, de 17 de dezembro de 1998.

o que lá está reunido em uma categoria só, deixando as *inexatidões materiais e erros de cálculo* sujeitas a uma apreciação menos formal como essa do direito italiano (CPC, art. 463, inc. I), mas sujeitando ao procedimento formal dos embargos de declaração os vícios consistentes em *obscuridade, contradição ou omissão* (art. 463, inc. II c/c art. 535, incs. I-II).

Os embargos declaratórios não têm o efeito de devolver o conhecimento da causa a um outro órgão, mas ao próprio juiz ou turma prolatora, o que a rigor não é autêntica devolução, mas mera *regressão* – aquele que já decidiu e que em alguns casos já não poderia inovar no processo (art. 463, *caput*) recebe o caso de volta para corrigir eventuais imperfeições formais de expressão verbal (*supra*, n. 70, texto e nota 43).

Por outro lado, o julgamento dos embargos declaratórios não é institucionalmente destinado a produzir alterações de substância no julgado, limitando-se a suprir omissões, aportar clareza ou retificar eventuais contradições internas. Na linguagem corrente, esses embargos visam a *integrar* a decisão embargada, somando-se ao que nela está sem nada retirar. A sentença ou acórdão que os julga *não cassa* o ato embargado, uma vez que ele permanece íntegro e portador do mesmo conteúdo substancial precedente, apenas *integrado* pelos elementos esclarecedores trazidos na segunda etapa de julgamento. Como consequência de não ser cassada, a sentença ou acórdão também não é objeto de substituição alguma, o que é rigorosamente óbvio porque não se pode por algo em lugar de outra coisa, sem que essa haja sido removida; por outro lado, cassar sem substituir nem remeter o caso a outro julgamento seria criar um vazio decisório no processo (sobre cassação e substituição, *supra*, nn. 80-82).

Ora, a ausência de um autêntico efeito devolutivo não é suficiente, segundo as bases do pensamento brasileiro sobre recursos, para descaracterizar a natureza recursal dos embargos de declaração – havendo na ordem jurídica alguns recursos causadores de mera *regressão*, como os embargos infringentes em execução de baixo valor (LEF, art. 34) e o recurso ao colégio recursal dos juizados especiais (LJE, art. 41). Mas a falta de *cassação* da sentença ou acórdão embargado é um fator que compromete seriamente, ou ao menos deve abalar, a tranquila convicção de que os embargos declaratórios sejam verdadeiro recurso.

Seja como for, eles são parcialmente tratados como recurso pelo Código de Processo Civil e, na prática, parcialmente manejados como se recurso fossem. São sujeitos a prazo preclusivo, os juízes e tribunais costumam empregar em seu julgamento a linguagem do *conhecer*, do *prover* e do *improver* (ou: receber ou rejeitar), eles são decididos pela forma de uma sentença ou acórdão *etc*. Mas a lei não institui a necessidade de colher a *resposta do agravado*, o que teoricamente está em coerência com a finalidade institucional dos embargos, uma vez que eles não devem alterar em substância o que fora decidido, limitando-se a corrigir a expressão verbal do ato embargado (sobre os embargos declaratórios de fins infringentes, sua natureza recursal, necessidade do contraditório *etc.*, v. *infra*. nn. 97 ss.).

85. *a mensagem*

A mensagem trazida na presente exposição consiste em um alerta para a complexidade dos efeitos dos recursos, os quais não se resumem ao binômio devolução-suspensão nem se exaurem no momento em que o recurso é interposto. A suspensão dos efeitos da sentença é um estado em que eles se encontram desde quando publicada esta, quando de antemão já se souber que o recurso cabível terá esse efeito. A devolução não se dá sempre mediante um único ato, sua consumação não é efeito direto e imediato da interposição recursal; e cada um dos atos do procedimento recursal, mediante os quais se compõe o *iter* conducente à devolução completa e acabada, tem os seus efeitos, que também se inserem no quadro dos efeitos inerentes aos recursos. Os juízos negativos de admissibilidade dos recursos, quando não impugnados por outro recurso, têm a eficácia de pôr fim ao procedimento recursal e, se o ato recorrido for extintivo do processo (sentença de mérito ou terminativa), também este será atingido por esse efeito e extinguir-se-á. O conhecimento do recurso é capaz de produzir uma série diversificada de efeitos sobre o ato impugnado e sobre os efeitos que ele pretende produzir, que vão da mera cassação, ocorrida quando o ato é anulado, até à cassação e substituição, quando o recurso é improvido ou é provido para inverter o teor do julgamento. Todos esses pontos foram examinados sem a profundidade que seria necessária em uma tese acadêmica ou trabalho endereçado a um congresso científico, dado que a presente exposição não foi mais que uma conferência destinada a divulgar ideias; daí, inclusive, o tom didático do discurso.

CAPÍTULO VII
O EFEITO DEVOLUTIVO DA APELAÇÃO E DE OUTROS RECURSOS

86. supressão de grau jurisdicional – 87. duplo grau de jurisdição – 88. a medida da inovação trazida pela Reforma – 89. processo "em condições de imediato julgamento" – 90. falsas carências de ação – 91. cont.: falsas ilegitimidades *ad causam* – 92. o pedido recursal e os limites da devolução – 93. dúvidas e questionamentos – 94. outros recursos (não só a apelação) – 95. sentenças *citra petita* – 96. direito intertemporal

86. *supressão de grau jurisdicional*

O § 3º do art. 515 suscita desde logo a questão de seu contraste com o princípio do duplo grau de jurisdição, ao estabelecer que "nos casos de extinção do processo sem julgamento do mérito (art. 267), o tribunal pode julgar desde logo a lide, se a causa versar exclusivamente questão de direito e estiver em condições de imediato julgamento". Essa ideia é ainda reforçada pelo § 4º do art. 515, o qual dispõe que ao tratar de nulidade sanável o tribunal ordenará os atos necessários ao saneamento, sem devolver os autos ao juízo *a quo*.

Toda sentença terminativa é um ato de rejeição da primeira das pretensões colocadas pelo autor diante do juiz, ou seja, da pretensão a haver uma sentença decidindo sobre o *meritum causæ*; ao proclamar a ausência de algum pressuposto para o julgamento do mérito, o juiz limita-se a negar que o autor tenha direito a esse julgamento, deixando portanto intacta a pretensão ao bem da vida.

A pretensão ao bem da vida é a segunda vertente das chamadas *pretensões bifrontes*.[1] Decidir sobre essa segunda pretensão é decidir o mérito, porque este nada mais é que a pretensão trazida do mundo exterior pelo demandante, em busca de reconhecimento ou satisfação mediante ato do Estado-juiz.[2] Mas, na lógica do sistema, sobre o mérito o juiz só decide quando houver superado positivamente o juízo sobre os pressupostos para esse julgamento, a saber: quando ele houver acolhido a primeira das pretensões, afirmando o direito do autor ao julgamento do mérito.

Afirmar o direito do autor ao julgamento do mérito, ou seja, acolher a primeira das pretensões deduzidas, na prática corresponde a rejeitar todas as preliminares opostas pelo réu ou das quais haja cogitado o próprio juiz. O acolhimento das chamadas *exceções peremptórias*, negando o direito ao julgamento do mérito, poria fim ao processo sem julgamento do mérito e seria, portanto, objeto de uma sentença terminativa (*exceptiones litis ingressum impedientes*, como a ilegitimidade ativa ou passiva, incompetência internacional, existência de coisa julgada anterior relativa à mesma causa *etc.*). Acolher uma *exceção dilatória*, como a incompetência absoluta ou mesmo relativa, não significa pôr fim ao processo, nem esse pronunciamento vem em sentença terminativa (mas em decisão interlocutória), embora, no momento, o mérito não possa ser julgado. O § 3º do art. 515 do Código de Processo Civil cuida de modo expresso somente das decisões que extinguem o processo, ou *sentenças terminativas*, mas em alguma medida pode ter aplicação às decisões interlocutórias.

A decomposição analítica das pretensões do autor (pretensão ao julgamento do mérito, pretensão ao bem da vida) permite perceber que ocorre uma supressão de grau jurisdicional sempre que o tribunal destinatário da apelação interposta contra sentença terminativa (que se limitou a apreciar a primeira das pretensões, não se pronunciando sobre a segunda), reformar essa sentença e,

---

1. *Cfr.* Dinamarco, *Instituições de direito processual civil*, II, nn. 434, 443 e 484.

2. *Cfr.* meu ensaio "O conceito de mérito em processo civil", in *Fundamentos do processo civil moderno*, I, nn. 102-119.

dando um passo mais adiante, decidir também a segunda, que não fora objeto de julgamento pelo juiz (a pretensão ao bem da vida). Tradicionalmente, em casos assim cumpria ao tribunal, ao reformar a sentença terminativa e, portanto, afirmar o direito do autor ao julgamento *de meritis*, devolver o processo ao grau inferior, para que sobre este se pronunciasse o juiz. Sempre foi assim no processo civil brasileiro dos dois Códigos, assim é no processo penal do país e tal era um ditame do princípio do duplo grau de jurisdição, dogmaticamente plantado em todo o sistema.

Assim era também a *opinio doctorum*, expressa na palavra de Barbosa Moreira ("é inadmissível que o órgão superior se pronuncie sobre o *meritum causæ* sem antes o tenha feito o juízo inferior"),[3] de Ada Pellegrini Grinover,[4] de Araújo Cintra ("não pode o tribunal de apelação proferir acórdão com julgamento do mérito da causa para substituir a sentença terminativa, sem incorrer em violação ao duplo grau de jurisdição"),[5] de Nelson Nery Júnior.[6] Em argumentação rigorosamente lógica, diz o primeiro deles: "como o apelante, à evidência, não pode impugnar senão aquilo que se decidiu, (...) conclui-se desde logo que a apelação não devolve ao tribunal o conhecimento de matéria estranha ao âmbito do julgamento do órgão *a quo*" – a saber, o conhecimento do *meritum causæ* não decidido na sentença terminativa.[7] O juízo analítico proposto pelo processualista carioca equivale perfeitamente à ideia da *pretensão bifronte* exposta no texto acima. Antes deles todos o clássico Machado Guimarães também parecia sustentar a mesma tese, seja ao dizer que a *apelação como juízo pleno* enfraquece o juízo de primeira instância (de quem é o primado no exercício da jurisdição), seja ao invocar as balizas do

---

3. Cfr. *Comentários ao Código de Processo Civil*, n. 243, esp. p. 441).

4. *Cfr. Os princípios constitucionais e o Código de Processo Civil*, n. 11.3, esp. pp. 151-152.

5. *Cfr. Sobre os limites objetivos da apelação civil*, cap. VI, n. 5, p. 102.

6. *Cfr. Princípios fundamentais – teoria geral dos recursos*, n. 3.2, esp. p. 127.

7. Barbosa Moreira, ob. cit., n. 238, p. 429. Esse raciocínio é acatado e reproduzido por Ada Pellegrini Grinover, ob. e loc. cit.

procedimento oral, que ficariam abaladas quando o tribunal se pronunciasse sobre questões não decididas pelo juiz inferior.[8]

O tema do objeto da apelação civil é geralmente colocado sobre o pano-de-fundo representado pela antiga disputa sobre a natureza e finalidades desse recurso: a apelação volta-se somente contra a sentença como ato processual ou contra o julgamento que ela contém? Abre um novo juízo pleno ou de mera revisão da sentença inferior?[9] Essa questão surge quando se cogita da apelação interposta contra sentença terminativa ou com fundamento na nulidade da própria sentença de mérito, bem como da admissibilidade de novas provas em apelação. Responde Liebman: "objeto da cognição do juiz de segundo grau é diretamente a controvérsia já decidida pelo primeiro juiz, não somente a sentença pronunciada por este e as censuras levantadas contra ela; ou, em outras palavras, o controle da decisão apelada é somente um meio de proceder ao novo exame da controvérsia" *etc*.[10] E Nicola Rascio, bastante conciso: "l'appello riproduce l'originario oggetto del processo".[11] A esse propósito, sugestivamente escreveu o antigo e (ao menos entre nós) pouco conhecido Trigo Loureiro, dizendo que "pela interposição de apelação, os tribunais superiores ficam investidos da mesma extensão de poderes que tinha o juiz da primeira instância por virtude do ato primitivo da citação; neles a causa como que é reproduzida e o processo renasce".[12]

87. duplo grau de jurisdição

Antes e depois da edição do novo parágrafo, a maioria dos autores brasileiros que cuidam do tema costuma associá-lo ao

---

8. *Cfr*: "Limites objetivos do recurso de apelação", cap. III, n. 9, esp. p. 63. O festejado Mestre não estava a examinar diretamente o tema do presente estudo, mas o das novas provas ou novas alegações em apelação; não-obstante, o que diz é de plena pertinência a esse tema, até porque a rica pesquisa apresentada indica textos que a ele se referem expressamente (como o das Ordenações do Reino, que admitiam o que agora o novo parágrafo do art. 515 do Código de Processo Civil brasileiro autoriza).

9. *Cfr*: Machado Guimarães, *Limites objetivos da apelação*, n. 11, esp. p. 66.

10. *Cfr*. ainda *Manuale di diritto processuale*, II, n. 314, p. 295.

11. *Cfr*. *L'oggetto dell'appello civile*, 2ª seção, n. 10, esp. p. 340.

12. *Apud* Machado Guimarães, ob. cit., n. 11, p. 65.

princípio do duplo grau de jurisdição. Assim escreveram Barbosa Moreira, Ada Pellegrini Grinover, Antonio Carlos de Araújo Cintra e Nelson Nery Júnior, referidos logo acima, para sustentar a inadmissibilidade do pronto julgamento *de meritis* pelo órgão julgador da apelação, por infração a esse princípio. Em obra pioneira José Rogério Cruz e Tucci afirma que a inovação comentada transgride não só o princípio do duplo grau como também o do contraditório, caracterizando-se por isso como "o ponto mais negativo de toda a reforma processual".[13]

> Nelson Nery Júnior vê nesse tema apenas uma questão de *competência*, afirmando que ele "nada tem a ver com o duplo grau de jurisdição" porque, quando a lei dá ao juízo inferior a competência para julgar determinada causa, somente com a prolação da sentença de mérito essa competência estará exaurida (art. 463).[14] A correta remissão às regras de competência não desloca porém o foco da questão, porque se continua a indagar: o princípio do duplo grau de jurisdição impõe que se respeite de modo rigoroso a competência do juízo inferior para pronunciar-se pela primeira vez sobre o mérito, ou tolera saltos de grau como esse de que aqui se cuida?

Conforme entendimento geral, o princípio do duplo grau de jurisdição não é uma garantia constitucional nem recebe uma configuração homogênea no tempo e no espaço. Na lição de Chiovenda, ele consiste em que "toda causa, salvos os casos expressamente excepcionados em lei, deve poder passar pela plena cognição de dois órgãos jurisdicionais sucessivamente".[15] Buscando mais precisão, o monografista Oreste Laspro fala do sistema de duplo grau como aquele "em que, para cada demanda, existe a possibilidade de duas decisões válidas e completas no mesmo processo,

---

13. *Cfr. Lineamentos da nova reforma do CPC*, notas 2-3 ao art. 515, pp. 57-60.
14. Ob. e loc. cits.
15. *Cfr. Principii di diritto processuale* civile, § 84, esp. p. 976. Esclarecimento: traduzi *tribunali* como está acima, em atenção à linguagem brasileira e ao significado que o vocábulo *tribunal* tem em nosso sistema, diferente de seu uso italiano.

emanadas por juízes diferentes, prevalecendo sempre a segunda em relação à primeira". Enfoca o aspecto positivo e o negativo desse princípio, para dizer que, pelo positivo, ele contém a inexorável exigência de oferta de ao menos um recurso contra sentenças desfavoráveis de primeira instância, não sendo esse recurso condicionado senão ao requisito da própria sucumbência.[16]

A relatividade histórica do princípio, com o qual não são incompatíveis as ressalvas razoavelmente postas pela lei (Chiovenda), levou Liebman a dizer que "o duplo grau, sendo um instituto inspirado em motivos de oportunidade, não exclui atenuações e compromissos quando for o caso de pôr-se *em confronto com outras exigências eventualmente conflitantes*"[17] (essa ressalva é de destacada importância metodológica, como adiante se procura demonstrar).

O importante, diz ainda o Mestre, é que o princípio do duplo grau deve ser visto como uma *regra geral* inerente ao sistema democrático do processo. Não-obstante as variações a que é institucionalmente sujeito, esse princípio integra o conjunto democrático dos modelos processuais inerentes ao Estado-de-direito e, mais precisamente, a cláusula *due process of law*. Ele representa, agora na lição de Chiovenda, "uma garantia dos cidadãos".

É provavelmente em razão dessa plasticidade que as Constituições políticas evitam erigir o duplo grau à condição de garantia, limitando-se a fixar o princípio. A brasileira de 1988, ao traçar o perfil estrutural do Poder Judiciário, institucionaliza o Supremo Tribunal Federal e o Superior Tribunal de Justiça, disciplina a competência recursal desses órgãos de superposição (art. 102, incs. II-III, e art. 105, incs. II-III) e indica de modo expresso que as Justiças dos Estados contarão com *tribunais e juízes* (art. 92, inc. VII). Dessas disposições infere-se a intenção de oferecer os serviços jurisdicionais a serem prestados em diversos níveis; pode-se também inferir a exigência de que, no âmbito de cada

---

16. Cfr. *Duplo grau de jurisdição no direito processual civil*, n. 2.2.1, p. 19.
17. Cfr. *Manuale di diritto processuale civile*, II, n. 314, esp. p. 297.

Justiça, a lei ordinária garanta o direito a um recurso de devolução plena e condicionada somente à sucumbência, como é a apelação. A própria Constituição deixa nítida, contudo, a opção por negar recursos dessa ordem em relação às causas de competência originária dos tribunais em geral, notadamente dos locais, cujas decisões somente poderão ser objeto de recursos condicionados a requisitos muito específicos, como o extraordinário e o especial.[18] Esse quadro, associado ao completo silêncio constitucional quanto a uma suposta garantia do duplo grau de jurisdição (e a Constituição de 1988 é tão pródiga e explícita ao enunciar garantias), mostra que fica somente o *conselho* (a) ao legislador, no sentido de que evite confinar causas a um nível só, sem a possibilidade de um recurso amplo e (b) ao juiz, para que, em casos duvidosos, opte pela solução mais liberal, inclinando-se a afirmar a admissibilidade do recurso. Essa é a função dos princípios – nortear legislador e juiz, em busca da coerência no sistema e justiça nas decisões, sem se impor de modo absoluto.

> *Os conselhos do legislador.* Na obra de Norberto Bobbio vê--se uma escalada de graus do poder vinculante das normas postas em lei, distinguindo-se por esse aspecto os *comandos*, que são por natureza imperativos, e os meros *conselhos*, que não geram direitos nem obrigações e, portanto, não são de necessária observância. "Non tutte le proposizioni con cui cerchiamo di determinare il comportamento altrui danno luogo ad obblighi. Vi sono modi più blandi o meno vincolanti di influire sul comportamento altrui".[19]
> Um princípio não imposto como garantia não passa de *conselho*, ainda quando plantado na ordem constitucional e mesmo quando

---

18. Dos recursos oferecidos pela Constituição Federal, somente o ordinário não se sujeita a requisitos especiais e implica devolução plena de todas as questões versadas no processo (de fato, de direito, de direito federal, estadual ou municipal, referentes a cláusulas do contrato *etc.*), valendo portanto como verdadeiro *doublé* da apelação (*cfr.* Laspro, *Duplo grau de jurisdição no direito processual civil*, n. 8.1.1, pp. 155-156.); além disso, esse recurso cabe somente em casos muito específicos, como o do mandado de segurança denegado em processo da competência originária dos tribunais (e não quando a segurança é concedida).

19. *Cfr. Teoria generale del diritto*, nn. 24-25, pp. 69 ss.

racionalmente se entenda que sua aplicação é conveniente e, em regra, deve prevalecer.

88. *a medida da inovação trazida pela* Reforma

Não é o caso, além disso e apesar de tudo, de receber com tanto *frisson* o parágrafo do art. 515 do Código de Processo Civil. Essa novidade que nos surpreendeu e chegou a chocar alguns não é tão peculiar à vigente ordem processual brasileira como pareceu. Já nas Ordenações do Reino havia uma disposição muito semelhante a essa, onde se dizia:

> "e se for appellado de sentença interlocutoria, e acharem [*os julgadores*] que foi bem appellado, e que o appellante foi agravado pelo Juiz, que assi o determinem: e não mandem o feito ao Juiz, de que foi appellado, mas vão por elle em diante, e o determinem finalmente, como acharem por Direito, salvo se o appellante e o appellado ambos o requerem, que se torne o feito á terra perante o Juiz, de que foi appellado, porque então se tornará, e será assinado termo, a que o vão lá seguir".[20] É curiosa a justificativa proposta por Pereira e Souza para essa disposição das Ordenações, ao dizer: "a razão he porque o Juiz que huma vez commetteo agravo se torna suspeito".[21]

No direito italiano vigente, a regra geral é a *corte d'appello* julgar o mérito quando acolhe a apelação interposta contra sentença puramente processual (*assolutoria*), só não o fazendo nos casos taxativamente excluídos pela lei. Segundo o art. 354 do *codice di procedura civile*, "fora dos casos previstos no artigo anterior, o juiz da apelação não pode remeter a causa ao primeiro juiz, a não ser que...". A esse propósito, na jurisprudência da Corte de Cassação colhe-se a expressiva afirmação de que "il principio del doppio grado di giurisdizione, del resto, *oltre a non trovare*

---

20. Ord. Filip., L. III, tít. LXVIII, pr. (*cfr. Ordenações do Reino*, II, p. 204). Esse trecho acha-se parcialmente transcrito na obra de Machado Guimarães, cit., n. 10, p. 64.

21. *Cfr. Primeiras linhas sobre o processo civil*, I, nota 642, esp. p. 53; também esse trecho está parcialmente presente no estudo de Machado Guimarães.

inderogabile garanzia costituzionale nel nostro ordinamento, nè specificamente nel sistema processuale, postula soltanto che una domanda o una questione venga successivamente *proposta* a due giudici di grado diverso e non pure che essa venga effettivamente *decisa* da entrambi".[22]

> Ali estão duas balizas muito importantes para a correta delimitação da regra do duplo grau de jurisdição: a) que ela não conta com uma *inderrogável garantia constitucional*; b) que ela não importa a exigência de que toda demanda ou questão seja efetivamente decidida em dois graus, mas somente que seja *proposta* perante os juízos de graus diferentes. Embora a sentença terminativa não haja decidido sobre a pretensão do autor ao bem (segunda vertente das pretensões bifrontes de que venho falando), obviamente essa pretensão havia sido colocada diante do juiz de primeiro grau jurisdicional. No sistema regido pela Constituição Federal brasileira, certas causas não têm às vezes sequer como ser propostas perante um segundo órgão jurisdicional – como são as da competência originária dos tribunais.

Em doutrina, a palavra sempre autorizadíssima de Enrico Tullio Liebman é no sentido de que *o princípio do duplo grau de jurisdição não precisa ter aplicação integral* e, ainda quando a sentença apelada apresente algum vício nulificador, o órgão julgador da apelação não deve anulá-la mas *tratar de pronunciar a nova decisão da causa*.[23] Assim também é o pensamento da doutrina especializada, como se vê na monografia de Nicola Rascio sobre o *objeto da apelação civil*: "o juiz superior é investido do originário objeto da causa, ainda quando, definitiva ou apenas in-

---

22. Sentença n. 5.976 de 1987, *apud* Carpi-Colesanti-Taruffo, *Commentario breve ao codice di procedura civile – complemento giurisprudenziale*, nota 1 ao art. 354, p. 1.095).

23. *Cfr. Manuale di diritto processuale civile*, II, n. 327, p. 311. As palavras do Mestre estão no contexto do exame da apelação contra sentença nula, não precisamente contra a sentença (que nós chamamos) terminativa; logo a seguir, porém, ao elencar os casos taxativos em que a *corte d'appello* devolve o julgamento do mérito ao juízo inferior, ele indica a *reforma da sentença inferior que haja decretado a extinção do processo, nos casos do art. 308* (e, fora desses casos, a própria corte julga o mérito: ob. cit., n. 328, esp. p. 313).

cidentemente, se limite a apreciar a existência de um impedimento afirmado em primeiro grau". Prosseguindo, diz também que a restituição da causa ao juiz inferior não se legitima e fica excluída nos casos não previstos em lei.[24]

O que se extrai dessas observações é que nem o princípio do duplo grau é um óbice irremovível ao que dispõe o § 3º do art. 515 do Código de Processo Civil, nem se pode examinar *sub specie æternitatis* a legitimidade da norma contida neste. Os autores que escreveram sobre o tema antes da *Reforma da Reforma* raciocinaram sobre a base de um direito positivo que já se alterou (Ada Pellegrini Grinover, Araújo Cintra, Barbosa Moreira, Nelson Nery Jr.) e, por isso, suas respeitáveis opiniões estão superadas. Se houvesse um princípio ou disposição normativa superior, capaz de pôr em crise a legitimidade do próprio parágrafo, por ali ele haveria de ser repudiado; mas a razão superior de que se pode cogitar interfere precisamente no sentido de prestigiá-lo – e é a angustiosa aspiração por medidas capazes de agilizar o processo civil e libertá-lo, tanto quanto possível, dos males que vêm determinando insuportáveis retardamentos da efetiva oferta da tutela jurisdicional (garantia constitucional do acesso à justiça). Além disso, como visto, afinal de contas essa inovação não é tão *inovadora*.

89. *processo "em condições de imediato julgamento"*

Essa supressão de grau jurisdicional, agora autorizada, depende estritamente de estar o processo já pronto para o julgamento do mérito. Tal exigência, posta no novo § 3º, liga-se visivelmente às garantias integrantes da tutela constitucional do processo, especialmente às do contraditório e do devido processo legal, que

---

24. *Cfr. L'oggetto dell'appello civile*, seção 2ª, n. 10, esp. p. 342. Na França, todavia, ainda modernamente se diz que, sem embargo da regra da *plenitude da jurisdição da corte de apelação*, "não se opera o efeito devolutivo quando não houve uma decisão de primeira instância, notadamente quando o juiz não decidiu sobre o litígio" *etc.* (*cfr.* Vincent-Guinchard, *Procédure civile*, n. 949, p. 635).

inclui a do direito à prova (Const., art. 5º, incs. LV e LIV). Por isso, de imediato já se exclui a possibilidade do julgamento do mérito pelo tribunal, para julgar a demanda inicial procedente, quando a sentença terminativa houver sido proferida pelo juiz inferior logo ao tomar o primeiro contato com a petição inicial, indeferindo-a (arts. 267, inc. I, e 295) – porque, por mais que o tribunal esteja convencido da razão do autor, a total ausência do réu que ainda não foi sequer citado impede um julgamento *de meritis* em seu desfavor (CPC, art. 285-A) sem que tenha tido a menor possibilidade de participar em contraditório (alegando, provando, argumentando).[25] Também se exclui a aplicação do disposto nesse § 3º quando, mesmo proferida a sentença terminativa depois daquele momento inicial, as partes ainda não hajam esgotado as possibilidades, asseguradas na Constituição e na lei, de produzirem as provas de seu interesse para a vitória na causa. O direito à prova deve ser sempre preservado.

A concreta existência do direito à prova depende da licitude da prova requerida (Const., art. 5º, inc. LXI) e da satisfação de certos requisitos técnico-processuais, como o tempestivo requerimento de sua realização, a relevância em face dos fatos a provar, a pertinência do meio probatório requerido *etc.*[26] Satisfeitos todos esses requisitos e os fatos controvertidos estando ainda em situação de dúvida, julgar a causa sem produzir a prova é atentar contra o direito a esta e, por consequência, contra a garantia constitucional do *due process*.

Processo "em condições de imediato julgamento", segundo as palavras da nova lei, equivale a *processo já suficientemente instruído para o julgamento de mérito*. Não foi feliz o legislador, ao dar a impressão de formular mais uma exigência para a aplicação do

25. O reconhecimento da *decadência*, que o Código de Processo Civil indica como julgamento de mérito (art. 269, inc. IV) pode ser feito logo liminarmente, mas sempre será contrário ao autor e, portanto, favorável àquele que ainda não se encontra integrado ao contraditório processual. O juiz não tem o poder de nessa fase, *rejeitar* a decadência.

26. *Cfr.* Dinamarco, *Instituições de direito processual civil*, III, nn. 782-783.

novo parágrafo, qual seja a de que *a causa verse questão exclusivamente de direito*. Se imposta sem atenção ao sistema do Código de Processo Civil, essa aparente restrição poderia comprometer a utilidade da inovação, ao impedir o julgamento pelo tribunal quando houvesse questões de fato no processo mas já estivessem elas suficientemente dirimidas pela prova produzida. É o que se dá (a) quando todo o procedimento legal já houver sido percorrido perante o juízo de primeiro grau, proferindo o juiz uma sentença terminativa em audiência ou depois dela; b) quando, proferida essa sentença na oportunidade do art. 329 do Código de Processo Civil, estiverem presentes os pressupostos para o *julgamento antecipado do mérito*, segundo um dos incisos do art. 330 deste. Se o réu for revel e ocorrer o efeito da revelia, provavelmente o juiz teria julgado o *meritum causæ* no momento em que proferiu a sentença terminativa, não fora o impedimento a esse julgamento, que ele entendeu existir (art. 319, c/c art. 330, inc. II). A situação é a mesma quando, sem ter ocorrido o efeito da revelia, já não houver prova alguma a ser produzida, o que acontece: a) quando nenhuma prova houver sido requerida pelas partes e não for o caso de o juiz determinar de-ofício a sua realização; b) quando as provas requeridas forem inadmissíveis e assim o juiz entender, não havendo outras a produzir; c) quando todas as questões de fato já estiverem suficientemente esclarecidas pela prova dos autos, notadamente pela documental; d) quando nenhuma questão de fato estiver em debate pelas partes, mas exclusivamente uma ou várias de direito.

Tal é a síntese das hipóteses de julgamento antecipado do mérito, contidas nos dois incisos do art. 330 do Código de Processo Civil. Esse julgamento é admissível sempre que, por algum motivo, não haja provas a produzir no processo – e não haverá provas a produzir, quando nenhuma questão de fato houver sido levantada ou quando houver sido levantada mas já houver sido dirimida pela prova que se produziu.[27] E a síntese das exigências postas no § 3º do art. 515 do Código de Processo Civil é: *julgar*

---

27. *Cfr.* ainda *Instituições de direito processual civil*, III, n. 1.137.

o mérito sem que o haja julgado o juiz de primeiro grau, quando toda a instrução processual já estiver exaurida ou quando, nos termos dos incs. I e II do art. 330, for admissível o julgamento antecipado do mérito.

Razoavelmente e com plena fidelidade ao sistema do Código de Processo Civil e às garantias constitucionais do processo, entenda-se que a locução *se a causa versar exclusivamente questão de direito* foi posta no novo parágrafo com o objetivo único de impedir o salto de grau jurisdicional quando, havendo questões de fato, ainda não hajam sido produzidas todas as provas admissíveis no caso. Ela deve, portanto, ser lida pelo avesso, assim: *se não houver questões de fato ainda dependentes de prova*.

90. falsas carências de ação

Há também os casos em que o juiz inferior, ao julgar o mérito de uma causa, equivocadamente conclui, no dispositivo sentencial, por declarar que extingue o processo sem julgamento do mérito. Isso se dá com significativa frequência em causas com relação às quais alguns sustentam a existência de supostas *condições especiais da ação*, como (a) no mandado de segurança denegado por falta de direito líquido e certo, (b) nas ações de usucapião, não havendo prova da posse adequada por tempo suficiente, (c) nas possessórias sem prova da posse anterior sobre o imóvel pretendido, (d) nos embargos de terceiro, quando o juiz conclui que o embargante está atingido por uma fraude de execução, perpetrada pela parte ao lhe alienar o bem *etc.*

Essas sentenças são verdadeiramente *de mérito e não terminativas*, porque (a) a falta de liquidez e certeza, na linguagem do mandado de segurança, significa falta de prova dos fatos alegados pelo impetrante e toda demanda, quando não amparada pela prova, é improcedente e não, inadmissível;[28] b) segundo o sistema do direito civil, quem possui adequadamente por tempo suficien-

---

28. Tal é a conhecidíssima *regra de julgamento*, que se associa às disposições legais sobre o ônus da prova e que conduz a resultado idêntico ao da prova contrária – com o resultado da improcedência da demanda quando os fatos não

te é dono por usucapião, mas quem não estiver nessa situação não o é;[29] c) em direito possessório, quem exercia a posse e foi ilegitimamente despojado dela tem direito a voltar a possuir (*jus possidendi*) mas quem não a exercia não tem esse direito; d) em princípio quem adquire um bem não responde pelas obrigações do alienante, mas o que adquire bem vendido em fraude de execução responde, sim – sem contudo deixar de ser um terceiro em relação à execução (terceiro que responde, mas sempre *terceiro*).

Essas são falsas sentenças de carência de ação, porque todas elas estão, verdadeiramente, a julgar improcedente a demanda proposta. Estamos sempre no campo do direito substancial puro, não do processual das condições da ação e da carência desta – e tanto que, se o juiz entendesse o contrário e afastasse essas falsas preliminares, ele concederia o mandado de segurança, julgaria procedente a demanda de usucapião, outorgaria a proteção possessória ao autor, liberaria da constrição executiva o bem do terceiro *etc.*

Situação curiosa! O inverso das "carências de ação" pronunciadas nesses casos seria a procedência da demanda, sem sobrar espaço para a improcedência.

Quando se tem pela frente uma dessas falsas sentenças terminativas, sequer seria necessário o § 3º do art. 515 do Código de Processo Civil, para que o tribunal, afastando o equivocado enquadramento jurídico feito pelo juízo inferior, viesse a julgar *de meritis*. Não há sequer a mais tênue insinuação de supressão de grau jurisdicional no julgamento do mérito pelo tribunal, quando ele dá provimento à apelação interposta contra a sentença que se auto intitula *terminativa*, mas na realidade está a julgar o mérito.

> Obviamente, o novo julgamento de mérito, especialmente quando for no sentido da *procedência* de uma dessas demandas, é condicionado ao prévio exaurimento das possibilidades proba-

provados são constitutivos do alegado direito do autor – *cfr.* Dinamarco, *Instituições de direito processual civil*, III, n. 801.

29. *Cfr.* Dinamarco, *Fundamentos do processo civil moderno*, II, nn. 757-764.

tórias ou à desnecessidade de provar (*supra*, n. 89), sob pena de transgressão a sadias garantias constitucionais do processo. Se o juiz declarou extinguir sem julgamento do mérito o processo da ação de usucapião *etc.*, fazendo-o antes da fase instrutória e por isso existindo ainda questões de fato a dilucidar, o julgamento *de meritis* pelo tribunal afrontaria o direito à prova e, consequentemente, a garantia do *due process*.

91. cont.: *falsas ilegitimidades* ad causam

Às hipóteses acima consideradas acrescem-se ainda as *falsas ilegitimidades "ad causam"*, como no caso do réu que figura nos registros oficiais como dono do veículo envolvido em um acidente, mas já o havia vendido antes e faz a prova desse fato. Sendo pacífica a jurisprudência no sentido de que ele é um ex-dono, os tribunais costumam declarar, em hipóteses assim, que o autor carece de ação em face do réu, por falta de legitimidade *ad causam* passiva. Não é isso! Pela lei civil, o dono tem a obrigação de indenizar pelos fatos da coisa, mas, obviamente, o ex-dono não tem análoga obrigação – pela simples razão de que o ex-dono é, no momento em que o dano foi causado, um não-dono. Também aqui, a falta de prova da venda, ou a prova de que o réu não vendera o veículo seria fator para a procedência da demanda do autor, passando-se diretamente de uma "carência" para a procedência, sem deixar espaço para a improcedência. Se as oportunidades probatórias já estiverem exauridas, o tribunal reputa-se investido do poder de decidir *de meritis*, independentemente da autorização dada pelo § 3º do art. 515, e sem qualquer colisão com o princípio do duplo grau.

92. o pedido recursal e os limites da devolução

O art. 515 do Código de Processo Civil (*caput*) atribui ao recorrente o ônus de pedir ao tribunal tudo quanto pretenda haver dele, sob pena de o recurso não operar toda a devolução em tese possível e, portanto, não poder o órgão *ad quem* decidir sobre tudo quanto pudesse interessar a quem recorre. Tal é o significado desse dispositivo, ao estabelecer que "a apelação devolverá ao tribunal a matéria impugnada", não devolvendo o que não houver sido pedido nas razões recursais (*supra*, n. 65). Quando a sentença apelada é de mérito, e todos ou vários dos pedidos do autor houverem sido rejeitados por improcedência, ele optará por recorrer somente no tocante a um deles, a vários ou a todos. O que não houver sido objeto do recurso não poderá ser conhecido pelo tribunal.

> O disposto no art. 515 é, *mutatis mutandis,* similar à regra pela qual juiz algum decidirá sobre matéria que não houver sido incluída no pedido formulado em petição inicial. O juiz julga nos limites desse pedido (arts. 128 e 460 – *ne eat judex ultra vel extra petita partium*) e o tribunal, nos limites do pedido recursal (art. 515, *caput*).

Essa observação coloca o problema dos limites objetivos do julgamento possível pelo tribunal nas hipóteses autorizadas pelo § 3º do art. 515, quando o recorrente houver pedido exclusivamente a reforma da sentença terminativa – nada postulando quanto ao julgamento *de meritis*, ou pedindo expressamente que o tribunal *não julgue* o mérito. É até possível que essa omissão ou explícita limitação do apelo corresponda à intenção do recorrente de, na volta dos autos ao primeiro grau, ainda realizar provas de seu interesse. Mas, caso a caso, sentindo o tribunal que não há prova alguma a produzir e, portanto, não há qualquer direito à prova a ser preservado, ele estará autorizado a valer-se do que o novo parágrafo permite, sendo seu dever explicitar as razões desse entendimento (dever de motivação – Const., art. 93, inc. IX, e CPC, arts. 131 e 458, inc. II). Essa situação é muito provável, quando a sentença terminativa houver sido proferida depois de cumprido todo o procedimento em primeiro grau jurisdicional e, portanto, depois de encerradas todas as oportunidades instrutórias, sem que as partes tivessem mais qualquer coisa a fazer no processo, seja em termos de provas, seja de alegações. Não há quebra do *due process of law* nem exclusão do contraditório, porque o julgamento feito pelo tribunal incidirá sobre o processo *precisamente no ponto em que incidiria a sentença do juiz inferior*, sem privar as partes de qualquer oportunidade para alegar, provar ou argumentar – oportunidades que elas também já não teriam se o processo voltasse para ser sentenciado em primeiro grau jurisdicional. Mas é claro que, se ainda houver alguma dúvida quanto aos fatos relevantes para o julgamento e as oportunidades probatórias do processo não estiverem exauridas, o julgamento do mérito pelo tribunal é inadmissível e o feito deve ser restituído à instância de origem, para que prossiga.

Em suma: a) o tribunal julga o mérito quando o próprio juiz o julgaria e, portanto, quando na devolução ao primeiro grau nada mais haveria a fazer do que julgar o mérito; b) o tribunal restitui a causa à origem, para que prossiga quando ainda faltarem provas ou providências de qualquer ordem, a serem realizadas. Esse é o significado da locução "se a causa [...] estiver em condições de imediato julgamento", contida no § 3º do art. 515 do Código de Processo Civil.

93. *dúvidas e questionamentos*

Em crítica ao dispositivo, sustenta José Rogério Cruz e Tucci que "essa novidade amplia de modo substancial a extensão do efeito devolutivo da apelação, permitindo que o juízo recursal extravase o âmbito do dispositivo da sentença de primeiro grau e, por via de consequência, o objeto da impugnação" – sendo esse o principal fundamento de sua opinião contrária a essa inovação.[30] Antes da vigência do parágrafo, extravasar os limites da sentença ou da própria apelação seria uma ilegalidade manifesta, porque (a) só se podendo recorrer do que foi decidido e, obviamente, não do que não o foi, e (b) só podendo o tribunal julgar nos limites do que foi apelado e não do que não o foi, a consequência natural era que (c) o julgamento da causa fosse rigorosamente proibido pelo *caput* do art. 515 do Código de Processo Civil (Barbosa Moreira,

---

30. *Cfr. Lineamentos da nova reforma do CPC*, notas 2 e 3 ao art. 515, pp. 57-58.

cit.). Mas o § 3º do mesmo artigo derrogou parcialmente essa regra, ao estabelecer que, nas situações que indica, o tribunal se reputa investido do poder de decidir o mérito, apesar de não o ter feito o juiz inferior e ainda quando não o haja pedido o apelante. *Legem habemus.* E, como já se viu, essa inovação não transgride qualquer garantia constitucional nem é capaz de aportar prejuízos a quem quer que seja – ao contrário, poderá contribuir para maior agilidade e rapidez na oferta da tutela jurisdicional, o que a legitima.

Também já se ouviram vozes no sentido de que o § 3º do art. 515 do Código de Processo Civil abriria caminho a uma ilegítima *reformatio in pejus*. Teme-se que o autor, ao apelar contra a sentença terminativa, fique sob o risco de receber do tribunal uma decisão mais gravosa a seus interesses, do que a decisão contida na sentença da qual apelou: se ao julgar o mérito o tribunal pronunciar a *improcedência* da demanda inicial, essa será a negativa do próprio direito pleiteado pelo autor e, por ser de mérito, tal julgamento poderá ficar definitivamente coberto pela autoridade da coisa julgada material. Torna-se porém ao que vem sendo dito: o julgamento *de meritis* que o tribunal fizer nessa oportunidade será o mesmo que faria se houvesse mandado o processo de volta ao primeiro grau, lá ele recebesse sentença, o autor apelasse contra esta e ele, tribunal, afinal voltasse a julgar o mérito. A novidade representada pelo § 3º do art. 515 do Código de Processo Civil nada mais é do que um *atalho,* legitimado pela aptidão a acelerar os resultados do processo e desejável sempre que isso for feito sem prejuízo a qualquer das partes; ela constitui mais um lance da luta do legislador contra os males do tempo e representa a ruptura com um velho dogma, o do duplo grau de jurisdição, que por sua vez só se legitima quando for capaz de trazer benefícios, não demoras desnecessárias.

Por outro lado, se agora as regras são essas e são conhecidas de todo operador do direito, o autor que apelar contra a sentença terminativa fá-lo-á com a consciência do risco que corre; não há infração à garantia constitucional do *due process* porque as regras do jogo são claras e isso é fator de segurança das partes, capaz de evitar surpresas.

E pergunta-se: tecnicamente pode-se caracterizar como *reformatio in pejus* o julgamento do mérito pelo tribunal, quando o mérito não fora julgado pelo juiz inferior? Não há como comparar a decisão *de meritis* do tribunal com uma decisão *de meritis* que não existia no processo. A piora substancial que ao autor se impuser é, como dito, inerência do sistema e, por não constituir surpresa alguma, não colide com as garantias que dão corpo ao direito processual constitucional. Mais uma pergunta bastante pragmática: e se o tribunal, ao reformar a sentença terminativa, julgar o mérito a favor do autor-apelante?

Objetou-se ainda que o julgamento da causa pelo tribunal poderia fechar as portas a um possível recurso extraordinário ou especial, porque o apelante ou o apelado seria colhido de surpresa, sem haver prequestionado pontos de direito de seu interesse – sabendo-se que o *prequestionamento* é um requisito rigorosamente imposto pela jurisprudência dos tribunais de superposição (Súmulas nn. 286 e 356 STF e 255 STJ). Esse mal haveria, se as partes pudessem realmente ser colhidas de surpresa, recebendo um inesperado julgamento *de meritis* não pedido, talvez até não querido e de previsão impossível ou muito difícil. Tal surpresa não ocorrerá, todavia, a partir de quando a lei deixa claro que esse julgamento poderá ser feito. Diante da expressa possibilidade de o julgamento da causa ser feito pelo tribunal que acolher a apelação contra sentença terminativa, é ônus de ambas as partes prequestionar em razões ou contrarrazões recursais todos os pontos que depois pretendam levar ao Supremo Tribunal Federal ou ao Superior Tribunal de Justiça. Elas o farão, do mesmo modo como fariam se a apelação houvesse sido interposta contra uma sentença de mérito. Assim é o sistema posto e não se vislumbra o menor risco de mácula à garantia constitucional do *due process of law*, porque a lei é do conhecimento geral e a ninguém aproveita a alegação de desconhecê-la, ou de não ter previsto a ocorrência de fatos que ela autoriza (LICC, art. 3º).

94. outros recursos (não só a apelação)

Embora situado no capítulo *da apelação* (CPC, arts. 513 ss.), o § 3º não faz referência explícita a essa modalidade recursal nem manda que a nova técnica se restrinja a ela. Além disso, a própria regra de devolução limitada aos termos do pedido recursal (art. 515, *caput*) é em si mesma dotada de uma eficácia bastante ampla, aplicando-se a todos os recursos e não só à apelação.[31]

A teor do art. 515, *caput*, não se admite, p.ex., que ao julgar o agravo interposto pela parte com o pedido de realização de uma prova indeferida pelo juiz, o tribunal decida também sobre um pedido de tutela antecipada, rejeitado no mesmo ato recorrido, mas não tratado no recurso interposto. O mesmo se dá quando o voto minoritário proferido em apelação acolhia dois ou vários pedidos do autor e este, ao opor embargos infringentes, limitou-se a pedir o acolhimento de um deles, silenciando quanto ao mais – e assim por diante, nos demais recursos.

Está aí, portanto, a questão da dimensão do disposto pelo citado parágrafo do art. 515 – se ele abrange apenas o recurso de apelação, ou também outros. Figure-se a hipótese da decisão *interlocutória* com que o juiz determina a realização de uma prova e a parte manifesta *agravo de instrumento* com o pedido de que essa prova não seja realizada: se o tribunal aceitar os fundamentos do recurso interposto, para que a prova não se realize, e entender também que nenhuma outra existe a ser realizada, é de rigor que passe desde logo ao julgamento do *meritum causæ*, porque assim é o espírito da *Reforma* – acelerar a oferta da tutela jurisdicional, renegando mitos seculares, sempre que isso não importe prejuízo à efetividade das garantias constitucionais do processo nem prejuízo ilegítimo às partes. Pense-se também no caso da apelação julgada com a pronúncia de uma carência de ação, havendo um

31. "O art. 515 do Código de Processo Civil, situado embora no capítulo *da apelação* e aludindo nominalmente a essa espécie recursal, é portador de uma regra geral em tema de devolução recursal nos limites da vontade do recorrente – a de que *todo recurso devolve ao tribunal exclusivamente a matéria indicada pelo recorrente*" (*supra*, n. 65).

voto vencido que afastava essa preliminar: nos *embargos infringentes* opostos pelo vencido, é de toda legitimidade o julgamento do mérito pela turma julgadora, desde que presentes os requisitos postos no § 3º do art. 515.

Mas dificilmente o *agravo de instrumento* figurado acima seria conhecido como tal porque, não sendo caso de urgência, o relator o converteria em agravo retido (CPC, art. 527, inc. II, c/c art. 522). Nos tribunais em que os embargos infringentes são julgados pelos mesmos integrantes da turma julgadora da apelação, com acréscimo de outros julgadores (como o Tribunal de Justiça de São Paulo), seria até absurdo mandar que o processo voltasse para o julgamento da apelação, sabendo-se que todos os integrantes da turma julgadora desta já estão presentes no julgamento dos embargos infringentes.

No recurso especial e no extraordinário é mais problemática a operacionalização da técnica permitida por esse parágrafo, dada sua sujeição a pressupostos de admissibilidade muito precisos e consequente estreiteza da devolução possível. Mesmo assim, quando satisfeitos aqueles requisitos e os do próprio § 3º do art. 515 do Código de Processo Civil, não deixa de ser razoável que também o Supremo Tribunal Federal e o Superior Tribunal de Justiça pratiquem o que ele preconiza, sem prejuízo às partes e para a efetividade de uma Justiça mais rápida, ou menos morosa do que é.

Considerados o teor de significado sistemático do § 3º do art. 515 do Código de Processo Civil, é de augurar que o Superior Tribunal de Justiça reveja seu atual entendimento de que é cabível o recurso especial contra o acórdão local que haja rejeitado os embargos declaratórios e não contra o próprio acórdão embargado. Se estiverem presentes todos requisitos para aquele recurso, prequestionamento inclusive, manda a *mens* daquele dispositivo que se poupe às partes essa incômoda duplicação de recursos.

95. *sentenças* citra petita

Também em apelação contra sentença de mérito omissa quanto a um dos pedidos postos no processo (pedido cumulado, reconvenção *etc.*), cumprirá ao tribunal decidir a respeito, sempre que a causa esteja madura para o julgamento do pedido negligenciado. Não será o caso de devolver os autos para que o faça o juiz inferior e, muito menos, de anular o que foi julgado por conta do que não o foi.[32] O julgamento pelo tribunal, em hipóteses assim, constitui desdobramento rigorosamente legítimo do disposto no § 3º do art. 515 do Código de Processo Civil e de seu espírito agilizador, sendo fortíssima a analogia entre a sentença terminativa, cuja reforma pode conduzir ao julgamento do mérito, e a sentença de mérito que deveria conter um capítulo a mais, mas que por indevida omissão não o contém. Em ambos os casos teremos um julgamento de mérito pelo tribunal, sem que o mérito houvesse sido julgado pelo juiz inferior (mérito da causa como um todo na primeira hipótese e mérito de um dos pedidos, na segunda delas).

Os capítulos efetivamente postos na sentença, julgando algum ou alguns dos pedidos pendentes, não ficam inquinados pela falta de um outro capítulo, que deveria existir mas foi omitido pelo juiz: se eles não forem em si mesmos portadores de vício algum, anulá--los seria como inutilizar todo o fruto de uma plantação, pelo motivo de uma parte da roça nada haver produzido (*utile per inutile non vitiatur* – princípio da conservação dos atos jurídicos – CPC, art. 248). Além disso, anular os capítulos sentenciais favoráveis ao autor, quando ele veio ao tribunal reclamar apenas da omissão quanto a algum outro de seus pedidos, implicaria uma inadmissível *reformatio in pejus* e ultraje à coisa julgada incidente sobre os capítulos julgados e não recorridos (art. 515, *caput*).

96. *direito intertemporal*

Ainda quando proferida a sentença terminativa antes da vigência da lei nova, essa circunstância não impede a aplicação imediata desta, porque inexiste um suposto direito adquirido do réu vencedor, em conflito com o que ela dispõe. O julgamento da apelação é um *fato futuro e incerto* e direitos adquiridos o réu só

---

32. *Cfr.* Dinamarco, *Capítulos de sentença*, n. 40, p. 89.

teria se ela não houvesse sido interposta no prazo (coisa julgada formal) – e, como é inerente ao sistema de direito intertemporal, somente se preservam situações já consumadas e reveladas pela coisa julgada, pelo ato jurídico perfeito ou pelo direito adquirido (Const., art. 5º, inc. XXXVI e LICC, art. 6º). Como se sabe, a aplicação dessa regra fundamental ao processo civil leva em conta os atos já realizados e os efeitos por eles já produzidos, sem se importar com as fases do procedimento[33] – sendo isso suficiente para preservar a *segurança jurídica*, que é o valor cultuado nas tradicionais garantias contra a retroatividade da lei (José Afonso da Silva).[34] Não é lícito impor o comando contido em uma lei, sem que, ao menos ao tempo em que o ato se realizou, ele fosse conhecido (Andrea Torrente), mas o sistema não repele que o recurso interposto já sob o regime da lei nova opere toda a devolução que esta permite, ainda quando as regras sobre a devolução fossem menos amplas ao tempo da prolação da sentença. Por isso, é lícito ao tribunal realizar, se estiverem presentes os requisitos para tanto, o julgamento do *meritum causæ* em caso de provimento da apelação interposta contra sentença proferida ainda sob a lei velha.

> É todavia para lá de óbvio que, havendo sido julgado *o recurso* antes da vigência da nova lei, aí sim existe uma situação consumada a preservar e não será possível retroceder, dando eficácia retroativa à lei. *Tempus regit actum* e, por isso, não se pode por meio algum pretender que o tribunal venha a acrescer uma nova decisão de mérito não contida em seu julgamento realizado antes da implantação legislativa do novo parágrafo do art. 515 do Código de Processo Civil.

Se o recurso já estiver interposto ainda na vigência da lei velha, a aplicação imediata do § 3º do art. 515 traz o perigo de violar situações consumadas, porque no momento de recorrer ou de contra-arrazoar as partes não tinham diante de si o risco de um insucesso redobrado, como é esse autorizado pelo novo dispositi-

---

33. *Cfr.* Dinamarco, *A Reforma da Reforma*, nn. 14-20, pp. 45-55.
34. *Cfr. Curso de direito constitucional positivo*, pp. 433 ss.

vo; provavelmente, não terão tomado o cuidado de demonstrar ao tribunal os pontos de seu interesse para a procedência ou para a improcedência da demanda, nem prequestionado pontos jurídicos com vista a eventual recurso especial ou extraordinário. Nesse caso, a aplicação da lei nova seria retroativa e, portanto, inconstitucional.

CAPÍTULO VIII
OS EMBARGOS DE DECLARAÇÃO COMO RECURSO

97. natureza jurídica – excepcionalidade de sua eficácia infringente – 98. primeiro grupo de hipóteses: suprimento de uma omissão – 99. segundo grupo de hipóteses: decisões absurdas – excepcionalidade – 100. onde há escopo infringente os embargos são um recurso – 101. infringência, natureza recursal, contraditório – 102. efeito modificativo: sua excepcionalidade sistemática – 103. ainda a excepcionalidade: resenha jurisprudencial – 104. embargos declaratórios e erro material

97. *natureza jurídica – excepcionalidade de sua eficácia infringente*

Já não sou um ferrenho opositor da natureza recursal dos embargos de declaração, como no passado fui. Continuo entendendo que *em sua pureza conceitual* eles não são um recurso, mas reconheço que essa pureza nem sempre está presente e, sempre que abram caminho a alguma alteração substancial no julgado, eles se conceituam como autêntico recurso.[1] Essa é uma solução intermediária e creio que a distinção proposta merece atenção.

É conhecida a sátira de Sérgio Bermudes ao Código de Processo Civil, feita ao dizer que o legislador de 1973 estaria a merecer que contra ele se lançassem uns embargos declaratórios, porque colocou os embargos contra sentença no capítulo *da sentença* e

---

1. Passei a ver as coisas assim, a partir da redação do livro *A Reforma do Código de Processo Civil* (v. n. 139, p. 202; n. 144, pp. 205-206).

os embargos contra acórdão no capítulo dos *recursos*. Qual seria a verdadeira natureza desse meio de impugnação, senhor legislador? Mera providência corretiva, ou recurso? Essa contradição precisava ser aclarada.[2] E ela o foi pela *Reforma do Código de Processo Civil*, que unificou o trato desse remédio processual, agora todo ele concentrado no capítulo *dos recursos* (arts. 535 ss.). Hoje, desenganadamente o direito positivo o reputa um recurso, mas a questão conceitual permanece aberta. Os embargos declaratórios exercem efetivamente a função que os recursos têm, ou alguma outra?

Digo que *em sua pureza* esses embargos carecem de natureza recursal, sendo antes uma providência destinada a corrigir formalmente a sentença, porque não visam e não têm a eficácia de provocar alterações substanciais no *decisum*. Lidos em harmonia com o disposto no art. 463, *caput*, do Código de Processo Civil, os embargos declaratórios não devem importar inovação substancial do julgado, porque, ao publicar este, o juiz terá *cumprido e acabado* o ofício jurisdicional posto a seu cargo. Eliminam-se contradições, suprem-se lacunas de motivação, mas o *decisum* permanece o mesmo. O vencido deve continuar vencido e o vencedor, vencedor. Vistos assim, tais embargos caracterizam-se como autêntico meio de *correção e integração* da sentença mediante seu aperfeiçoamento formal, não meio de impugnação do *preceito substancial* que ela exprime,[3] ou do significado substancial de seu conteúdo preceptivo.

Lembre-se o pensamento de Pontes de Miranda, segundo o qual "há mais meios de impugnação do que recursos, posto que todo recurso seja meio de impugnação".[4] A locução *meios de impugnação* é empregada ali com o mesmo significado de *remédios processuais*, da linguagem de Carnelutti. Abrange todos os recursos, mas não se exaure neles. Exemplos de meios de impugnação sem natureza recursal são a ação rescisória brasileira, a reclamação aos tribunais (*infra*, n. 105), os embargos à execução em certa

---

2. *Cfr. Comentários ao Código de Processo Civil*, VII, n. 197, esp. p. 208.
3. *Cfr.* Gabriel Rezende Filho, *Curso de direito processual civil*, III, n. 909, p. 120.
4. *Cfr. Comentários ao Código de Processo Civil*, VII, nota 3 ao cap. I do tít. X, p. 4.

medida e, também na medida do que aqui se expõe, os embargos declaratórios.

No desenvolvimento do uso dos embargos declaratórios, no entanto, vê-se que não raras vezes eles transcendem essa configuração de pureza e não se voltam, portanto, exclusivamente a aclaramentos sem a mínima potencialidade de interferir nos rumos do julgamento. Ocorrem situações especiais em que de alguma forma eles podem inverter sucumbências, reduzi-las ou alterá-las de algum modo. São de duas ordens essas situações, como a seguir se expõe.

98. *primeiro grupo de hipóteses: suprimento de uma omissão*

A primeira hipótese de legítima eficácia infringente dos embargos declaratórios vem da própria sistemática desse remédio processual, conforme concebida pelo legislador e presente nos termos explícitos do art. 535 do Código de Processo Civil. A situação em que essa eficácia se manifesta de modo mais agudo é a dos embargos fundados em *omissão* sobre algum dos pedidos cumulados, ou sobre algum fundamento da demanda ou da defesa (art. 535, inc. II). A decisão que supre omissões dessa ordem pode ter repercussão direta sobre o julgamento do mérito, até mesmo para inverter substancialmente o teor do julgamento. Pensar, p.ex., na sentença que se omite por completo sobre a *prescrição* alegada pelo réu e julga procedente a demanda inicial. Ao suprir essa omissão em sede de embargos declaratórios, o juiz pode, legitimamente e sem a mínima infração ao sistema, acolher a defesa omitida e, ao acolhê-la, alterar radicalmente a conclusão do decisório – extinguindo, pois, o processo com julgamento do mérito a favor do réu e não mais do autor.[5] É explícito o Regimento Interno do Supremo Tribunal Federal, ao estabelecer que os embargos de declaração limitar-se-ão a suprir obscuridade, contradição ou lacuna do acórdão embargado, "salvo se algum outro aspecto

---

5. *Cfr.*, substancialmente nesse sentido, Barbosa Moreira, *Comentários ao Código de Processo Civil*, n. 304, esp. pp. 553-554.

da causa tiver de ser apreciado como consequência necessária" (RISTF, art. 338). Nesses casos, sendo pedida pelo embargante e podendo ser concedida pelo juiz uma alteração substancial no teor do *decisum*, os embargos declaratórios são dotados de desenganada feição recursal.

Pensando provavelmente em casos assim, Sérgio Bermudes afirmou que esses embargos se caracterizariam sempre como recurso porque nunca seria possível traçar uma linha distintiva muito nítida entre a *ideia* da sentença e sua *fórmula*. Invoca Francesco Carnelutti na assertiva de que "può darsi che la ingiustizia del provvedimento derivi non tanto dall'idea, quanto dalla formula".[6] Nesse sentido, afirmou o Superior Tribunal de Justiça: "os embargos declaratórios podem ter efeito modificativo se, ao suprir-se a omissão, outro aspecto da causa tenha de ser apreciado como consequência necessária" (redação muito parecida com a do art. 338 do Regimento Interno do Supremo Tribunal Federal, referido logo acima).[7]

99. *segundo grupo de hipóteses: decisões absurdas – excepcionalidade*

Mais ainda se evidencia excepcional a natureza recursal dos embargos declaratórios, quando se consideram as aberturas pretorianas à sua *eficácia infringente* em casos extraordinários de decisões absurdas – e esse é o segundo grupo de hipóteses nas quais ditos embargos são dotados de legítima carga de infringência (*infra*, nn. 100-101). Nesses casos, o que o embargante busca é abertamente a substituição de um *decisum* por outro, com inversão da sucumbência – ou seja, ele busca uma nova decisão que faça do vencido um vencedor e do vencedor, um vencido. Não é mais afastar contradições, nem mesmo apreciar o não apreciado. É reapreciar o já apreciado, decidindo de novo o já decidido, com a esperança do embargante por uma decisão favorável, que substitua a desfavorável. Aqui é recurso.

6. *Cfr.* Carnelutti, *Sistema di diritto processuale civile*, I, n. 568, esp. p. 541; Bermudes, *Comentários ao Código de Processo Civil*, VII, n. 198, esp. p. 210.

7. *Cfr.* STJ, 3ª T., REsp 63.358, j. 18.8.96, rel. Eduardo Ribeiro, *DJU* 19.8.96. O Regimento Interno do Superior Tribunal de Justiça não contém análoga disposição.

Parte-se da ideia de que recurso é um ato de inconformismo, mediante o qual a parte pede nova decisão diferente daquela que lhe desagrada.[8] Recorre-se da decisão que acolhe ou rejeita alguma pretensão no curso do processo sem pôr-lhe fim (decisões interlocutórias), recorre-se de decisões que podem pôr fim ao processo com ou sem julgamento do mérito, ou à sua fase cognitiva (sentenças), recorre-se de decisões tomadas pelos tribunais (acórdãos) – sempre em busca de um novo julgamento capaz de reverter a sucumbência, ou seja, a derrota suportada em razão da decisão recorrida. "Está implícita no conceito de recurso a ideia de uma oposição, de um ataque – recorrer de uma sentença significa denunciá-la como errada e pedir uma nova sentença que remova o dano injusto causado por ela" (Liebman).[9]

Como se vê na jurisprudência viva dos tribunais brasileiros, notadamente do Superior Tribunal de Justiça, são superlativamente extraordinárias as hipóteses de infringência integrantes do segundo grupo aqui considerado, porque destoam da notória finalidade específica dos embargos de declaração – os quais, como o nome diz e as hipóteses do art. 535 do Código de Processo Civil confirmam, visam institucionalmente a *aclarar* e não a remover sucumbências. A jurisprudência dos tribunais admite os embargos declaratórios com objetivo infringente em casos teratológicos, como (a) o erro manifesto na contagem de prazo, tendo por consequência o não conhecimento de um recurso, (b) a não inclusão do nome do advogado da parte na publicação da pauta de julgamento, (c) o julgamento de um recurso como se outro houvesse sido interposto, (d) os erros materiais de toda ordem *etc.* – mas, como reiteradamente adverte de modo muito severo o Superior Tribunal de Justiça, "apenas em caráter excepcional, quando manifesto o equívoco e não existindo no sistema legal outro recurso para a correção do erro cometido".[10]

---

8. *Cfr.,* por todos, Nelson Nery Júnior, *Princípios fundamentais – teoria geral dos recursos,* n. 2.1, esp. p. 18.
9. *Cfr. Manuale di diritto processuale civile,* II, n. 288, esp. p. 253.
10. *Cfr.* STJ, 4ª T., REsp 1.757, j. 13.3.90, rel. Sálvio de Figueiredo, v.u., *DJU* 9.4.90, p. 2.745.

Têm caráter teratológico e também ficam expostos aos embargos declaratórios de fins infringentes algumas sentenças ou acórdãos, que vez por outra se veem, julgando uma causa em vez de outra, rejeitando preliminares não suscitadas *etc.* Coisas do computador...

100. *onde há escopo infringente os embargos são um recurso*

Como consequência do que foi dito acima, conclui-se que (a) os embargos declaratórios não têm natureza recursal quando destinados, conforme sua concepção pura contida em clássicas definições, a meros aclaramentos do julgado, sem interferir em seu teor substancial, mas (b) eles são autêntico recurso quando se dá o contrário, a saber, quando são opostos com o objetivo de inverter sucumbências. Repita-se: recurso é um ato de inconformismo, mediante o qual a parte pede nova decisão substancialmente discrepante daquela que lhe desagrada. Só há recurso quando se pede *novo julgamento* da causa ou de alguma demanda sobre a qual se haja pronunciado o juiz no curso do processo. Em sua feição pura, os embargos declaratórios não veiculam pedidos de novo julgamento, mas eles o fazem quando carregados do intuito de infringência.

Colocada essa distinção no plano dos efeitos dos recursos e de seu julgamento, os embargos puramente declaratórios carecem dessa natureza porque seu resultado será somente o de *integrar* o ato judicial embargado; não se cassa esse ato, retirando-o do mundo jurídico, nem se substitui por outro, como no julgamento de um autêntico recurso. Os fenômenos da *cassação e substituição* são inerentes ao julgamento de todo recurso (*supra*, nn. 80-82).[11]

Não se deve portanto chegar ao ponto de afirmar que, havendo o Código de Processo Civil alocado todos os embargos declaratórios no capítulo *dos recursos* (quer quando opostos a sentença,

---

11. Fica a ressalva dos casos em que o julgamento do recurso não cassa nem substitui, o que acontece quando ele não é conhecido; e aqueles em que ele cassa mas não substitui, como quando é dado provimento para anular o ato recorrido e não para reformá-lo (ainda *supra*, n. 82). Esses casos não são de interesse para o presente estudo.

quer quando opostos a acórdão), isso fosse suficiente para determinar invariavelmente sua natureza recursal. Essa natureza haverá ou não, conforme eles se destinem ou não a produzir os efeitos finais próprios dos recursos. *O hábito não faz o monge.*

Por outro lado, como chega a ser intuitivo, a natureza recursal dos embargos declaratórios não depende, em cada caso concreto, de sua admissibilidade segundo as disposições de lei ou as linhas pretorianas em curso (CPC, art. 535, incs. I-II). O que importa é somente *a intenção do embargante*, expressa no pedido que ele deduz, à qual se associa a abertura de caminho para que eventualmente o juiz ou tribunal venha a alterar substancialmente o *decisum* embargado – porque, como sucede em relação a toda e qualquer demanda posta em juízo, no momento em que é formulada não se pode ainda saber se será acolhida ou rejeitada. Ainda quando sejam aberrantemente inadmissíveis e por isso não possam ser conhecidos, os embargos serão um recurso se o que o embargante estiver a pedir for um efeito modificativo como esse – pretendendo ele passar da condição de vencido à de vencedor. Um resultado como esse pode ser legítimo e, portanto, vir a ser concedido, como também pode ser ilegítimo e por isso vir a ser denegado, mas isso não importa; também a apelação, o agravo, o recurso especial *etc.*, são sujeitos às vicissitudes do conhecimento ou não conhecimento, do provimento ou improvimento *etc.*, sem que isso seja motivo para questionar sua natureza recursal.

Reafirma-se pois que *os embargos declaratórios serão autêntico recurso quando trouxerem em si o pedido de uma alteração substancial no teor da decisão embargada*, i.é, sempre que essa for a intenção do embargante; sua admissibilidade em cada caso concreto não interfere em sua natureza recursal, nem a inadmissibilidade a exclui.

101. infringência, natureza recursal, contraditório

O passo seguinte, na linha do raciocínio até aqui em curso, consiste na óbvia constatação de que, estando presente o escopo modificativo e portanto caracterizando-se os embargos no caso como autêntico *recurso*, seu processamento segundo os elevados cânones do princípio do *contraditório* será um inafastável imperativo da ordem constitucional. Consiste essa garantia, quando vista pelo lado das partes, na plena abertura de oportunidades para que possam participar efetivamente do processo e assim influir no teor da decisão que afinal virá. *Contraditório é participação* e a participação é um elemento de primeira grandeza não só na vida dos processos em geral, como da gestão do próprio Estado moldado segundo as premissas da democracia. Nenhuma decisão imperativa, de nenhum agente estatal, reputar-se-á legítima quando não for precedida de reais oportunidades para influir, participando. Essa é a leitura moderna e profundamente democrática da conhecidíssima teoria da *legitimação pelo procedimento*, do sociólogo Niklas Luhmann,[12] a respeito da qual escrevi:

> "quando se diz que o procedimento legitima o resultado do exercício do poder, tem-se em vista agora o modo de ser dos procedimentos que o direito positivo oferece e que constituem o penhor da lei à preservação dos princípios constitucionais do processo, a começar do contraditório".[13]

Mais não é preciso dizer, para deixar muito clara a necessidade de ouvir o embargado em resposta, sempre que, pelos termos dos embargos declaratórios opostos, esteja sendo postulada uma decisão que lhe retire a condição de parte vencedora, transmudando-o em sucumbente. Assim como a apelação, os embargos infringentes *etc.*, também os embargos de declaração, quando concretamente carregados do objetivo de infringir, ou seja, de modificar substancialmente o julgado, estão sujeitos à efetividade do princípio do contraditório – e, consequentemente, a negação deste implica ilegitimidade constitucional de seus resultados. Em termos práticos, *o procedimento dos embargos declaratórios com fins infringentes deve incluir a oportunidade para que o embargado ofereça contrarrazões, sob pena de nulidade.*

12. *Cfr.* Legitimação pelo procedimento, p. 26.
13. *Cfr.* Dinamarco, A instrumentalidade do processo, n. 16, esp. p. 155.

Assim vai caminhando a jurisprudência moderna do Superior Tribunal de Justiça, que reitera a exigência de vista para contra-arrazoar sempre que os embargos tenham essa finalidade. É emblemática a colocação de sua 5ª Turma, ao pontificar que "os efeitos modificativos somente são concedidos ao recurso integrativo em casos excepcionalíssimos, *respeitando-se, ainda, o indispensável contraditório e ampla defesa*".[14] A opinião contrária, ainda acatada por alguns arestos e vários estudiosos da matéria, apóia-se em dois pilares sem qualquer consistência, que são: a) a total omissão do Código de Processo Civil quanto à oportunidade para contra--arrazoar e (b) a suposta função invariavelmente esclarecedora desses embargos, que jamais visariam a *redecidir* e, portanto, não podem ser um recurso.

Ao primeiro desses fundamentos responde-se com muita facilidade mediante a transposição do tema ao plano constitucional das garantias do contraditório e do devido processo legal, os quais repudiam qualquer decisão que não seja precedida da efetiva oferta de meios de participação a todos os litigantes. Se nada dispõe o direito positivo infraconstitucional a esse propósito, os preceitos contidos nos incs. LIV e LV do art. 5º da Constituição projetam-se de modo direto sobre a matéria, de modo que a sonegação do contraditório ofende diretamente a ordem constitucional (abrindo caminho, portanto, ao recurso extraordinário). Repugna ao espírito e à garantia do *due process* o exercício do poder de julgar qualquer recurso sem a resposta do recorrido, entre os quais os embargos declaratórios de objetivos infringentes, porque no Estado-de-direito o exercício do poder jamais é incondicionado ou incontrolado. Como *sistema de limitações ao exercício do poder*, essa garantia constitucional impõe ao juiz a oferta de oportunidade para responder ao recurso, sob pena de ilegitimidade do julgamento. Se a lei ordinária não mandasse colher a resposta do recorrido à apelação, ao agravo, aos embargos infringentes *etc.*, nem por isso poder-se-ia dispensar essa providência, que é sempre um ditame constitucional.

---

14. *Cfr.* STJ, 5ª T., EDREsp 276.103, j. 21.11.00, rel. Gilson Dipp, v.u., *DJU* 11.12.00.

O jurista moderno tem muito apreço pela cláusula *due process*, que em síntese e em essência é um *sistema de limitações ao poder estatal* e vale por um freio constitucional contra os excessos danosos à vida, à liberdade ou ao patrimônio das pessoas físicas, das jurídicas ou dos grupos de pessoas. Esse é um dos esteios mais sólidos da democracia norte-americana e a ele a Corte Suprema dedica uma veneração quase religiosa, dando-lhe enorme plasticidade e renunciando a conceituá-lo com precisão, para que cumpra com eficiência sua missão de conter os agentes estatais e preservar as liberdades humanas. É conhecidíssima essa significativa passagem do Juiz Frankfurter: "o *due process* não pode ser aprisionado nos traiçoeiros limites de fórmula alguma. Representando uma profunda atitude de justiça entre homem e homem e não especificamente entre o indivíduo e o Governo, o *due process* é composto pela história, pela razão, pelas trilhas de julgamentos pretéritos e pela *firme confiança na força da fé democrática que professamos*".[15]

A outra causa de mal-entendidos sobre esse tema, representada pela falsa ideia da função aclaradora como único, exclusivo e constante objetivo dos embargos de declaração, é desmentida pela realidade já examinada acima. O julgamento dos embargos declaratórios vai além da mera declaração (a) quando a decisão sobre um ponto omisso impõe consequências incompatíveis com a decisão agravada (RISTF, art. 338 – *supra,* n. 99) ou (b) quando esses embargos são opostos com caráter manifestamente infringente (*supra*, n. 100). Enquanto estivéssemos na área dos embargos *puramente declaratórios*, faria sentido subtraí-los à observância do contraditório, dada sua natureza não recursal; mas, quando vamos por aquele outro caminho, essa natureza e aquela exigência constitucional são de imperioso reconhecimento. Pensa assim também Humberto Theodoro Jr., distinguindo para fins de contraditório os embargos puramente declaratórios e os que tragam alguma carga de infringência. Diz:

15. "*Due process* cannot be imprisoned within the treacherous limits of any formula. Representing a profound attitude of fairness between man and man, and not particularly between the individual and government, due process is compounded of history, reason, the past course of decisions and stout confidence in the strength of the democratic faith which we profess"; a*pud* Steven H. Gifis, *Law dictionary*, pp. 149-150.

"havendo porém casos em que o suprimento da lacuna ou a eliminação de contradição leve à anulação do julgamento anterior para nova decisão da causa (caráter infringente inevitável...), não deverá o órgão julgador enfrentar a questão nova, para proferir, de plano, o rejulgamento. *Para manter-se o princípio do contraditório*, o caso será de anular-se apenas a decisão embargada e ordenar que o novo julgamento seja retomado com a plena participação da outra parte".[16] Vou mais além, para sustentar que a própria anulação já depende de prévio contraditório, porque anular uma decisão é retirar ao vencedor os benefícios trazidos por ela.

Velhas e conhecidas opiniões negando a necessidade de subtrair o procedimento desse remédio processual à prática do contraditório partem do falso pressuposto de que, invariavelmente, nos embargos declaratórios "não se pede que se redecida; pede-se que se reexprima" (Pontes de Miranda).[17] Está mais do que demonstrado, todavia, que as coisas nem sempre são assim. Sem expor razões, em duas obras diz Barbosa Moreira que não há contraditório nos embargos de declaração, não obstante reconheça que em alguns casos é legítimo conceder-lhes eficácia modificativa.[18] Oponhamos embargos de declaração ao renomado Mestre, em busca da fundamentação de seu ponto-de-vista.

102. *efeito modificativo: sua excepcionalidade sistemática*

Como é notório os embargos de declaração foram concebidos pelo legislador brasileiro como técnica de correção de imperfeições do modo de expressão das decisões, não como meio de afastar possíveis erros de julgamento ou mesmo de processo. A ideia claramente presente no Código de Processo Civil é que o juiz, uma vez publicada a sentença, já não possa inovar no processo de conhecimento, para alterar substancialmente o que ali houver sido decidido. Daí o *reexprimir*, de que fala Pontes de Miranda, em oposição ao *redecidir*, que infirmaria a regra de exaurimento da competência, estabelecida no art. 463. Em sistemas europeus, os

16. *Cfr. Curso de direito processual civil*, I, n. 560, p. 527.
17. *Cfr. Comentários ao Código de Processo Civil*, VIII, p. 319.
18. *Cfr. O novo processo civil brasileiro*, § 22, esp. p. 156; *Comentários ao Código de Processo Civil*, n. 303-304. pp. 551-554. Em uma dessas passagens, limita-se a referir minha opinião "em sentido crítico".

remédios equivalentes aos nossos embargos declaratórios *puros* não têm sequer a forma procedimental dos recursos e sua disciplina situa-se no capítulo da *sentença*, não no que rege os meios de impugnação. O direito italiano autoriza até mesmo a correção *a pedido de todas as partes*, o que é possível ainda que a sentença haja passado em julgado (c.p.c., art. 288, 1ª parte); e assim também o francês, no qual é expressamente autorizada a correção de-ofício (art. 462) – e nada disso faria sentido na teoria dos recursos, muito menos no Brasil, onde nenhum deles se volta contra sentenças ou decisões cobertas por preclusão (inclusive coisa julgada – *supra*, n. 69). Tanto lá como cá, são casos de correção da sentença as omissões e os erros materiais ou de cálculo (c.p.c. it., art. 287) ou os *erros e omissões materiais* (*côde*, art. 462).

A evolução por que o instituto vem passando na jurisprudência brasileira, que em casos extraordinários admite os embargos declaratórios como instrumento destinado a corrigir erros de decisão (de mérito ou processual), colhe legitimidade na garantia constitucional do *acesso à justiça* porque as concessões feitas são sempre destinadas a proporcionar o desfazimento rápido e menos formal de certas injustiças flagrantes (não conhecimento do recurso em virtude de erro na contagem do prazo, advogado não intimado para a sessão de julgamento, julgamento de um recurso por outro *etc.*). Ocorrem até casos em que, não foram esses embargos, erros como esses não teriam outro modo para serem corrigidos, à míngua de qualquer recurso cabível – e essa é uma das explícitas razões pelas quais o Superior Tribunal de Justiça admite tais embargos em algumas hipóteses excepcionais.

"Doutrina e jurisprudência têm admitido o uso dos embargos declaratórios com efeito infringente do julgado, mas apenas em caráter excepcional, quando manifesto o equívoco e *não existindo no sistema legal outro recurso para a correção do erro cometido*" (Min. Sálvio de Figueiredo Teixeira).[19]

---

19. *Cfr.* STJ, 4ª. T., REsp 1.757, j. 13.3.90, rel. Sálvio de Figueiredo, v.u., *DJU* 9.4.90, p. 2.745, *apud* Negrão-Gouvêa, *Código de Processo Civil e legislação processual em vigor*, nota 6 ao art. 535, p. 658, 1ª col.

A invocação da garantia constitucional do acesso à justiça permite estabelecer uma linha de equilíbrio capaz de abrir caminho a correções indispensáveis, sem transgredir a sistemática da legislação infraconstitucional contida no Código de Processo Civil. Essa linha de equilíbrio consiste na *superlativa excepcionalidade* dos embargos declaratórios como meio de corrigir certos erros graves de decisão, apesar de não se caracterizarem como meras omissões, obscuridades ou contradições, nem erros puramente materiais. Estamos entre duas balizas, representadas por aquela garantia constitucional, que quer a justiça nas decisões, e a *segurança das relações jurídicas*, que quer a estabilidade destas e também é um valor constitucionalmente assegurado (José Afonso da Silva).[20]

E pondera-se: a) se nunca o juiz pudesse corrigir erros, por mais graves que fossem, o acesso à justiça ficaria mais difícil e problemático; mas (b) se se banalizassem as correções de *errores* de qualquer natureza ou gravidade, ninguém poderia mais contar com a firmeza e seriedade das decisões judiciárias, abrindo-se portas ao arbítrio e até mesmo a manobras espúrias ou indesejáveis.

Daí então a fórmula proposta, e que corresponde com absoluta fidelidade ao pensamento moderno dos tribunais brasileiros: *os embargos de declaração só se prestam a corrigir erros de julgamento manifestos e particularmente graves, sendo inadmissíveis como mero sucedâneo de outros recursos.*

103. ainda a excepcionalidade: resenha jurisprudencial

O grave equívoco e *a inexistência de outro recurso hábil* são os ingredientes postos em decisão do Superior Tribunal de Justiça, já referida acima, onde se conclui, expressamente e com todas as letras, pelo *caráter excepcional* dos embargos de declaração destinados a infringir julgados. De outros julgados, que a seguir se relacionam, colhe-se uma casuística capaz de autorizar o intérprete a raciocinar pelo método indutivo e, por esse caminho,

---

20. *Cfr. Curso de direito constitucional positivo*, p. 433.

chegar também à conclusão por essa excepcionalidade. Eis, em pílulas, essa casuística:

I – "os embargos de declaração não devem revestir-se de caráter infringente. A maior elasticidade que se lhes reconhece, excepcionalmente, em casos de *erro material evidente ou de manifesta nulidade* (...) não justifica, sob pena de grave disfunção jurídico-processual dessa modalidade recursal, a sua *inadequada utilização* com o propósito de questionar a correção do julgado e obter, em consequência, a desconstituição do ato decisório" (Supremo Tribunal Federal);[21]

II – "os embargos de declaração têm por finalidade a eliminação de obscuridade, omissão, dúvida ou contradição. Se o acórdão não está eivado de nenhum desses vícios, os embargos não podem ser recebidos, *sob pena de ofender o art. 535 do Código de Processo Civil*" (Superior Tribunal de Justiça);[22]

III – "descabem os embargos de declaração para suscitar *questões novas*, anteriormente não ventiladas" (Superior Tribunal de Justiça);[23]

IV – "não se admitem embargos de declaração infringentes, isto é, que, *a pretexto de esclarecer ou completar o julgado anterior*, na realidade buscam alterá-lo" (Superior Tribunal de Justiça);[24]

V – "é incabível, nos declaratórios, rever a decisão anterior *reexaminando ponto sobre o qual já houve pronunciamento*, com inversão, em consequência, do resultado final. Nesse caso, há alteração substancial do julgado, o que foge ao disposto no art. 535 do Código de Processo Civil" (Superior Tribunal de Justiça);[25]

VI – "são incabíveis embargos de declaração utilizados com a indevida finalidade de instaurar uma nova discussão sobre a controvérsia jurídica já apreciada pelo julgador" (Superior Tribunal de Justiça).[26]

---

21. *Cfr. RTJ* 154/233, *apud* Negrão-Gouvêa, nota 6 ao art. 535, p. 658, 1ª col.
22. *Cfr. RSTJ* 59/170, *apud* Negrão-Gouvêa, ib., esp. p. 697.
23. *Cfr.* STJ, 4ª T., REsp 1.757, j. 13.3.90, rel. Sálvio de Figueiredo, v.u., *DJU* 9.4.90.
24. Essas palavras são de Theotônio Negrão, reportando-se a uma série de julgados do Superior Tribunal de Justiça: *cfr. Código de Processo Civil e legislação processual em vigor*, nota 6 ao art. 535, p. 658, 2ª col.
25. *Cfr.* Negrão-Gouvêa, ob. cit., nota 6 ao art. 535, pp. 658-659.
26. Id., ib.

Esses e muitos outros julgados dos tribunais brasileiros em geral são o contraponto daqueles outros, já referidos, nos quais se admitem os embargos declaratórios com eficácia modificativa em alguns casos muito graves. O confronto daquela casuística de permissão com essas reiteradas ressalvas reconfirma o caráter verdadeiramente extraordinário da admissibilidade desses embargos fora das hipóteses arroladas no art. 535 do Código de Processo Civil, recomendando mais uma vez que se tenha o cuidado necessário para *não transmudá-los em mero sucedâneo de outros recursos*.

104. embargos declaratórios e erro material

À correção de *inexatidões materiais* ou de meros *erros de cálculo*, o Código de Processo Civil predispõe um mecanismo até mais simples, e que está muito mais próximo das técnicas de correção da sentença do direito francês e do italiano (*supra*, n. 102), que dos nossos embargos de declaração. O inc. I de seu art. 463 autoriza que o juiz inove no processo para corrigir esses equívocos de fácil constatação, fazendo-o informalmente e com ou sem provocação de parte. Essa disposição só pode ter uma explicação plausível no sistema, que é a *manifesta evidência do equívoco*, perceptível a olho nu e sem qualquer necessidade de alguma instrução probatória. A contraposição entre esse inc. I e o inc. II do mesmo artigo, que permite ao juiz rever a sentença pela via dos embargos declaratórios, é sinal seguro de que as hipóteses lá indicadas (inexatidões materiais e erros de cálculo) são de aferição mais fácil e, portanto, menos dependente de arrazoados, cognição minuciosa *etc*. Daí por que se fala em *erro material*, embora essa locução não esteja nas palavras do direito positivo, para reunir as duas hipóteses do inc. I do art. 463, gêmeas que elas são porque ambas se resolvem em equívocos perceptíveis *ictu oculi*.

Assim encaixado no sistema processual, *erro material é erro de expressão* – e isso é até mais evidente do que nas hipóteses de omissão, obscuridade ou contradição, que autorizam os embargos de declaração. *Erro material não é engano na formula-*

ção de raciocínios. Ocorre autêntico erro de fato quando o juiz se equivoca ao multiplicar, somar, dividir ou subtrair, comete erro de conta (ou *de tabuada*), que é erro material e se situa no campo da correção *aritmética* da sua conclusão; o mesmo, quando ele manda entregar determinado imóvel, quando as partes litigavam sobre outro perfeitamente identificado; ou ainda quando troca o nome das pessoas, condena o autor a pagar em vez de condenar o réu, inclui no decisório o nome de litisconsorte ativo que desistira da ação *etc*. Diferente é porém a situação, quando o juiz toma elementos equivocados para o cálculo a fazer – optando deliberadamente por um índice de correção monetária quando poderia ou mesmo deveria ter optado por outro, incluindo verbas indenizatórias não amparadas pela prova *etc*. Decisões assim, contendo possíveis *errores in procedendo* ou mesmo *in judicando*, revelam erros de leitura, de raciocínio, de critério ou de interpretação, mas não se conotam da *materialidade* que tornaria o erro superável mediante mera correção informal ou mesmo pela via dos embargos declaratórios.

A síntese do que acima se disse foi posta com precisão pelo Superior Tribunal de Justiça, ao estabelecer que "não constitui erro material, corrigível de-ofício, o que resulta de errônea aplicação de determinado critério ou ponto-de-vista".[27] Erro de critério não é erro material e não comporta retificação pela via informal da mera correção de sentença ou mesmo mediante os embargos de declaração.

---

27. *Cfr.* STJ, 3ª T., AgReg n. 23.874, j. 25.9.92, rel. Eduardo Ribeiro, v.u., *DJU* 26.10.92, p. 19.046, *apud* Negrão-Gouvêa, ob. cit., nota 16 ao art. 463, esp. p. 527, 1ª col.

CAPÍTULO IX
A RECLAMAÇÃO
NO PROCESSO CIVIL BRASILEIRO[1]

105. remédio processual sem natureza recursal – 106. natureza jurisdicional – 107. hipóteses de admissibilidade – 108. a *preclusão hierárquica* imposta aos juízes e tribunais – 109. parâmetros da desobediência: o "preceito" contido na parte dispositiva do acórdão – 110. parâmetros da desobediência: os fundamentos da decisão e da demanda decidida

105. remédio processual sem natureza recursal

O vocábulo *reclamação*, no direito brasileiro, é ao menos ambíguo. Ora é empregado como sinônimo de *correição parcial*, designando o remédio processual destinado a impugnar atos ou omissões do juiz de primeiro grau de jurisdição, insuscetíveis do recurso de agravo; ora designa o meio mediante o qual se leva

---

1. O presente estudo deriva de parecer elaborado mediante consulta de parte em caso bem específico, razão pela qual se limita ao exame das reclamações destinadas a *garantir a autoridade das decisões dos tribunais* – ou seja, ao exame das reclamações por desobediência – sem se preocupar com aquelas relacionadas com a *invasão de competência* (RISTF, art. 156, e RISTJ, art. 187). Limitam-se as considerações aqui contidas, também, à reclamação endereçada aos tribunais de superposição, o que constituía objeto da consulta; mas, na medida do que dispuserem os regimentos internos dos demais tribunais, o que aqui está tem pertinência às reclamações endereçadas a eles. Depois de muita discussão e por maioria não muito ampla, o Supremo Tribunal Federal considerou constitucional a instituição da reclamação pelo regimento interno do tribunal de um Estado da Federação (Ceará) (*cfr.* STF, Pleno, ADI n. 2.212, j. 2.10.03, rela. Min. Ellen Gracie, m.v., *DJU* 14.11.03, p. 11, vencidos os Mins. Maurício Corrêa, Moreira Alves e Sydney Sanches – abstenção do Min. Gilmar Mendes).

aos tribunais, especialmente ao Supremo Tribunal Federal ou ao Superior Tribunal de Justiça a notícia da usurpação de sua competência ou desobediência a julgado seu, cometida por juiz ou tribunal inferior (Const., art. 102, inc. I, letra *l*, e art. 105, inc. I, letra *f*). Muito se discutiu sobre a natureza jurídica da reclamação naquele primeiro sentido, se recurso ou não, até que, com o advento do Código de Processo Civil de 1973, o instituto ficou significativamente esvaziado pela ampla admissibilidade do recurso de agravo contra todas as decisões interlocutórias – e desse modo reduziu-se o interesse pelo tema. Sobre a *reclamação* na segunda das acepções acima indicadas muito pouco se lê na literatura processual brasileira, mas explicitamente se levanta a questão de sua natureza jurídica – é ou não um recurso?[2]

A reclamação enquadra-se comodamente na categoria dos *remédios processuais*, que é muito ampla e abriga em si todas as medidas mediante as quais, de algum modo, se afasta a eficácia de um ato judicial viciado, se retifica o ato ou se produz sua adequação aos requisitos da conveniência ou da justiça (Carnelutti).[3] As medidas qualificadas como *remédios* produzem, conforme o caso, a retificação, a convalidação ou a cassação do ato.[4] Com toda essa extensão, a categoria dos remédios processuais contém em si a dos *recursos*, que é menos ampla e figura, portanto, como uma espécie integrada naquele gênero próximo. É lícito dizer, com Pontes de Miranda, que "há mais meios de impugnação do que recursos, posto que todo recurso seja meio de impugnação".[5]

Sendo um remédio processual, com toda segurança a reclamação consagrada no texto constitucional não é, todavia, um recurso, seja porque não consta entre as modalidades recursais

---

2. *Cfr.* Humberto Theodoro Jr., *Curso de direito processual civil*, I, n. 576-g, esp. p. 548.

3. *Cfr. Istituzioni del processo civile italiano*, I, n. 314, esp. p. 286.

4. Carnelutti falava em retificação, convalidação e impugnação (*cfr. Istituzioni*, I, n. 365, p. 342).

5. *Cfr. Comentários ao Código de Processo Civil*, VII, nota 3 ao cap. I do tít. X, p. 4. A locução *meios de impugnação* é empregada ali com o mesmo significado de *remédios processuais*, da linguagem de Carnelutti.

tipificadas em lei (argumento secundário), seja porque não se destina a desempenhar a missão que os recursos têm. Disse Nelson Nery Júnior: "é tarefa exclusiva do direito positivo estabelecer quais desses remédios são efetivamente recursos" e "não se pode determinar um conceito de recurso anterior ao que se encontra regulamentado pelo sistema da lei".[6] Acima disso, é decisivo para excluir a natureza recursal da reclamação o modo como seu julgamento pelo Supremo Tribunal Federal ou pelo Superior Tribunal de Justiça incide sobre o ato impugnado.

A natureza não recursal da reclamação figurou entre os fundamentos pelos quais o Supremo Tribunal Federal julgou improcedente a ação direta de inconstitucionalidade proposta contra a inclusão desse remédio no Regimento Interno do Tribunal de Justiça do Estado do Ceará. "A natureza jurídica da reclamação não é a de um recurso, de uma ação e nem de um incidente processual. Situa-se ela no âmbito do direito constitucional de petição previsto no artigo 5º, inciso XXXIV da Constituição Federal. Em consequência, a sua adoção pelo Estado-membro, pela via legislativa local, não implica em invasão da competência privativa da União para legislar sobre direito processual (art. 22, I da CF)."[7]

Não se trata de cassar o ato e substituí-lo por outro, em virtude de algum *error in judicando*, ou de cassá-lo simplesmente para que outro seja proferido pelo órgão inferior, o que ordinariamente acontece quando o ato contém algum vício de ordem processual. A referência ao binômio *cassação-substituição*, que é moeda corrente na teoria dos recursos (*supra*, n. 80), apóia-se sempre no pressuposto de que estes se voltam contra atos portadores de algum erro substancial ou processual, mas sempre atos suscetíveis de serem realizados pelo juiz prolator, ou por outro – ao contrário dos atos sujeitos à reclamação, que não poderiam ter sido realizados (a) porque a matéria já estava superiormente

6. *Cfr. Princípios fundamentais – teoria geral dos recursos*, n. 2.1, esp. p. 17; *cfr.* ainda n. 3.3, pp. 129 ss., onde o autor cuida do princípio da *taxatividade dos recursos* e afirma que estes são elencados pela lei mediante um exaustivo *numerus clausus*.

7. V. *supra*, nota 1.

decidida pelo tribunal ou (b) porque a competência para o ato era deste e não do órgão que o proferiu, nem de outro de seu mesmo grau, ou mesmo de grau superior no âmbito da mesma Justiça, ou ainda de outra Justiça. Negando a natureza recursal da reclamação mediante referência aos elementos dos recursos, diz Nelson Nery Jr. que ela "não se configura como recurso porque sua finalidade não é impugnar decisão judicial pretendendo-lhe a reforma ou invalidação, mas tão-somente fazer com que seja cumprida decisão do STF sobre determinada hipótese, ou preservar a competência do Pretório Excelso".[8]

As hipóteses de admissibilidade da reclamação, ditadas na Constituição Federal, mostram que, quando acolhida esta, o tribunal cuja autoridade fora de algum modo molestada pela decisão inferior condena o ato à ineficácia total, *sem reformá-lo e mesmo sem anulá-lo, para que outro seja proferido*. A procedência da reclamação contra ato judicial importa negação do poder do órgão inferior para realizá-lo – poder que ele não tem porque a competência é de um tribunal de nível superior ao do órgão prolator, ou porque a matéria já fora superiormente decidida pelo tribunal competente. Daí a confirmação de que as reclamações previstas constitucionalmente, sendo embora um enérgico remédio processual à disposição do sujeito interessado, recurso não é. Não há recurso sem substituição do ato recorrido e, ao mesmo tempo, sem restituição ao juízo de origem, para que outro seja proferido.

> Não sendo um recurso, a reclamação não comporta exame do ato por seus aspectos processuais formais, com vista a repelir alguma invalidade ou afirmar nulidades; nem se destina a corrigir erros do juiz em face da lei ou da prova, desvios das linhas jurisprudenciais *etc*. O âmbito desse incidente é mais estrito que o dos recursos. Procedente a reclamação, *o ato é cassado mas não substituído*; ele é cassado sem que se determine ao órgão inferior a realização de outro, porque o vício reconhecido residia justamente na ausência de poder para realizar o ato. O âmbito da reclamação é muito mais estreito que o do recurso de agravo (*supra*, nn. 80-82).

8. *Cfr. Princípios fundamentais*, n. 3.3.4.6, esp. p. 156.

106. *natureza jurisdicional*

Mesmo não sendo um recurso, a reclamação tem natureza e finalidade tipicamente jurisdicionais, não administrativas. O que ali decide o Supremo Tribunal Federal, o Superior Tribunal de Justiça ou mesmo um tribunal local vai além da eficácia consistente em chamar o juiz à obediência ou de preservar o espaço constitucionalmente reservado a um desses tribunais. Ao repelir a desobediência ou proclamar sua competência, o tribunal afasta a eficácia de um ato realizado pelo juiz ou tribunal inferior a título de exercício da jurisdição e com pretendida eficácia sobre um litígio ou sobre o processo em que este se desenrola. O tribunal realiza, portanto, um controle que de algum modo irá atingir os litigantes, o seu litígio ou o processo em que estão envolvidos; o Regimento Interno do Supremo Tribunal Federal, mais pormenorizado que o do Superior Tribunal de Justiça, estabelece que, ao acolher a reclamação, o Plenário poderá avocar o processo e chamar a si com urgência o eventual recurso interposto, além de *cassar a decisão exorbitante* ou impor o respeito à sua competência (art. 161). Cassar uma decisão é típica atividade jurisdicional, sendo absurdo pensar em medidas puramente administrativas capazes de banir a eficácia de atos de exercício da jurisdição.

> Confirmação do caráter jurisdicional da reclamação é também o fato de esse controle ser feito necessariamente mediante provocação de parte ou do Ministério Público (RISTF, art. 156, e RISTJ, art. 187). Se os objetivos do controle fossem puramente administrativos, não haveria razão para condicioná-lo a essa iniciativa, que vem de pessoas ou entes interessados na eliminação de conflitos; a jurisdição, como expressão do poder estatal, caracteriza-se e distingue-se das demais funções do Estado, precisamente por essa sua destinação pacificadora, eliminando conflitos mediante critérios de justiça.[9]

Incluindo-se entre as providências relacionadas com o exercício da jurisdição e sendo jurisdicional a medida a ser ditada pelo

---

9. *Cfr.* Dinamarco, *A instrumentalidade do processo*, n. 10, pp. 96 ss. e n. 21, pp. 188 ss.

tribunal ao acolher a reclamação – medida dotada de efeitos diretamente incidentes sobre um processo jurisdicional e sobre o litígio nele contido – é natural que os pressupostos e os efeitos desta se rejam por normas processuais, sendo também processuais os critérios determinadores de sua admissibilidade.

Nada têm de jurisdicional, contudo, as *reclamações* da competência do Conselho Nacional de Justiça (reclamação disciplinar, reclamação por excesso de prazo – RICNJ, arts. 72 ss.), as quais são puramente administrativas porque o próprio Conselho é um órgão administrativo do Poder Judiciário, não jurisdicional.

107. hipóteses de admissibilidade

Mercê da posição elevadíssima que ocupam na pirâmide da estrutura judiciária do país, o Supremo Tribunal Federal e o Superior Tribunal de Justiça têm o poder de repudiar decisões que de algum modo lhes comprometam a competência ou desmereçam a autoridade, ainda quando proferidas por outro tribunal. O primeiro deles é um *órgão de superposição absoluta*, pairando sobre todos os juízos e tribunais de todas as Justiças comuns e especiais do país e também sobre o próprio Superior Tribunal de Justiça, que a nenhuma delas pertence. Este se sobrepõe a todos os órgãos inferiores e superiores da Justiça comum (Federal, dos Estados e do Distrito Federal e Territórios). Tal é o fundamento sistemático das disposições com que a Constituição Federal, usando duas vezes a mesma linguagem, outorga a esses dois tribunais a competência originária para processar e julgar "a reclamação para a preservação de sua competência e garantia da autoridade de suas decisões" (art. 102, inc. I, letra *l*, e art. 105, inc. I, letra *f*). Essas disposições repercutem nos dois regimentos internos, que reproduzem as hipóteses de admissibilidade da reclamação e ditam normas sobre seu processo e julgamento (RISTF, arts. 156 ss. e RISTJ, arts. 187 ss.).

Da utilidade da reclamação como meio rápido de controle de decisões judiciárias, sem a necessidade de observar rigorosamente a ordem dos graus hierárquicos da jurisdição, disse o Supremo

Tribunal Federal: "a reclamação constitui instrumento que, aplicado no âmbito dos Estados-membros, tem como objetivo evitar, no caso de ofensa à autoridade de um julgado, o caminho tortuoso e demorado dos recursos previstos na legislação processual, inegavelmente inconvenientes quando já tem a parte uma decisão definitiva. Visa, também, à preservação da competência dos Tribunais de Justiça estaduais, diante de eventual usurpação por parte de Juízo ou outro Tribunal local. A adoção desse instrumento pelos Estados-membros, além de estar em sintonia com o princípio da simetria, está em consonância com o princípio da efetividade das decisões judiciais".[10]

Quer na hipótese de preservação da competência invadida, quer na de decisão descumprida ou contrariada, manifesta-se aquela ideia superior e ampla, da afirmação da autoridade dos tribunais de superposição sobre os juízos e tribunais aos quais se sobrepõem, na estrutura judiciária do país. Essa autoridade tanto é ultrajada quando algum juiz ou tribunal exerce a jurisdição onde somente um dos tribunais de superposição poderia exercê-la, quanto nos casos em que algum órgão judiciário negue cumprimento a um preceito ditado por eles ou profira julgamento destoante desse preceito; ou ainda quando um juiz de primeiro grau adota alguma dessas posturas em face de decisão do tribunal a que estiver subordinado.

É da segunda hipótese figurada nessas disposições constitucionais e regimentais que se cogita no presente estudo e é dela que cuidarão os tópicos a seguir.

108. a preclusão hierárquica *imposta aos juízes e tribunais*

As decisões dos tribunais de superposição operam em face dos juízes e tribunais locais um fenômeno que se qualifica como *preclusão*, consistente em impedi-los de voltar a decidir sobre o que já haja sido superiormente decidido. Ainda quando se trate de matéria ordinariamente insuscetível de precluir, cabendo ao juiz o poder-dever de voltar a ela sempre que haja pertinência e mesmo

10. V. *supra*, anota 1.

que já se tenha pronunciado a respeito (incompetência absoluta, condições da ação *etc.*: CPC, art. 267, § 3º), essa liberdade de atuação deixa de existir se sobre ela já houver um pronunciamento superior sobre o tema. Preclusão é, como se sabe, a *perda de uma situação jurídica ativa no processo*. Ordinariamente nega-se que ao juiz se imponham preclusões, porque ele exerce o *poder* estatal e não faculdades, no próprio interesse; e daí a conhecida classificação tríplice das preclusões, nas modalidades temporal, lógica e consumativa.[11] Diante das disposições constitucionais que sujeitam à reclamação as decisões com que os juízos ou tribunais venham a contrariar o que os órgãos mais elevados hajam decidido (Const., arts. 102, inc. III, letra *l*, e 105, inc. III, letra *f*), é todavia imperioso o entendimento de que aquelas decisões superiores constituem fator de impedimento a qualquer manifestação dos órgãos inferiores sobre a matéria já decidida; esse entendimento é reforçado pela determinação, contida nos regimentos internos, de que o Supremo Tribunal Federal e o Superior Tribunal de Justiça farão observar suas próprias decisões, eliminando a eficácia daquelas inferiores, sempre que desobedientes. Decidida a matéria em grau superior, aos órgãos jurisdicionais menos elevados não cumpre senão dar cumprimento ao decidido, seja mediante a implantação das situações práticas determinadas, seja proferindo decisões sobre matéria subsequente ou prejudicada, de modo harmonioso com a decisão vinda do alto da hierarquia judiciária. O próprio pedido ou requerimento sobre o qual o tribunal houver decidido não comporta mais decisão alguma pelo órgão inferior. Isso é autêntica *preclusão*.

> Essa preclusão não se acomoda nas classificações usualmente apresentadas pela doutrina, pela razão de que estas são voltadas às situações das partes e não do juiz. Reconhecido, porém, que a Constituição e os regimentos internos instituem um efeito extintivo

---

11. Alude Liebman, ainda, a uma *preclusão mista*, ocorrente como resultado conjunto do decurso do tempo em associação à realização de atos subsequentes do procedimento (*cfr. Manual de direito processual civil*, I, n. 107, esp. p. 303 trad. – v. também minha nota n. 178, *ib.*).

do poder-dever deste, é imperioso reconhecer que se trata de uma preclusão, sendo essa uma *preclusão hierárquica*.

Na linha da aproximação comparativa entre o vínculo inerente à *auctoritas rei judicatæ* e a *preclusão hierárquica*, é indispensável levar em conta, para o traçado dos limites objetivos desta, o que a lei dispõe sobre os daquela. Adianto desde logo que, a partir das premissas já postas, só se pode afirmar a preclusão do poder-dever judicial de decidir sobre dada situação ocorrente no processo, quando a decisão que o juiz vier a proferir for capaz de *interferir na eficácia concreta* do preceito estabelecido superiormente para o caso concreto. Assim como a coisa julgada, também essa preclusão não vincula o juiz em relação a situações conexas à que tiver sido objeto de decisão nem aos *fundamentos* dos pronunciamentos superiores. Isso significa, em outras palavras, *importar* para a disciplina da reclamação (a) o disposto nos §§ 1º a 3º do art. 301 do Código de Processo Civil, segundo os quais a coisa julgada só é impeditiva de outro julgamento quando se tratar de uma demanda entre as mesmas partes, pelos mesmos fundamentos e contendo o mesmo pedido, e (b) as regras estabelecidas nos incisos do art. 469, que limitam a autoridade da coisa julgada material ao dispositivo das sentenças, sem que se estendam aos seus fundamentos.

109. *parâmetros da desobediência:*
o "preceito" contido na parte dispositiva do acórdão

Existe um eixo imaginário que vai do *petitum* formulado na demanda inicial até ao *decisum* ditado pelo juiz na sentença de mérito, passando pelos pedidos que o réu houver feito em contestação (pedido de extinção do processo ou de rejeição da demanda do autor *etc.*). Assim como o que há de mais relevante na demanda do autor é o pedido, assim também o que a sentença contém de mais relevante é a parte em que responde *sim* ou *não* a esse pedido, para acolher ou rejeitar a pretensão do autor. É para esse fim que a sentença é dada e é "nessa *resposta* e não nas razões adotadas pelo juiz para responder, que reside a fórmula de convivência a ser observada pelos sujeitos envolvidos no conflito".[12] Tal é a parte preceptiva da sentença (*decisum*), onde o juiz faz as determinações pertinentes à causa, ou seja, é ali que ele fixa o preceito concreto a prevalecer entre as partes.

> Na sentença que julga procedente uma demanda de separação judicial, o preceito consiste na determinação de que o casal se repute judicialmente separado a partir do momento de eficácia da sentença; as considerações e eventuais conclusões do juiz sobre o adultério como causa para a separação, sobre uma conduta que caracterize ou deixe de caracterizar injúria grave *etc*., não passam de razões de decidir, ou suportes lógicos legitimadores do *decisum*, que não projetam efeitos para fora do processo ou sobre a vida dos litigantes. *Idem*, numa sentença em que o juiz condena a pagar o débito com reajuste à base da equivalência cambial, na qual a tese da licitude dessa equivalência é mero fundamento, não residindo nela a solução da causa.

Tal é a razão por que, segundo entendimento doutrinário universal, que o Código de Processo Civil consagra de modo expresso e claro, dos elementos estruturais da sentença o único que fica imunizado pela *auctoritas rei judicatæ* é o dispositivo; como está nos incisos do art. 469, a coisa julgada não cobre *a verdade dos fatos* aceita como causa de decidir, nem qualquer outro fundamento da sentença.

Uma vez que a solução prática do caso é aquela contida no decisório e não nos fundamentos, é ela que deve tornar-se imutável e não as eventuais tomadas de posição sobre temas teóricos ou conceituais. *A coisa julgada material tem finalidade puramente prática e não teórica*, como há muito tempo já ensinava o Mestre Liebman.

Transposto esse pensamento ao campo das reclamações, a solução não é outra, ou seja: só se considera transgressiva da autoridade de um tribunal a decisão que trouxer uma disposição prática conflitante com a que ele houver emitido. Não constitui ultraje

---

12. *Cfr.* Dinamarco, *Instituições de direito processual civil*, III, n. 960.

às decisões dos tribunais o pronunciamento do juiz que, ao decidir sobre outra pretensão trazida aos autos, simplesmente adotar como razão de decidir uma tese jurídica diferente, sem infirmar ou questionar o *preceito* contido no decisório da decisão superior. A ideia é a mesma, lá e cá. Se a autoridade da coisa julgada material, que é uma das garantias integrantes da tutela constitucional do processo, não chega ao ponto de vincular o juiz aos fundamentos de uma decisão, *a fortiori* essa vinculação inexiste para o fim de considerar desobediente o juiz, só pelo fato de adotar, em uma decisão conexa a outra de um órgão superior, fundamentos diferentes ou opostos aos adotados por este.

110. *parâmetros da desobediência: os fundamentos da decisão e da demanda decidida*

Como é notório, a coisa julgada só impede novos julgamentos quando estes tiverem por objeto o mesmo *petitum* e, além disso, a pretensão a ser apreciada tiver o mesmo *fundamento* daquele já definitivamente julgado. Tal é o conhecido significado do disposto nos §§ 1º a 3º do art. 301 do Código de Processo Civil, portadores da regra de que só existe o impedimento da coisa julgada dentro dos limites da tríplice identidade entre duas ou mais demandas. *O impedimento para novos julgamentos só incide sobre causas onde também as partes e os fundamentos coincidam*, embora a própria autoridade da coisa julgada só opere sobre o decisório sentencial e não sobre os motivos, assegurando à parte vencedora o resultado prático estabelecido naquele sem vincular o juiz, nem as partes nem ninguém aos fundamentos assumidos (art. 469, incs. I-III – *infra*, n. 149).

> A sentença que julgou improcedente uma ação anulatória de contrato por coação não impede que seja livremente julgado outro pedido de anular o mesmo contrato, ainda uma vez por coação, desde que os dados históricos da narrativa não coincidam (tempo e lugar da violência, modo de sua realização, pessoas que a praticaram *etc.*). A coisa julgada incidente sobre o julgamento que rejeita o pedido de separação judicial não impede que ele seja reeditado,

desde que os fatos concretos trazidos como fundamento sejam outros – e essa é uma natural decorrência do princípio da *substanciação*, agasalhado no direito processual brasileiro.

Como já venho dizendo, existe também "um eixo imaginário que vai da *causa petendi* à motivação da sentença, passando pelos eventuais fundamentos da defesa. A motivação está para a sentença como a causa de pedir está para a demanda inicial e as razões de defesa para a contestação. As *razões de decidir* constituem acolhimento de umas razões das partes e rejeição de outras, segundo o entendimento do juiz, o qual prevalece sobre o daquelas e determina a decisão".[13] E, como os fundamentos da sentença não podem ir além daqueles trazidos pelo autor na demanda – porque isso significaria decidir fora dos limites objetivos desta, contrariando o *princípio da correlação* e a disposição expressa do art. 128 da lei processual – segue-se que eventual novo fundamento que o autor possa ter para sustentar sua pretensão só pode ser utilizado em outro processo, mediante a propositura de nova demanda, a ser julgada por outra sentença.

A eficácia preclusiva da coisa julgada impede somente que novos fundamentos de defesa venham a ser reeditados pelo réu, em rebeldia à autoridade daquela, constitucionalmente assegurada; tal é o significado do disposto no art. 474, ao proclamar a eficácia preclusiva da coisa julgada sobre os fundamentos deduzidos e todos os *dedutíveis*. Novos fundamentos da demanda, trazidos pelo autor e destinados a alargar o âmbito do conhecimento do juiz, não ficam cobertos por essa eficácia, pela simples razão de que não são dedutíveis: deduzi-los no curso do processo já instaurado implicaria transgressão à regra da estabilidade da demanda, ou do processo (art. 264).

Transposto esse raciocínio ao campo das preclusões hierárquicas inerentes ao instituto da reclamação, chegamos a análogo resultado, a saber: *não se reputa desobediente à autoridade de um tribunal a decisão sobre pedido já soberanamente decidido por um deles, quando essa nova decisão se pronunciar sobre novos*

---

13. *Cfr.* Dinamarco, *Instituições de direito processual civil*, III, n. 1.223.

fundamentos antes não versados. Reconhecer que a parte tem ou não tem determinado direito, poder ou faculdade, por uma razão não invocada para o julgamento em que o tribunal negara que ela tivesse esse mesmo direito, poder ou faculdade, é *decidir sobre o que não fora decidido antes* – e não, como acontece quando o fundamento é o mesmo, decidir sobre o já superiormente decidido.

O tribunal indeferiu a produção de um meio de prova porque invasivo da privacidade de terceiro, mas o terceiro veio a declarar que não tem interesse em preservar essa privacidade. Nova decisão pelo juiz inferior, agora deferindo a prova e invocando esse fundamento, não é desobediente ao tribunal. A penhora de um imóvel foi desautorizada porque se tratava de *bem de família*, mas o executado veio a falecer e colocou-se a discussão sobre se os sucessores têm ou não residência ali; nova decisão, mandando penhorar o bem, não transgride a autoridade do tribunal nem é, portanto, suscetível de reclamação. Repito que esse remédio, não sendo um recurso, não tem o mesmo âmbito de abrangência de um recurso (*supra*, nn. 56-58).

CAPÍTULO X
RELATIVIZAR
A COISA JULGADA MATERIAL

§ 1º. A COISA JULGADA ENTRE AS OUTRAS GARANTIAS CONSTITUCIONAIS — PREMISSAS: 111. minhas premissas – 112. coisa julgada material, coisa julgada formal e preclusão – 113. a coisa julgada material no processo civil de resultados – 114. a proposta do Min. José Augusto Delgado – 115. o Supremo Tribunal Federal e a garantia do justo valor – 116. de Pontes de Miranda a Humberto Theodoro Júnior – 117. Eduardo Couture – 118. Juan Carlos Hitters – 119. Hugo Nigro Mazzilli e as lições que invoca – 120. o monografista Paulo Otero – 121. direito norte-americano – 122. um caso examinado por Ada Pellegrini Grinover – 123. recentes ensaios brasileiros – 124. não levar longe demais a autoridade da coisa julgada – § 2º. PROPOSTA DE SISTEMATIZAÇÃO: 125. a coisa julgada material na garantia constitucional, na disciplina legal e no sistema – 126. método indutivo – 127. coisa julgada, efeitos da sentença e impossibilidades jurídicas – 128. impossibilidade jurídica e convivência entre princípios e garantias – 129. justo preço e moralidade: valores constitucionais relevantes – 130. sentenças juridicamente impossíveis – a favor ou contra o Estado – 131. não basta a inconstitucionalidade – 132. a dimensão da conclusão proposta – 133. remédios processuais adequados – 134. ação rescisória – 135. minhas preocupações – 136. em defesa da tese

§ 1º. A COISA JULGADA ENTRE AS OUTRAS
GARANTIAS CONSTITUCIONAIS — PREMISSAS

111. *minhas premissas*

Escrevi em sede doutrinária que "sem ser um efeito da sentença, mas especial qualidade que imuniza os efeitos substanciais desta a bem da estabilidade da tutela jurisdicional, *a coisa julgada não tem dimensões próprias, mas as dimensões que tiverem os efeitos da sentença.*"¹ Sendo um elemento imunizador dos efeitos que a sentença projeta para fora do processo e sobre a vida exterior dos litigantes, sua utilidade consiste em assegurar estabilidade a esses efeitos, impedindo que voltem a ser questionados depois de definitivamente estabelecidos por sentença não mais sujeita a recurso. A garantia constitucional e a disciplina legal da coisa julgada recebem legitimidade política e social da capacidade, que têm, de conferir *segurança* às relações jurídicas atingidas pelos efeitos da sentença.

Sim, a coisa julgada material incide sobre os *efeitos substanciais* projetados pela sentença de mérito sobre a vida das pessoas (declaração, constituição). Não se nega que, em caso de direitos ou situações jurídicas *disponíveis*, tais efeitos possam ser cancelados – mas essa verdade não contradiz a assertiva de que a coisa julgada incide sobre eles. A chave para essa questão, que não tem sido considerada pela doutrina, é simplesmente esta: a *auctoritas rei judicata*, como fator de segurança jurídica, é uma *garantia oferecida à parte vencedora*, com o objetivo de lhe proporcionar segurança jurídica em relação aos bens que lhe foram atribuídos ou que foram negados ao adversário. O fato de ser o titular dessa garantia autorizado a dispor mediante um ato de vontade sobre direitos, bens ou situações que já foram objeto de decisão judiciária com a força do julgado (autonomia da vontade) não implica a negação de que os efeitos dessa decisão sejam eles próprios o objeto da estabilização gerada por essa garantia constitucional.

Venho também pondo em destaque a necessidade de equilibrar adequadamente, no sistema do processo, as exigências conflitantes da *celeridade*, que favorece a certeza das relações jurídicas, e da *ponderação*, destinada à produção de resultados justos. O processo civil deve ser realizado no menor tempo possível, para definir logo as relações existentes entre os litigantes e assim cumprir sua missão pacificadora; mas em sua realização ele deve também

---

1. *Cfr.* Dinamarco, *Intervenção de terceiros*, n. 13, p. 37. *Sentença*, pela nova definição legal, "é o ato do juiz que implica alguma das situações previstas nos arts. 267 e 269" (CPC, art. 162, § 1º). Aqui, de modo específico, estamos falando da sentença de mérito (art. 269), que é a única suscetível de obter a autoridade da coisa julgada material.

oferecer às partes meios adequados e eficientes para a busca de resultados favoráveis, segundo o direito e a justiça, além de exigir do juiz o integral e empenhado conhecimento dos elementos da causa, sem o que não poderá fazer justiça nem julgará bem. A síntese desse indispensável equilíbrio entre exigências conflitantes é: *o processo deve ser realizado e produzir resultados estáveis tão logo quanto possível, sem que com isso se impeça ou prejudique a justiça dos resultados que ele produzirá.* Favorecem o primeiro desses objetivos os prazos preclusivos impostos às partes, as preclusões de toda ordem e, de modo superior, a autoridade da coisa julgada material que incide sobre os efeitos da sentença a partir de quando nenhum recurso seja mais possível; são fatores ligados ao valor do justo o contraditório oferecido às partes e imposto ao juiz, as garantias constitucionais da igualdade, da ampla defesa, do devido processo legal, do juiz natural *etc.*, assim como os recursos e a ação rescisória, mediante os quais o vencido procura afastar decisões que o desfavorecem e o Poder Judiciário tem a oportunidade de aprimorar seu produto.[2]

A partir dessas ideias, venho propondo a *interpretação sistemática e evolutiva dos princípios e garantias constitucionais do processo civil*, dizendo que "nenhum princípio constitui um objetivo em si mesmo e todos eles, em seu conjunto, devem valer como meios de melhor proporcionar um sistema processual justo, capaz de efetivar a promessa constitucional de *acesso à justiça* (entendida esta como obtenção de soluções justas – acesso à ordem jurídica justa). Como garantia-síntese do sistema, essa promessa é um indispensável ponto de partida para a correta compreensão global do conjunto de garantias constitucionais do processo civil", com a consciência de que "*os princípios existem para servir à justiça e ao homem, não para serem servidos como fetiches da ordem processual*".[3]

---

2. *Cfr.* Dinamarco, *A instrumentalidade do processo*, n. 32, pp. 271 ss. O que ali digo tem assento em sábias e notórias lições dos prestigiosos Piero Calamandrei e Francesco Carnelutti, que cito.

3. *Cfr.* Dinamarco, *Instituições de direito processual civil*, I, n. 96.

Digo ainda: "não fora essa seguríssima premissa metodológica, haveria grande dificuldade para a justificação sistemática das medidas urgentes, concedidas *inaudita altera parte* e portanto não preparadas segundo um contraditório entre as partes. Mas o próprio valor democrático do contraditório, que não é fim em si mesmo mas um dos meios de construção do processo justo e équo, há de ceder ante as exigências substanciais de promover o acesso à justiça, em vez de figurar como empecilho à efetividade desta".[4]

Tais são as premissas que proponho, como ponto de início e de apoio para os raciocínios a desenvolver no presente estudo sobre a relativização da garantia constitucional da coisa julgada no momento presente. Venho dizer, em síntese, (a) que essa garantia não pode ir além dos efeitos a serem imunizados e (b) que ela deve ser posta em equilíbrio com as demais garantias constitucionais e com os institutos jurídicos conducentes à produção de resultados justos mediante as atividades inerentes ao processo civil.

As ideias que a seguir desenvolvo constituem projeção da tese da *instrumentalidade do processo* em sua vocação a indicar caminhos racionais e capazes de melhor positivar as potencialidades deste como instrumento de justiça.[5] Preocupa-me a busca de meios capazes de enriquecer o sistema processual com vista ao aprimoramento de sua fidelidade ao valor do justo e com o empenho em dotá-lo de maior aptidão a proporcionar reais condições para a maior felicidade pessoal de quem precisa dele para obter aquilo a que tem direito. Essas ideias situam-se no contexto das racionais transgressões a velhos dogmas e da releitura de tradicionais princípios, na dinâmica de uma evolução cultural sensível aos clamores não só da justiça como da real efetividade dos resultados práticos do processo (*supra*, n. 8); são portanto inerentes à metodologia do *processo civil de resultados*, na qual os conceitos, sem serem desvalorizados, encaram-se como meios capazes de produzir bons resultados práticos e não como centro fulcral das atenções.

112. *coisa julgada material, coisa julgada formal e preclusão*

Como é notório e já foi dito, um dos valores buscados pela ordem jurídico-processual é o da *segurança nas relações jurídicas*,

---

4. *Cfr.* ainda *Instituições de direito processual civil*, I, n. 96.
5. *Cfr.* Dinamarco, *A instrumentalidade do processo*, n. 36, pp. 319 ss.

que constitui poderoso fator de paz na sociedade e felicidade pessoal de cada um. A tomada de uma decisão, com vitória de um dos litigantes e derrota do outro, é para ambos o fim e a negação das expectativas e incertezas que os envolviam e os mantinham em desconfortável estado de angústia. As decisões judiciárias, uma vez tomadas, isolam-se dos motivos e do grau de participação dos interessados e imunizam-se contra novas razões ou resistências que se pensasse em opor-lhes (Niklas Luhmann, Tércio Sampaio Ferraz Jr.),[6] chegando a um ponto de firmeza que se qualifica como *estabilidade* e que varia de grau conforme o caso.

O mais elevado grau de estabilidade dos atos estatais é representado pela *coisa julgada*, que a doutrina mais conceituada define como *imutabilidade da sentença e de seus efeitos*, com a vigorosa negação de que ela seja mais um dos efeitos da sentença (Liebman[7]). Não há dois institutos diferentes ou autônomos, representados pela coisa julgada formal e pela material. Trata-se de dois aspectos do mesmo fenômeno de imutabilidade, ambos responsáveis pela segurança nas relações jurídicas; a distinção entre coisa julgada formal e material revela somente que a imutabilidade é uma figura de duas faces, não dois institutos diferentes (sempre, Liebman[8]).

A coisa julgada é a situação de segurança quanto à existência ou inexistência de um direito, assegurada pela imutabilidade *dos efeitos* da sentença de mérito. Quer se trate de sentença meramente declaratória, constitutiva ou condenatória, ou mesmo quando a demanda é julgada improcedente,[9] no momento em que já não couber recurso algum institui-se entre as partes, e em relação ao litígio que foi julgado, uma situação, ou estado, de grande firmeza quanto aos direitos e obrigações que os envolvem, ou que não os

---

6. *Cfr.* "Apresentação" da edição brasileira de *Legitimação pelo procedimento*, p. 13.
7. *Cfr. Efficacia ed autorità della sentenza*, § 1º, esp. p. 5.
8. *Cfr. Efficacia ed autorità della sentenza*, n. 19, pp. 44 45; *Manuale di diritto processuale civile*, II, n. 395, esp. p. 422.
9. Neste último caso, sentença invariavelmente declaratória.

envolvem. Esse *status*, que transcende a vida do processo e atinge a das pessoas, consiste na intangibilidade das situações jurídicas criadas ou declaradas, de modo que nada poderá ser feito por elas próprias, nem por outro juiz, nem pelo próprio legislador, que venha a contrariar o que houver sido decidido (ainda Liebman[10]).

Não se trata de imunizar a sentença como ato do processo, mas os *efeitos* que ela projeta para fora deste e atingem as pessoas em suas relações – e daí a grande relevância social do instituto da coisa julgada material, que a Constituição assegura (art. 5º, inc. XXXVI) e a lei processual disciplina (arts. 467 ss.).

> Com essa função e esse efeito, a coisa julgada material não é instituto confinado ao direito processual. Ela tem, acima de tudo, o significado político-institucional de assegurar a firmeza das situações jurídicas, tanto que erigida em garantia constitucional. Uma vez consumada, reputa-se consolidada no presente e para o futuro a situação jurídico-material das partes, relativa ao objeto do julgamento e às razões que uma delas tivesse para sustentar ou pretender alguma outra situação. Toda possível dúvida está definitivamente dissipada, quanto ao modo como aqueles sujeitos se relacionam juridicamente na vida comum, ou quanto à pertinência de bens a um deles. As normas e técnicas do processo limitam-se a reger os modos como a coisa julgada se produz e os instrumentos pelos quais é protegida a estabilidade dessas relações – mas a função dessas normas e técnicas não vai além disso. Nesse sentido é que prestigioso doutrinador afirmou ser a coisa julgada material o *direito do vencedor a obter dos órgãos jurisdicionais a observância do que tiver sido julgado* (Hellwig).

Quando porém já não se pensa nos efeitos imunizados da sentença, mas na sentença em si mesma como ato jurídico do processo, sua imutabilidade é conceituada como *coisa julgada formal*. Em um momento, já não cabendo recurso algum, ela opera sua eficácia consistente em pôr fim à relação processual ou à fase cognitiva (art. 162, § 1º) e, a partir de então, nenhum outro juiz ou tribunal poderá introduzir naquele processo outro ato que substitua a sentença irrecorrível. Como é inerente à teoria dos recursos e está

---

10. *Cfr. Manuale di diritto processuale civile*, II, n. 394, esp. p. 420.

solenemente proclamado no art. 512 do Código de Processo Civil, o julgamento proferido em um recurso cassa sempre a decisão recorrida e, quando não a anula, substitui-a desde logo ainda que lhe confirme o teor (improvimento – lição corrente em doutrina: Barbosa Moreira[11] etc.). A coisa julgada formal existe quando já não for possível, pelas vias recursais, cassar a sentença proferida e muito menos substituí-la por outra. Ela incide sobre sentenças de qualquer natureza, seja de mérito ou terminativa, porque não diz respeito aos efeitos substanciais, mas à própria sentença como ato do processo.

> A distinção entre coisa julgada material e formal consiste, portanto, em que (a) a primeira é a imunidade dos *efeitos* da sentença, que os acompanha na vida das pessoas ainda depois de extinto o processo, impedindo qualquer ato estatal, processual ou não, que venha a negá-los; enquanto que (b) a coisa julgada formal é fenômeno interno ao processo e refere-se à sentença como ato processual, imunizada contra qualquer substituição por outra.

Assim conceituada, a coisa julgada formal é manifestação de um fenômeno processual de maior amplitude e variada intensidade, que é a *preclusão* – e daí ser ela tradicionalmente designada como *præclusio maxima*. Toda preclusão é extinção de uma faculdade ou poder no processo; e a coisa julgada formal, como preclusão qualificada que é, caracteriza-se como extinção do poder de exigir novo julgamento quando a sentença já tiver passado em julgado. O sistema procedimental brasileiro é muito mais preclusivo que os europeus, o que é uma decorrência das *fases* em que a lei distribui os atos do procedimento, sem possibilidade de repetições ou retrocessos – e daí ser a *rigidez do procedimento* um dos mais destacados elementos caracterizadores do modelo processual infraconstitucional brasileiro.[12]

A coisa julgada material, a formal e as preclusões em geral incluem-se entre os institutos com que o sistema processual busca

---

11. *Cfr. Comentários ao Código de Processo Civil*, V, n. 222, p. 392.
12. *Cfr.* Dinamarco, *Instituições de direito processual civil*, I, n. 73, e II, nn. 632-633.

a estabilidade das decisões e, através dela, a *segurança nas relações jurídicas*. Escuso-me pelo tom didático com que expus certos conceitos elementares referentes a esses institutos; assim fiz, com a intenção de apresentar a base sistemática dos raciocínios que virão, onde porei em destaque e criticarei alguns tradicionais exageros responsáveis por uma exacerbação do valor da coisa julgada e das preclusões, a dano do indispensável equilíbrio com que devem ser tratadas as duas exigências contrastantes do processo. O objetivo do presente estudo é demonstrar que o valor da segurança das relações jurídicas não é absoluto no sistema, nem o é, portanto, a garantia da coisa julgada, porque ambos devem conviver com outro valor de primeiríssima grandeza, que é o da *justiça das decisões judiciárias*, constitucionalmente prometido mediante a garantia do acesso à justiça (Const., art. 5º, inc. XXXV).

113. *a coisa julgada material no processo civil de resultados*

Um óbvio predicado essencial à tutela jurisdicional, que a doutrina moderna alcandora e realça, é o da *justiça das decisões*. Essa preocupação não é apenas minha: a doutrina e os tribunais começam a despertar para a necessidade de repensar a garantia constitucional e o instituto técnico-processual da coisa julgada, na consciência de que *não é legítimo eternizar injustiças a pretexto de evitar a eternização de incertezas*.

Com preocupações dessa ordem é que, em seguidas manifestações como magistrado e como doutrinador, o Min. José Delgado defende uma "conceituação da coisa julgada em face dos princípios da moralidade pública e da segurança jurídica", fórmula essa que em si é uma proposta de visão equilibrada do instituto, inerente ao binômio justiça segurança. Do mesmo modo, também Humberto Theodoro Júnior postula esse equilíbrio, em parecer onde enfrenta o tema do erro material arredio à autoridade do julgado. E conhece-se também a posição assumida pelo procurador de justiça Hugo Nigro Mazzilli ao defender a "necessidade de mitigar a coisa julgada". Esses e outros pensamentos, aos quais associo uma interessantíssima narrativa de Eduardo Couture e importantes precedentes do Supremo Tribunal Federal e do direito norte-americano, abrem caminho para a tese relativizadora dos rigores da *auctoritas rei judicatæ* e autorizam as reflexões que a seguir virão, todas elas apoiadas na ideia de que "levou-se muito longe a noção de *res judicata*, chegando-se ao absurdo de querê-la capaz de criar uma outra realidade, fazer *de albo nigrum* e mudar *falsum in verum*" (Pontes de Miranda).

De minha parte, pus em destaque a necessidade de produzir resultados justos, quando há mais de dez anos disse: "em paralelismo com o bem-comum como síntese dos objetivos do Estado contemporâneo, figura o valor *justiça* como objetivo síntese da jurisdição no plano social". Essas palavras estão em minha tese acadêmica escrita no ano de 1986, incluídas em um capítulo denominado "justiça nas decisões".[13] Em outro tópico da obra, disse também que "eliminar conflitos mediante critérios justos" é o mais nobre dos objetivos de todo sistema processual.[14] São essas as premissas, de resto já referidas logo ao início, sobre as quais cuido de assentar a proposta de um correto e razoável dimensionamento do poder imunizador da coisa julgada, relativizando o significado dessa garantia constitucional e harmonizando-o naquele equilíbrio sistemático de que falo.

114. *a proposta do Min. José Augusto Delgado*

Em voto proferido como relator na Primeira Turma do Superior Tribunal de Justiça, o Min. José Augusto Delgado declarou sua "posição doutrinária no sentido de não reconhecer caráter absoluto à coisa julgada" e disse filiar-se "a determinada corrente que entende ser impossível a coisa julgada, só pelo fundamento de impor segurança jurídica, sobrepor-se aos princípios da moralidade pública e da razoabilidade nas obrigações assumidas pelo Estado".

A Fazenda do Estado de São Paulo havia sido vencida em processo por *desapropriação indireta* e, depois, feito acordo com os

---

13. *Cfr. A instrumentalidade do processo*, que agora está na 13ª edição e já foi citada acima, esp. n. 36.3, p. 347.

14. Ob. cit., n. 21, esp. p. 196.

adversários para parcelamento do débito; pagas algumas parcelas, voltou a juízo com uma demanda que denominou *ação declaratória de nulidade de ato jurídico cumulada com repetição de indébito*. Sua alegação era a de que houvera erro no julgamento da ação expropriatória, causado ou facilitado pela perícia, uma vez que a área supostamente apossada pelo Estado já pertencia a ele próprio e não aos autores. Apesar do trânsito em julgado e do acordo depois celebrado entre as partes, o Min. José Delgado votou no sentido de restabelecer, em sede de recurso especial, a tutela antecipada que o MM. Juiz de primeiro grau concedera à Fazenda e o Tribunal paulista, invocando a *auctoritas rei judicatæ*, viera a negar. A tese do Ministro prevaleceu por três votos contra dois e a tutela antecipada foi concedida.[15]

Já vinha aquele magistrado defendendo essas ideias em conferências e já as defendera quando juiz de primeiro grau no Estado do Rio Grande do Norte. No primeiro semestre do ano de 2000, voltou a elas em uma exposição feita na cidade mineira de Poços de Caldas, quando reafirmou que a autoridade da coisa julgada está sempre condicionada aos *princípios da razoabilidade e da proporcionalidade*, sem cuja presença a segurança jurídica imposta pela coisa julgada "não é o tipo de segurança posto na Constituição Federal". Discorrendo didaticamente perante uma plateia composta na maioria por estudantes, o conferencista ilustrou seu pensamento com hipotéticos casos de sentenças impondo condenações ou deveres absurdos, como aquela que mandasse a mulher carregar o marido nas costas todos os dias, da casa ao trabalho; ou a que impusesse a alguém uma pena consistente em açoites por chicote em praça pública; ou a que, antes do advento das modernas técnicas biológicas (HLA, DNA), houvesse declarado uma paternidade irreal. "Será que essa sentença, mesmo transitada em julgado, pode prevalecer?", indaga retoricamente, para depois responder apoiando-se em obra de Humberto Theodoro Júnior: "as sentenças abusivas não podem prevalecer a qualquer tempo e a qualquer modo, porque *a sentença abusiva não é sentença*".

---

15. *Cfr.* STJ, 1ª T., REsp n. 240.712, j. 15.2.2000, rel. José Delgado, m.v.

Somente discordo dessas últimas palavras, que no contexto devem realmente ter sido utilizadas somente como expediente retórico. Mesmo um ato juridicamente nulo existe na realidade dos fatos, sendo um *nada jurídico*, mas não podendo ser um *nada histórico* (Calmon de Passos). A sentença juridicamente inexistente é *sentença* e, havendo decidido sobre o que constituía objeto do processo (mérito), ela é uma sentença de mérito. O que há de peculiar com essa sentença é que, como efeitos nela estabelecidos encontram barreiras intransponíveis para se efetivar, ela acaba não tendo força para impô-los.

O Min. José Delgado sistematizou sua intuição revolucionaria em um ensaio doutrinário no qual propõe a *revisitação do tema* da coisa julgada material, pondo em crise as "sentenças transitadas em julgado, porém injustas, contrárias à moralidade, à realidade dos fatos e à Constituição".[16]

115. o Supremo Tribunal Federal e a garantia do justo valor

Já em julgados da década dos anos *oitenta* proclamou o Supremo Tribunal Federal que, em dadas circunstâncias, "não ofende a coisa julgada a decisão que, na execução, determina nova avaliação para atualizar o valor do imóvel, constante de laudo antigo, tendo em vista atender à garantia constitucional da justa indenização". A circunstância especial levada em conta em mais de um julgado foi a procrastinação do pagamento por culpa do ente expropriante, às vezes até mediante a indevida retenção dos autos por anos. Em um desses casos, o relator, Min. Rafael Mayer, aludiu ao "lapso de tempo que desgastou o sentido da coisa julgada", como fundamento para prestigiar a realização de nova perícia avaliatória, afastando de modo expresso a autoridade da coisa julgada como óbice a essa diligência.[17] Em outro caso, o Min. Néri da Silveira votou e foi vencedor no sentido de fazer nova avaliação, apesar do trânsito em julgado da sentença que fixara

---

16. *Cfr.* "Pontos polêmicos de indenização de áreas naturais protegidas – efeitos da coisa julgada e os princípios constitucionais", *passim*; v. ainda "Efeitos da coisa julgada e os princípios constitucionais" (*infra*, n. 123).

17. *Cfr.* STF, 1ª T., RE n. 93.412, j. 4.5.1982, rel. Rafael Mayer, m.v.

o valor indenizatório, *apesar de não ter havido procrastinações abusivas* mas sempre com o superior objetivo de assegurar a justa indenização, que é um valor constitucionalmente assegurado; esse caso viera do Estado do Rio Grande do Norte e a R. sentença de primeiro grau jurisdicional, no mesmo sentido, fora da lavra do então juiz José Augusto Delgado.[18]

> Discorreu-se também sobre a questão da *correção monetária* não imposta em sentença, em virtude de lei superveniente e da inflação que viera a corroer o valor aquisitivo da moeda. Pacificamente vem sendo entendido que corrigir valores não ultraja a garantia constitucional da coisa julgada, porque não implica alteração substancial da indenização, mas mero ajuste nominal. Essa é minha opinião exarada há pelo menos vinte-e-cinco anos e posta em artigo no ano de 1984.[19]

116. *de Pontes de Miranda a Humberto Theodoro Júnior*

Para ilustrar a assertiva de que *se levou longe demais a noção de coisa julgada*, Pontes de Miranda discorre sobre as hipóteses em que a sentença é nula de pleno direito, arrolando *três impossibilidades* que conduzem a isso: impossibilidade cognoscitiva, lógica ou jurídica. Fala, a propósito, da sentença ininteligível, da que pusesse alguém sob regime de escravidão, da que instituísse concretamente um direito real incompatível com a ordem jurídica nacional *etc.* Para esses casos, alvitra uma variedade de remédios processuais diferentes entre si e concorrentes, à escolha do interessado e segundo as conveniências de cada caso, como (a) nova demanda em juízo sobre o mesmo objeto, com pedido de solução conforme com a ordem jurídica, sem os óbices da coisa julgada, (b) resistência à execução, inclusive, mas não exclusivamente por meio de embargos a ela e (c) alegação *incidenter tantum* em algum outro processo.[20]

18. *Cfr.* STF, 1ª T., RE n. 105.012, j. 9.2.1988, rel. Néri da Silveira, m.v.

19. *Cfr.* "Inflação e processo", que figura como capítulo no livro-coletânea *Fundamentos do processo civil moderno*, I, nn. 154-159.

20. *Cfr. Tratado da ação rescisória das sentenças e de outras decisões*, § 18, n. 2, esp. p. 195.

Nessa mesma linha, Humberto Theodoro Júnior, invocando o moderno ideário do *processo justo*, os *fundamentos morais* da ordem jurídica e sobremaneira o princípio da *moralidade* que a Constituição Federal consagra de modo expresso, postula uma visão larga das hipóteses de discussão do mérito mediante os embargos do executado. O caso que examinava em parecer era de uma *dupla condenação da Fazenda* a pagar indenizações pelo mesmo imóvel. Segundo se alegava, ela já havia satisfeito a uma das condenações e com esse fundamento opunha-se à execução que se fazia com base na outra condenação, mas pelo mesmo débito. Em suas conclusões o conhecidíssimo Mestre mineiro propôs o enquadramento do caso na categoria do *erro material*, para sustentar afinal que, consequentemente, "não haverá a *res iudicata* a seu respeito".[21]

117. Eduardo Couture

Mais de uma vez escreveu Couture sobre a admissibilidade e meios da revisão judicial das sentenças cobertas pela coisa julgada, particularmente em relação a ordenamentos jurídicos, como o do Uruguai àquele tempo, cuja lei não consagre de modo expresso essa possibilidade. Preocupavam o Príncipe dos processualistas latino-americanos as repercussões que a *fraude* pudesse projetar sobre a situação jurídica das pessoas (partes ou terceiros), ainda mais quando os resultados da conduta fraudulenta estiverem reforçados pela autoridade da coisa julgada. Disse, a propósito desse elegante tema, que "a consagração da fraude é o desprestígio máximo e a negação do direito, fonte incessante de descontentamento do povo e burla à lei". Maneja o sugestivo conceito de *coisa julgada delinquente* e diz que, se fecharmos os caminhos para a desconstituição das sentenças passadas em julgado, acabaremos por outorgar uma *carta de cidadania e legitimidade à fraude processual e às formas delituosas do processo*. E disse também, de modo enfático: "chegará um dia em que as forças

---

21. Esses pensamentos estão no parecer editado com o título "Embargos à execução contra a Fazenda Pública".

vitais que o rodeiam [*rodeiam o jurista*] exigirão dele um ato de coragem capaz de pôr à prova suas meditações".

Couture examinou o caso do fazendeiro rico que, tendo gerado um filho em parceria com uma empregada, gente muito simples, para forrar-se às responsabilidades de pai induziu esta a constituir um procurador, pessoa da absoluta confiança dele, com poderes para promover a ação de investigação de paternidade. Citado, o fazendeiro negou vigorosamente todos os fatos constitutivos narrados na demanda e o procurador do menor e da mãe, que agia em dissimulado conluio com o fazendeiro, negligenciou por completo o ônus de provar o alegado; a consequência foi a improcedência total da demanda, passando em julgado a sentença porque, obviamente, o advogado conluiado não recorreu. Mais tarde, chegando à maioridade, aquele mesmo filho moveu novamente uma ação de investigação de paternidade, quando então surgiu o problema da coisa julgada. O caso terminou em acordo, lamentando-se não ter sido possível aprofundar a discussão e obter um pronunciamento do Poder Judiciário sobre o importantíssimo tema.[22]

118. Juan Carlos Hitters

Em monografia sobre a *revisão da coisa julgada*, o professor da Universidade de La Plata faz uma longa resenha de *casos* apreciados por tribunais argentinos, em que a firmeza de preclusões de diversas naturezas foi objeto de questionamentos, em busca de sustentação para sua tese central – que também é a da admissibilidade dessa revisão ainda quando o direito positivo não a haja previsto ou disciplinado. Procura conciliar harmoniosamente o enquadramento normativo do tema com a sua *dimensão sociológica*, tendo em vista o culto da *justiça e em especial a equidade, que é a justiça singularizada para o caso específico*; e conclui alvitrando de modo entusiástico as aberturas para a revisão de sentenças substancialmente injustas, infringindo-se a autoridade do julgado se isso for essencial para fazer justiça e afastar des-

---

22. *Cfr.* "Revocación de los actos procesales fraudulentos", esp. n. 1, p. 388; sobre o pensamento de Couture, v. ainda Juan Carlos Hitters, *Revisión de la cosa juzgada*, cap. VIII, "c", esp. pp. 255-257.

mandos.²³ Ao tempo em que escreveu Hitters, a Suprema Corte havia afirmado a prevalência da *auctoritas rei judicatæ* em relação a sentenças portadoras de vícios formais, mantendo-se, quanto a essa situação, na posição tradicional vinda das origens. Mas, segundo informa o estudioso, ela nunca se pronunciara sobre a admissibilidade de questionar a coisa julgada com fundamento em *vícios substanciais da sentença* (sendo virgem a jurisprudência a esse respeito).²⁴

Dos *casos* examinados por Hitters, nem todos dizem respeito à coisa julgada, mas, ao ditar mitigação a graves preclusões ocorridas no processo, todas as decisões oferecem elementos para a construção de uma teoria da revisão da coisa julgada sem previsão legal ou além das previsões legais eventualmente existentes (como no Brasil). Em uma dessas decisões estabeleceu-se (a) que os vícios substanciais podem afetar os atos processuais, (b) que ditos defeitos são suscetíveis de serem alegados e reconhecidos mesmo depois de decorrido eventual prazo preclusivo e (c) que um procedimento judicial pode ficar sem efeito quando, por via de ação, vier a ser reconhecida a existência de um vício de fundo.²⁵

119. Hugo Nigro Mazzilli e as lições que invoca

O conhecido e respeitado procurador da justiça figura a hipótese de uma ação civil pública haver sido julgada por serem inócuas ou mesmo benfazejas as emanações liberadas na atmosfera por uma fábrica e, depois do trânsito em julgado, verificar-se o contrário, havendo sido fraudulenta a perícia realizada. Para casos assim, alvitra que se mitigue a regra da coisa julgada *erga omnes* ditada no art. 16 da Lei da Ação Civil Pública, porque "não se pode admitir, verdadeiramente, coisa julgada ou direito adquirido de violar o meio ambiente e de destruir as condições do próprio habitat do ser humano". Alega em abono do que sustenta a solene

---

23. *Cfr. Revisión de la cosa juzgada*, cap. VIII e IX, pp. 256 ss., esp. p. 325.
24. Ob. loc. cits., esp. pp. 305-306.
25. Ob. loc. cits., esp. p. 272.

proclamação constitucional do *direito ao meio-ambiente ecologicamente equilibrado* (Const., art. 225) e invoca prestigiosas e bem conhecidas lições do processualista pensador Mauro Cappelletti e do constitucionalista Jorge Miranda. Essa exposição está contida em uma rubrica a que sugestivamente dá o título de "a necessidade de mitigar a coisa julgada".[26]

É muito profunda a observação de Cappelletti, no quadro de seu notório pensamento reformador. Ele vai à raiz dessa problemática, ao estabelecer o confronto entre o tradicional processo civil individualista dos Códigos e os modernos pilares da tutela jurisdicional coletiva, onde se situa a temática das ações civis públicas e da coisa julgada nas sentenças ali produzidas. É nesse contexto metodológico de primeira grandeza que estão as palavras reproduzidas por Mazzilli. Para quem estiver atento aos novos ventos e às ondas renovatórias do processo civil moderno, realmente, *caem como um castelo de cartas* as velhas estruturas referentes a certos institutos básicos, entre os quais a legitimidade *ad causam*, a substituição processual, a representação e sobretudo *os limites subjetivos e objetivos da coisa julgada*. A visão tradicional dessas categorias jurídicas resta comprometida por sua "impotente incongruência diante de fenômenos jurídicos coletivos como aqueles que se verificam na realidade social e econômica moderna".[27]

Jorge Miranda, discorrendo bem amplamente sobre a coisa julgada entre os demais princípios e garantias residentes na Constituição, diz que aquela não é um *valor absoluto* e por isso "tem de ser conjugado com outros". E, mais adiante: "assim como o princípio da constitucionalidade fica limitado pelo respeito do caso julgado, também este tem de ser apercebido no contexto da Constituição".[28]

26. *Cfr.* Mazzilli, *A defesa dos interesses difusos em juízo*, cap. 35, n. 3, pp. 171-172.
27. *Cfr.* Mauro Cappelletti, "Formações sociais e interesses coletivos diante da Justiça civil", XII, esp. p. 147.
28. *Cfr. Manual de direito constitucional*, II, n. 141, esp. pp. 494-495.

120. o monografista Paulo Otero

Antes do surto do movimento relativizador no Brasil, no ano de 1993 surgia em Portugal a monografia de Paulo Otero sobre o tema, desenvolvida mediante a análise de situações em que uma decisão judiciária pode reputar-se inconstitucional. Essa contrariedade à Lei Maior ocorrerá (a) direta e imediatamente, (b) mediante aplicação de uma norma inconstitucional ou (c) pela recusa de aplicação de uma norma constitucionalmente legítima.[29] Examina manifestações precedentes da doutrina lusitana e vai a Kelsen, para o qual o poder de criar normas individuais, de que os tribunais são investidos, inclui o de criar normas individuais contrárias à Constituição – para logo a seguir questionar se realmente existe "uma *norma com valor constitucional* que permita a validade ou a produção de efeitos dos casos julgados de decisões judiciais desconformes com a Constituição, excluindo, simultaneamente, os tribunais de qualquer dever oficioso de controlo difuso da constitucionalidade".[30] A obra de Otero gira em torno da inconstitucionalidade das decisões judiciárias em termos dogmáticos, com a constante referência ao confronto de leis e decisões com os textos constitucionais e minucioso exame analítico dos possíveis reflexos da declaração de inconstitucionalidade das leis sobre a autoridade da coisa julgada já formada ou que venha a formar-se. Esse estudo não se propaga ao campo dos valores, embora em seu prefácio (ou *nota prévia*) proclame que a lei e as decisões judiciárias não têm caráter absoluto e conclua dizendo que "absoluto, esse sim, é sempre o direito ou, pelo menos, um *direito justo*".

121. direito norte-americano

A cultura jurídica anglo-americana não é tão apegada aos rigores da autoridade da coisa julgada como a nossa, de origem

---

29. Cfr. *Ensaio sobre o caso julgado inconstitucional*, nn. 18.1 ss., pp. 78 ss.

30. Ob. cit., n. 18.3, p. 82.

romano-germânica. A presença francesa nas origens da legislação das Colônias da América do Norte, e depois a espanhola,[31] podem ter sido fontes de alguma influência do direito romano antigo, não do germânico – sendo sabido que é deste que nos advêm as regras mais rígidas de estabilização das decisões judiciárias em razão da coisa julgada, como a da mais absoluta eficácia preclusiva desta em relação ao deduzido e ao dedutível e como a geral e integral sanatória de eventuais nulidades da sentença (Pontes de Miranda[32]). Nesse quadro, sem a pressão dos dogmas que tradicionalmente nos influenciam, eles são capazes de aceitar com mais naturalidade certas restrições racionais à *res judicata*, relativizando esta para a observância de outros princípios e outras necessidades. Diz a propósito a conceituada Mary Kay Kane: "há circunstâncias em que, embora presentes os requisitos para a aplicação da coisa julgada, tal preclusão não ocorre. Essas situações ocorrem quando as razões de ordem judicial alimentadas pela coisa julgada são superadas por outras razões de ordem pública subjacentes à relação jurídica que estiver em discussão" (trad. livre).[33] Com dois *cases*, a professora ilustra essa linha sistemática.

> Primeiro *case*. Em um processo relacionado com a compra e venda de imóvel, no qual ambas as partes buscavam título de propriedade, a Corte rejeitou a alegação de coisa julgada porque, do contrário, chegar se-ia a um resultado injusto e não se teria a definição de um título para a propriedade – quando a orientação jurídica referente à transferência de propriedade exige que alguma definição quanto ao domínio seja oferecida às partes.[34]
>
> Segundo *case*. A coisa julgada foi afastada em razão das regras da lei salarial, de modo que uma ação anterior, omitindo alguns pedidos possíveis, não teve o efeito de excluir a tutela de direito

---

31. *Cfr.* Peter Herzog, "Histoire du droit des États-Unis", nn. 1-2, p. 3.
32. *Cfr. Tratado da ação rescisória*, § 4º, n. 7, esp. p. 26.
33. *Cfr. Civil procedure*, §§ 6-10, p. 225. O texto em inglês está assim: "there are some circumstances in which even though the standard for applying *res judicata* has been met, preclusion will not result. These situations arise when the judicial economy policies fostered by claim preclusion are outweighed by some other public policy underlying the type of action that is involved".
34. Adams *vs.* Pearson, III, 1952.

estatutário, limitando-se a reduzir-lhe o valor (Varsity Amusement Co. *vs.* Butters Co. 1964).

Tais pensamentos são valorizados e legitimados pela ponderada ressalva de que "são necessariamente limitadas essas exceções à normal aplicação dos princípios da coisa julgada. Elas dependem da presença de razões sociais específicas e importantes, para que a coisa julgada possa ser desconsiderada" (trad. livre).[35]

Ressalva dessa ordem está presente também na obra em cooperação de que participa a mesma profa. Mary Kay Kane, em parceria com Jack H. Friedenthal e Arthur R. Miller, onde se lê: "é importante observar que embora muitos casos possam depor no sentido de autorizar exceções fundadas no 'interesse público' ou no fato de 'evitar a injustiça', essas assertivas são geralmente exageradas. Como se verá, as exceções à coisa julgada são mais comumente invocadas, e com mais propriedade, somente em situações específicas nas quais se repute presente uma razão especial para superar os interesses da ordem processual". Mas isso está escrito em um parágrafo intitulado "exceções à aplicação da coisa julgada", onde os autores, antes de expor seus exemplos a partir de *cases*, arrolam as razões capazes de suplantar a autoridade da coisa julgada.[36]

> "Em primeiro lugar, há situações em que as normais consequências da coisa julgada podem comprometer certos escopos de disposições constitucionais ou legais, de modo que, quando isso acontecer, ulteriores demandas sobre a mesma matéria devem ser admitidas". Os exemplos oferecidos, de difícil compreensão ao leitor brasileiro, referem-se a casos em que, pelo direito norte-americano, ordinariamente ocorreria uma eficácia preclusiva, mas esta foi afastada porque "os direitos em jogo se reputavam suficientemente importantes para superar a necessidade de uma decisão definitiva".

A posição dos tribunais e dos autores americanos, como se vê, é de uma consciente e equilibrada relativização da coisa jul-

---
35. Ob. cit., p. 226.
36. *Cfr. Civil procedure*, § 14.8, pp. 657 ss.

gada, cujo efeito imunizante eles condicionam à compatibilidade com certos valores tão elevados quanto o da definitividade das decisões. Evitar a propagação de litígios, sim, mas evitá-la sem prejuízo a esses valores. Esse pensamento está presente na obra de James-Hazard-Leubsdorf, onde se coloca de modo explícito a regra de equilíbrio entre duas exigências opostas, de que venho falando, quando eles dizem: "em diversos pontos pusemos em destaque o conflito entre dois fundamentais objetivos da lei processual. De um lado, o sistema processual procura favorecer a plena efetividade das discussões e das possibilidades probatórias de todas as partes, de modo que a causa possa ser bem decidida no mérito; de outro, o sistema cuida também de proporcionar a oferta de uma conclusão final com razoável rapidez e a um custo suportável".[37] Reputo emblemática e fortemente representativa do pensamento norte-americano sobre a coisa julgada essa passagem colhida em doutrina mais antiga:

> "os tribunais somente podem fazer o melhor a seu alcance para encontrar a verdade com base na prova, e a primeira lição que se deve aprender em tema de coisa julgada é que as *conclusões judiciais não podem ser confundidas com a verdade absoluta*" (Currie).[38]

122. um caso examinado por Ada Pellegrini Grinover

A conhecida estudiosa cuidou do caso de uma demanda de anulação de escritura de reconhecimento de filiação, cujo fundamento era que tal declaração estaria eivada de falsidade ideológica porque o declarante seria impotente ao tempo e o filho teria sido concebido antes de qualquer relacionamento entre aquele e

---

37. *Cfr.* Fleming James Jr., Geoffrey C. Hazard Jr. e John Leubsdorf, *Civil procedure*, § 11.2, p. 579.

38. "Courts can only do their best to determine the truth on the basis of the evidence, and the first lesson one must learn on the subject of *res judicata* is that judicial findings must not be confused with absolute truth": *cfr.* "Mutuality of collateral estoppel: limits of the Bernhard doctrine", 9 *Stan. L.Rev.* 281, 315 (1957), *apud* Cound-Friendenthal-Miller-Sexton, *Civil procedure – cases and materials*, cap. 17, p. 1.208.

a mãe deste. Essa demanda foi julgada improcedente, sobrevindo a coisa julgada. Cogitou-se depois da propositura de uma demanda declaratória de inexistência de relação de paternidade entre o mesmo autor e o mesmo réu; e a profa. Ada Pellegrini Grinover, consultada, em parecer respondeu que inexiste o óbice da coisa julgada como impedimento a essa propositura.[39]

Esse estudo coloca-se preponderantemente no plano dogmático e técnico-processual, ao propor o estudo do caso à luz da teoria "dos limites objetivos da coisa julgada, da correlação entre o objeto da demanda e o objeto da sentença". Afirmou coisas de absoluto acerto sobre a coisa julgada incidente de modo exclusivo sobre o preceito decisório da sentença, sem estender-se aos motivos, como é cediço em doutrina e está claramente disposto nos incisos do art. 469 do Código de Processo Civil. Invocou doutrina antiga e doutrina moderníssima, convergentes sobre o tema. Mesmo assim, sente-se que a ilustre professora foi movida pelo grande empenho, que coincide com o meu, por delimitar o âmbito de incidência da coisa julgada, deixando fora de seus limites objetivos toda e qualquer demanda que não coincida rigorosamente com a que já houver sido proposta e julgada. Suas palavras são significativas nesse sentido, quando diz que "aquela demanda não teve *propriamente* por objeto a declaração de inexistência da paternidade". Parece claro que ela quis realmente fazer uma opção de muita utilidade como alerta contra possíveis ímpetos no sentido de ampliar os limites objetivos do julgado.

123. recentes ensaios brasileiros

O tema da *coisa julgada inconstitucional* ganhou mais espaço na literatura jurídica brasileira, com a coletânea coordenada por

---

39. *Cfr.* parecer publicado *in Informativo Incijuris*, ano 1, n. 10, Joinville, maio de 2000, pp. 5-6, com a ementa "Coisa julgada. Limites objetivos. Objeto do processo. Pedido e causa de pedir. Trânsito em julgado de sentença de improcedência de ação de nulidade de escritura pública de reconhecimento de filiação. Possibilidade de ajuizamento de ação declaratória de inexistência de relação de filiação, fundada em ausência de vínculo biológico".

Carlos Valder do Nascimento e oferecida ao público no ano de 2002. Ali figuram ensaios do próprio coordenador, de Humberto Theodoro Júnior em cooperação com Juliana Cordeiro de Faria e de José Augusto Delgado, além de uma versão anterior deste meu estudo.

O primeiro deles tem como conclusão principal e mais aguda a de que "não existe nenhum choque entre o princípio da segurança jurídica e a aplicação dos outros princípios que estão acima daquele, visto que o caráter absoluto que se lhe tenta impingir não resiste mais aos primados da moralidade e da legalidade".[40] Concluiu também, apoiado no parágrafo acrescido ao art. 741 do Código de Processo Civil por uma medida provisória de duvidosa constitucionalidade,[41] que "nas sentenças nulas, os vícios ao conteúdo de inconstitucionalidade por elas veiculado podem ser atacados, sem necessidade de observância de tempo ou de procedimento específico" *etc*.[42] Essa conclusão parece ser o alvitre de uma absoluta vulnerabilidade da coisa julgada inconstitucional, com a possibilidade de ser infringida sempre, independentemente da ocorrência de fraude ou grave injustiça e sem levar em conta uma comparação entre o valor *segurança* e o valor transgredido em cada caso concreto. Nessa visão puramente dogmática consistente em confrontar hierarquicamente as leis e as decisões com a Constituição Federal, aproxima-se do pensamento de Paulo Otero (*supra*, n. 120).

> Não chego ao ponto a que chega o autor desse estudo, porque só me animo a questionar a coisa julgada quando, no caso concreto, houver sido transgredido um valor de nível mais elevado que a segurança jurídica. Em si mesma e isoladamente, a inconstitucionalidade não me parece suficiente para autorizar o desapego à segurança jurídica, que também é um valor constitucionalmente resguardado (*infra*, nn. 131 e 136).

---

40. *Cfr.* Humberto Theodoro Jr. "Coisa julgada inconstitucional", n. 10, esp. p. 28; v. ainda n. 5, pp. 11-13 (em coop.).
41. Medida provisória n. 2.180-35, de 24 de agosto de 2001.
42. Ob. e loc. cits.

O ensaio de Humberto Theodoro Júnior e Juliana Cordeiro de Faria volta a ideias já expostas e sustentadas pelo primeiro deles em parecer e em artigo doutrinário (*supra*, n. 116) e dá passos adiante, chamando o leitor à reflexão e avançando em conceitos e interpretações sistemáticas. Faz um repasse da doutrina que se veio formando a respeito, com intensa alusão à obra de Paulo Otero. Afasta a ideia da *inexistência* das decisões inconstitucionais e sustenta a *nulidade da coisa julgada inconstitucional*, para concluir que "a coisa julgada não deve servir de empecilho ao reconhecimento da invalidade da sentença proferida em contrariedade à Constituição Federal"; em seguida, amenizando essa afirmação que poderia parecer exagerada, esclarecem os autores que o princípio da segurança jurídica não ficará com isso comprometido porque "nos casos em que se manifestar relevante o interesse na preservação da segurança, bastará recorrer-se ao salutar princípio constitucional da razoabilidade e proporcionalidade".[43]

> A técnica sugerida por esses autores revela-se diametralmente oposta à que venho sustentando, embora o resultado final talvez possa, na prática, ser o mesmo. Pelo que venho dizendo, em princípio a coisa julgada prevalece ainda quando a sentença coberta por ela padeça do vício da inconstitucionalidade, porque a segurança jurídica também é uma garantia constitucional e a própria coisa julgada é garantida constitucionalmente; somente em casos excepcionais é que, para afastar possível lesão a um valor mais elevado que esses, me parece legítimo desconsiderar a *auctoritas rei judicatæ*.

O trabalho de José Augusto Delgado, contido nessa coletânea, reitera as colocações iniciais de seu autor, com tônica nos resultados superlativamente injustos ou absurdos eventualmente cobertos pela coisa julgada (*supra*, n. 114).[44]

124. não levar longe demais a autoridade da coisa julgada

Uma coisa resta certa depois dessa longa pesquisa, a saber, a *relatividade da coisa julgada* como valor inerente à ordem consti-

---

43. *Cfr.* "A coisa julgada inconstitucional e os instrumentos para seu controle", *passim* e n. 12, esp. pp. 160-161.

44. *Cfr.* "Efeitos da coisa julgada e os princípios constitucionais", *passim*.

tucional-processual, dado o convívio com outros valores de igual ou maior grandeza e necessidade de harmonizá-los. Tomo a liberdade de, ainda uma vez, enfatizar a imperiosidade de equilibrar as exigências de segurança e de justiça nos resultados das experiências processuais, o que constitui o mote central do presente estudo e foi anunciado desde suas primeiras linhas. É por amor a esse equilíbrio que, como visto, os autores norte-americanos – menos apegados que nós ao dogma da *res judicata* – incluem, em seus estudos sobre esta, a indicação das exceções à sua aplicação. Na doutrina brasileira, insere-se expressivamente nesse contexto a advertência de Pontes de Miranda, acima referida, de que *se levou longe demais a noção de coisa julgada*. É igualmente central a esse sistema de equilíbrio a fórmula proposta em Portugal pelo constitucionalista Jorge Miranda e também citada acima, ao propor que "assim como o princípio da constitucionalidade fica limitado pelo respeito do caso julgado, também este tem de ser apercebido no contexto da Constituição". São essas as grandes premissas e as colunas em que se apóiam a minha tentativa de sistematização do riquíssimo tema em exame e as conclusões que oferecerei.

Para a reconstrução sistemática do estado atual da ciência em relação ao tema, é também útil recapitular em síntese certos pontos particulares revelados naquela pesquisa, a saber:

I – o princípio da *razoabilidade* e da *proporcionalidade* como condicionantes da imunização dos julgados pela autoridade da coisa julgada material;

II – a *moralidade administrativa* como valor constitucionalmente proclamado e cuja efetivação é óbice a essa autoridade em relação a julgados absurdamente lesivos ao Estado;

III – o imperativo constitucional do *justo valor* das indenizações em desapropriação imobiliária, o qual tanto é transgredido quando o ente público é chamado a pagar mais, como quando ele é autorizado a pagar menos que o correto;

IV – o zelo pela *cidadania e direitos do homem*, também residente na Constituição Federal, como impedimento à perenização de decisões inaceitáveis em detrimento dos particulares;

v – *a fraude e o erro grosseiro* como fatores que, contaminando o resultado do processo, autorizam a revisão da coisa julgada;

vi – a garantia constitucional do *meio-ambiente ecologicamente equilibrado*, que não deve ficar desconsiderada mesmo na presença de sentença passada em julgado;

vii – a garantia constitucional do *acesso à ordem jurídica justa*, que repele a perenização de julgados aberrantemente discrepantes dos ditames da justiça e da equidade;

viii – o *caráter excepcional* da disposição a flexibilizar a autoridade da coisa julgada, sem o qual o sistema processual perderia utilidade e confiabilidade, mercê da insegurança que isso geraria.

A partir desses elementos, duas ordens de raciocínios procurarei desenvolver no tópico a seguir, tentando com eles chegar à definição dos modos e limites de uma desejável e equilibrada relativização da garantia constitucional da coisa julgada. Proponho-me:

a) a indicar *critérios para a relativização* racional e equilibrada da coisa julgada, sopesando valores e opinando sobre quais devem prevalecer sobre o desta e quais não, em quais circunstâncias sim e em quais circunstâncias não *etc.*;

b) a sugerir os modos como o Poder Judiciário pode ser chamado e deve manifestar-se a esse respeito, ou seja, os *remédios* de que dispõem os litigantes para tentar a liberação do vínculo que a coisa julgada representa.

§ 2º. PROPOSTA DE SISTEMATIZAÇÃO

125. *a coisa julgada material na garantia constitucional, na disciplina legal e no sistema*

Na fórmula constitucional da garantia da coisa julgada está dito apenas que *a lei* não a prejudicará (art. 5º, inc. XXXVI), mas é notório que o constituinte *minus dixit quam voluit*, tendo essa garantia uma amplitude mais ampla do que as palavras poderiam fazer pensar. Por força da coisa julgada, não só o *legislador* carece de poderes para dar nova disciplina a uma situação concreta já definitivamente regrada em sentença irrecorrível, como também os *juízes* são proibidos de exercer a jurisdição outra vez sobre o caso e as *partes* já não dispõem do direito de ação ou de defesa como meios de voltar a veicular em juízo a matéria já decidida. Tal é a *essência da coisa julgada*, de que cuida Liebman ao dizer que ela consiste "na imutabilidade da sentença, do seu conteúdo e dos seus efeitos, o que faz dela um ato do poder público portador da manifestação duradoura da disciplina que a ordem jurídica reconhece como aplicável à relação sobre a qual se tiver decidido".[45]

Com esses contornos, a coisa julgada é mais que um instituto de direito processual. Ela pertence ao direito constitucional, segundo Liebman,[46] ou ao *direito processual material*, para quem acata a existência desse plano bifronte do ordenamento jurídico.[47] Resolve-se em uma situação de estabilidade, definida pela lei, instituída mediante o processo, garantida constitucionalmente e destinada a proporcionar segurança e paz de espírito às pessoas.

Na lei processual, a concreta ocorrência da coisa julgada é condicionada ao advento da irrecorribilidade da sentença (art. 467) e, uma vez que ela ocorra, o juiz é proibido de pronunciar-se novamente sobre a mesma demanda, seja no mesmo processo ou em outro (arts. 267, inc. V, 467, 468, 471, 474 *etc.*). De modo expresso, dois remédios apenas predispõe a lei para a infringência a sentenças de mérito cobertas pela autoridade da coisa julgada, a saber, (a) a *ação rescisória* e, em uma única hipótese (b) os *embargos à execução* ou a impugnação a esta. Aquela, como é notório, é admissível no campo estrito dos fundamentos tipificados em lei (incisos do art. 485); os embargos do executado e a impugnação só são meio hábil a desfazer os efeitos da sentença

---

45. *Cfr. Manuale di diritto processuale civile*, II, n. 394, esp. p. 420.
46. *Cfr. Efficacia ed autorità della sentenza*, n. 15, pp. 40-41.
47. "*Institutos bifrontes*: só no processo aparecem de modo explícito em casos concretos, mas são integrados por um intenso coeficiente de elementos definidos pelo direito material e – o que é mais importante – de algum modo dizem respeito à própria vida dos sujeitos e suas relações entre si e com os bens da vida. Constituem *pontes de passagem* entre o direito e o processo, ou seja, entre o plano substancial e o processual do ordenamento jurídico (Calamandrei)" – *cfr.* Dinamarco, *Instituições de direito processual civil*, I, n. 6.

quando fundados na falta ou nulidade de citação do demandado na fase de conhecimento, havendo ele ficado revel (arts. 475-L, inc. I, e 741, inc. I).

Alguma abertura, fora desses casos e desses modos processuais para a revisão de sentenças passadas em julgado, existe ainda na disposição contida no art. 463, inc. I, do Código de Processo Civil, autorizador de nova decisão depois de publicada a sentença, em caso de *inexatidões materiais* ou *erros de cálculo* (*supra*, n. 115). Como postura geral, têm os tribunais entendido que tais inexatidões ou erros só são oponíveis quando não passarem de meros equívocos no modo de expressar as intenções do julgador, não se admitindo a revisão das sentenças se o juiz houver adotado conscientemente um *critério* ou chegado intencionalmente a um resultado aritmético, especialmente quando sobre o tema tiver havido discussão entre as partes. Há também casos de *ineficácia da sentença*, para os quais o Supremo Tribunal Federal reputa hábil qualquer meio a ser experimentado pelo sujeito atingido ou ameaçado pelos efeitos de um julgamento dado em processo sem sua participação (o que sucede quando houver sido omitido um litisconsorte necessário unitário); entre essas vias admitidas inclui-se a de um processo autônomo, com pedido de declaração de nulidade ou ineficácia da sentença.[48]

> Tal é o material jurídico-positivo e tais as aberturas sistemáticas sobre as quais se apoiarão os raciocínios a desenvolver no presente capítulo, a partir do próximo item.

126. *método indutivo*

Há um indisfarçável casuísmo em todo o elenco de casos em relação aos quais foi aceito ou preconizado algum meio de mitigar os rigores da coisa julgada. Assim foi na história muito eloquente do fazendeiro uruguaio que simulou um processo a dano do filho extraconjugal, contada por Eduardo Couture; assim é nos *cases*

---

48. *Cfr.* Dinamarco, *Litisconsórcio*, n. 64.8, esp. p. 293; n. 65.1, texto e nota 151, esp. p. 301.

da jurisprudência norte-americana indicados por Mary Kay Kane; assim também naquela desapropriação indireta onde a Fazenda do Estado de São Paulo fora condenada a indenizar por ter "invadido" um imóvel que era de sua propriedade ou naquela história da Fazenda condenada e executada duas vezes pela mesma indenização; também nos casos de avaliações imobiliárias superadas pelo agravamento da inflação e decurso de longo tempo, com ou sem culpa do ente expropriante, considerados pelo Supremo Tribunal Federal; e ainda nos muitos precedentes levantados por Juan Carlos Hitters a partir da jurisprudência argentina.

O que há de comum em todos esses casos é a premissa consistente na *prevalência do substancial sobre o processual*, ou seja, o culto ao valor do justo em detrimento das regras processuais sobre a coisa julgada. Não vejo, porém, constantes critérios objetivos para a determinação das situações em que essa autoridade deve ser afastada ou mitigada, nem dos limites dentro dos quais isso deve acontecer. Alguns sinais já foram dados, no entanto, como a alusão a uma *coisa julgada inconstitucional* (José Augusto Delgado) e a invocação de outras garantias constitucionais que com a coisa julgada devem conviver, como a da *moralidade administrativa*, a do *justo preço* nas desapropriações e a do *meio ambiente ecologicamente equilibrado* (Mazzilli). Invocam-se também a *fraude*, o princípio da *razoabilidade* e o da *proporcionalidade*, como fundamentos para a relativização da autoridade da coisa julgada em certos casos.

Proponho-me, neste ponto, a tentar o esboço de uma *reconstrução dogmática* dos princípios e conceitos emergentes dessas ideias colhidas aqui e ali, em busca de critérios objetivos constantes e capazes de oferecer segurança no trato da coisa julgada material em face dos demais valores presentes na ordem jurídica. Será um trabalho conduzido pelo método indutivo, partindo do particular em busca do geral – ou seja, partindo da casuística levantada e das ideias invocadas em cada caso, com vista a encontrar um legítimo ponto de equilíbrio entre a garantia constitucional da coisa julgada e aqueles valores substanciais. Como fio condutor dessa investigação e das hipóteses de mitigação da coisa julgada, valho-me do conceito técnico-jurídico da *impossibilidade jurídica dos efeitos da sentença*.

127. coisa julgada, efeitos da sentença e impossibilidades jurídicas

No plano puramente conceitual, sabe-se e já foi lembrado acima que a coisa julgada material consiste na imutabilidade dos efeitos substanciais da sentença, ou seja, na sua imunidade a futuros questionamentos. Quem já era credor, ou já tinha o direito à anulação de um contrato, ou à retomada de um imóvel *etc.*, com o advento da coisa julgada terá o mesmo direito que tinha antes, mas agora com a aura de uma intangibilidade e perenidade que antes não havia. São efeitos substanciais da sentença, que a coisa julgada material pereniza, a declaração de existência ou inexistência de uma relação, a constituição de uma situação jurídico-substancial nova ou a declaração da existência de um direito, acompanhada da criação de um título executivo que o ampare (sentenças meramente declaratórias, constitutivas ou condenatórias); e tais efeitos reputam-se *substanciais*, em oposição aos efeitos processuais que todas as sentenças têm, porque se referem às realidades da vida dos litigantes, em suas relações um com o outro ou com os bens da vida (*supra*, n. 111).

Ora, incidindo a *auctoritas rei judicatæ* sobre os efeitos substanciais da sentença, é óbvia a constatação de que, onde esses efeitos inexistam, inexistirá também a coisa julgada material. É isso que se dá nas sentenças terminativas, que, pondo fim ao processo sem julgar-lhe o mérito (ou seja, sem pronunciar-se sobre a pretensão trazida pelo demandante), nada dispõem sobre as relações substanciais eventualmente existentes entre os litigantes na vida comum – e tal é a razão por que, segundo entendimento comum e absolutamente pacífico, tais sentenças podem ficar cobertas da coisa julgada *formal*, mas da material, jamais. Agora, pensando na problemática central do presente estudo, digo que é isso que se dá também com certas sentenças de mérito que, pretendendo ditar um preceito *juridicamente impossível*, não têm força para impor-se sobre as normas ou princípios que o repudiam. Só aparentemente elas produzem os efeitos substanciais programados, mas na realidade não os produzem porque eles são repelidos por razões superiores, de ordem constitucional.

Imagine-se uma sentença que declarasse o recesso de algum Estado federado brasileiro, dispensando-o de prosseguir integrado na República Federativa do Brasil. Um dispositivo como esse chocar se-ia com um dos postulados mais firmes da Constituição Federal, que é o da indissolubilidade da Federação. Sequer a mais elevada das decisões judiciárias, proferida que fosse pelo órgão máximo do Poder Judiciário, seria suficiente para superar a barreira política representada pelo art. 1º da Constituição. Imagine-se também uma sentença que condenasse uma pessoa a dar a outrem, em cumprimento de cláusula contratual, determinado peso de sua própria carne, em consequência de uma dívida não honrada;[49] ou que condenasse uma mulher a prestar serviços de prostituta ao autor, em cumprimento ao disposto por ambos em cláusula contratual. Sentenças como essas esbarrariam na barreira irremovível que é o zelo pela integridade física e pela dignidade humana, valores absolutos que a Constituição Federal cultiva (art. 1º, inc. III, e art. 5º). Invoco ainda uma notícia divulgada há algum tempo na imprensa brasileira, segundo a qual um tatuado excêntrico teria vendido a alguém a sua própria pele, para entrega *post mortem* (venda a termo?): qual médico cumpriria, sem grave transgressão ao juramento hipocrático, uma sentença, ainda que passada em julgado, que lhe impusesse a obrigação de retirar o couro do cadáver do tatuado e entregar ao comprador? Pensar ainda na condenação do devedor à prisão por dívida, fora dos casos constitucionalmente ressalvados (art. 5º, inc. LXVII).

Tenho também notícia dos embargos opostos por uma seguradora a uma execução fundada em seguro de vida com a alegação de que o segurado não havia morrido; os embargos foram julgados improcedentes, mas depois o "morto" veio a aparecer, completamente vivo. Deve prevalecer aquela decisão? E se uma sentença passada em julgado houver condenado alguém a casar com outrem – ou, pior ainda, se o juiz houver proferido uma sentença substitutiva da vontade do réu, dando-o pois por casado?

49. Alusão ao drama *O mercador de Veneza*, em que o personagem *shakespeareano* Shylock alimentava uma pretensão dessa ordem.

Ora, como a coisa julgada não é em si mesma um efeito e não tem dimensão própria, mas a dimensão dos efeitos substanciais da sentença sobre a qual incida (*supra*, n. 111), é natural que ela não se imponha quando os efeitos programados na sentença não tiverem condições de impor-se. Por isso, como a Constituição não permite que um Estado se retire da Federação, ou que se imponha por execução forçada o cumprimento da obrigação de dar um peso da própria carne *etc.*, da inexistência desses efeitos juridicamente impossíveis decorre logicamente a inexistência da coisa julgada material sobre a sentença que pretenda impô-los.

Visivelmente, estou manejando o argumento das *impossibilidades*, antes empregado por Pontes de Miranda e já referido neste estudo (*supra*, n. 116). Das três ordens de impossibilidades por ele sugeridas, a *jurídica* é que tem maior aderência à problemática aqui versada. A impossibilidade jurídica é bastante versada pelos processualistas em geral, principalmente brasileiros, em relação ao *pedido* – dado que a possibilidade jurídica da demanda é expressamente incluída pelo Código de Processo Civil entre as condições da ação (art. 267, inc. VI). Conceitua-se como a inadmissibilidade do que o demandante pretende, em tese – ou seja, independentemente das circunstâncias do caso.[50] A impossibilidade jurídica do pedido, ou sua inadmissibilidade *a priori*, constitui antecipação da impossibilidade jurídica do resultado pretendido, ou seja, dos efeitos sentenciais postulados. O pedido de recesso da Federação, feito por um Estado, é juridicamente impossível porque juridicamente impossível é o resultado pretendido. *Idem*, o pedido de condenação a dar um pedaço da própria carne *etc.*

Uma sentença contendo o enunciado de efeitos juridicamente impossíveis é, em verdade, uma sentença desprovida de efeitos substanciais, porque os efeitos impossíveis não se produzem nunca e, consequentemente, não existem na realidade do direito e na experiência da vida dos litigantes. Por mais que o juiz ou a mais elevada Corte do país determine o recesso de uma unidade federativa, isso não acontecerá e esse efeito não se produzirá, porque

---

50. *Cfr.* a apresentação do tema que faço na obra *Execução civil*, nn. 246-250, pp. 395 ss., com farta indicação doutrinária.

as forças da nação e do Estado estão autorizadas a impedi-lo, até pela força se necessário. Por mais que uma sentença condenasse alguém a despojar-se em vida de partes de seu corpo, essa sentença não comportaria execução alguma e legítima seria a resistência que o condenado viesse a opor a ela. E, não havendo efeitos a serem imunizados pela coisa julgada material, essa autoridade cai no vazio e não tem como efetivar-se.

> A sentença com o enunciado de efeitos impossíveis não será um ato jurídico inexistente, embora inexistentes os efeitos substanciais por ela programados. Como ato jurídico processual, ela terá, p.ex., o efeito de pôr fim ao processo ou à fase cognitiva deste. Faltar-lhe-á somente a *eficácia* pretendida. São de primeira importância as lições de Emilio Betti sobre a eficácia e ineficácia do ato jurídico, de plena aplicação ao objeto do nosso tema.[51]

Para clareza, repito: *sentença portadora de efeitos juridicamente impossíveis não se reputa jamais coberta pela* res judicata, *porque não tem efeitos suscetíveis de ficarem imunizados por essa autoridade*. Pode-se até discutir, em casos concretos, se os efeitos se produzem ou não, se são ou não compatíveis com a ordem constitucional *etc.*, mas *não se pode afirmar que, sem ter efeitos substanciais, uma sentença possa obter a coisa julgada material*. Esse é um enunciado conceitual e metodológico, que se impõe independentemente de qualquer tomada de posição em relação aos valores políticos, éticos, humanos ou econômicos a serem preservados. Como dito, a sentença terminativa é um belo exemplo de sentença que não obtém a autoridade da coisa julgada material porque não tem efeitos externos, mas ela não é o único caso no sistema.

> O que está dito acima coincide com a ideia posta por Humberto Theodoro Jr., de que "as sentenças abusivas não podem prevalecer a qualquer tempo e a qualquer modo, porque a sentença abusiva

---

51. *Cfr. Teoria generale del negozio giuridico*, III, n. 57, esp. p. 9 trad. Discorri sobre o tema *in Fundamentos do processo civil moderno*, I, n. 281, esp. nota 28.

não é sentença". Não cumpre a finalidade das sentenças de mérito aquela que, por estar propondo um resultado impossível, não é capaz de produzir resultado algum.

128. impossibilidade jurídica e convivência entre princípios e garantias

Tornemos agora ao item inicial deste estudo, onde se salienta a necessidade de estabelecer uma convivência equilibrada entre os princípios e garantias constitucionais, a partir da ideia de que todos eles existem para servir o homem e oferecer-lhe felicidade, sem que nenhum seja absoluto ou constitua um valor em si mesmo (*supra*, n. 111). Não há uma garantia sequer, nem mesmo a da coisa julgada, que conduza *invariavelmente* e de modo absoluto à renegação das demais ou dos valores que elas representam. Afirmar o valor da *segurança jurídica* (ou certeza) não pode implicar desprezo ao da unidade federativa, ao da dignidade humana e intangibilidade do corpo *etc.* É imperioso equilibrar com harmonia as duas exigências divergentes, transigindo razoavelmente quanto a certos valores em nome da segurança jurídica, mas abrindo-se mão desta sempre que sua prevalência seja capaz de sacrificar o insacrificável; é preciso repudiar certos preconceitos residentes em dogmas cultuados irracionalmente e projetados em interpretações radicais ou superadas dos princípios e garantias constitucionais do processo (*supra*, n. 8).

Nessa perspectiva metodológica de libertação e levando em conta as impossibilidades jurídico-constitucionais acima consideradas, conclui-se que *é inconstitucional a leitura clássica da garantia da coisa julgada*, ou seja, sua leitura com a crença de que ela fosse algo absoluto e, como era hábito dizer, capaz de fazer do preto branco e do quadrado, redondo. A irrecorribilidade de uma sentença não apaga a inconstitucionalidade daqueles resultados substanciais política ou socialmente ilegítimos, que a Constituição repudia. Daí a propriedade e a legitimidade sistemática da locução, aparentemente paradoxal, *coisa julgada inconstitucional*.

129. *justo preço e moralidade:*
valores constitucionais relevantes

A premissa conceitual e sistemática é esta: *a impossibilidade jurídica dos efeitos substanciais programados pela sentença impede a formação da coisa julgada material porque essa é uma autoridade incidente sobre efeitos e não pode incidir quando não houver efeito algum que se possa produzir*. Passemos agora à busca dos critérios para determinar, com utilidade para a tomada de posição aqui procurada, quais são essas forças capazes de impedir que a sentença produza os efeitos programados. Ponhamos nossas atenções na garantia constitucional da justa indenização e no princípio da moralidade administrativa, que também é constitucionalmente consagrado.

Aparentemente, a garantia da *justa e prévia indenização* poderia parecer destinada com exclusividade ao resguardo do direito de propriedade e, portanto, configurar-se apenas como uma proteção endereçada aos particulares em face do Estado, sem ter também este como destinatário. Essa insinuação vem não só da topologia da garantia, situada no capítulo *dos direitos e garantias individuais e coletivos*, mas também de sua própria redação. Os precedentes jurisprudenciais que se formaram a esse respeito, todavia, apóiam-se, ainda que não tão explicitamente, em uma visão bipolar da garantia expressa pelo inc. XXIV do art. 5º constitucional. Nessa perspectiva, o *preço justo* figura como uma garantia com que ao mesmo tempo a Constituição Federal quer proteger a efetividade do direito de propriedade e também resguardar o Estado contra excessos indenizatórios. Nem haveria como entender de modo diferente o emprego do adjetivo *justo*, dado que a própria *justiça* é em si mesma um conceito bilateral, não se concebendo que algo seja "justo" para um sujeito sem sê-lo para outro. *Não se faz "justiça" à custa de uma injustiça.*

> Ao discorrer sobre a *justiça igualitária, corretiva ou sinalagmática*, o jurisfilósofo Luís Recaséns Siches põe em destaque o princípio de igualdade inerente a ela e realça particularmente a *equivalência entre o que se dá e o que se recebe*. Depois, remon-

tando à *æquitas romana*, lembra o *suum cuique tribuere* como imperativo da equidade e da justiça.[52]

Essa comutatividade, sem a qual não há justiça, é reforçada, na ordem constitucional brasileira, pela solene afirmação da *moralidade administrativa* como valor a ser objeto de muita atenção pelo Estado, por seus governantes, por seus cidadãos e por seus juízes (Const., art. 5º, inc. LXXIII).

Hely Lopes Meirelles, que há muito vinha expondo ideias sobre a moralidade administrativa, mostrou que ela não coincide com a moral comum mas resolve-se na fidelidade às normas inerentes à Administração Pública. Invocando Hauriou, diz que o administrador, "ao atuar, (...) não terá de decidir somente entre o legal e o ilegal, o justo e o injusto, o conveniente e o inconveniente, o oportuno e o inoportuno, mas também *entre o honesto e o desonesto*". Ele "não poderá desprezar o elemento ético de sua conduta".[53] Depois, a profa. Odete Medauar, procurando sair do vago e do impreciso, mostrou as dificuldades antepostas ao correto entendimento da locução *moralidade administrativa* e com muita agudeza de espírito veio a propor a contraposição *entre moralidade e improbidade*, dizendo incisivamente: "a improbidade administrativa tem um sentido forte de conduta que lese o erário público, que importe enriquecimento ilícito ou proveito próprio ou de outrem no exercício de mandato, cargo, função, emprego público". A prestigiosa professora paulista invoca as disposições com que a Constituição Federal cuida da improbidade administrativa (art. 37, § 4º, e art. 85, inc. V) e vai à Lei da Improbidade Administrativa, que, entre outras disposições, tipifica condutas criminosas de improbidade (lei n. 8.429, de 2.6.1992).[54]

Resulta que o conceito de *moralidade administrativa* coincide com a ideia de *zelo pelo patrimônio moral e material do Estado e dos demais entes públicos*; não só os próprios administradores são

---

52. *Cfr. Tratado general de filosofia del derecho*, cap. XVIII, n. 3, esp. p. 483.

53. *Cfr. Direito administrativo brasileiro*, p. 90.

54. *Cfr. Direito administrativo moderno*, n. 7.6, pp. 148 150.

os institucionais guardiões desse valor, como também os demais órgãos estatais e também o povo. A Constituição Federal manifesta essa intenção, em um primeiro plano, ao dar aos integrantes do povo, que são os *cidadãos*, legitimidade para buscar da Justiça a observância dos padrões exigíveis de moralidade administrativa (art. 5º, inc. LXXIII) e, correspondentemente, ao outorgar aos juízes o poder de fazer o controle da moralidade e da improbidade. Também ao Congresso Nacional é conferido o poder-dever de controlar as contas do Chefe do Poder Executivo (art. 49, inc. IX) e, de um modo geral, "a fiscalização contábil, financeira, orçamentária, operacional e patrimonial da União e das entidades da administração direta e indireta" (art. 70), para o que contará com o auxílio técnico do Tribunal de Contas da União (art. 71). Confirma-se, portanto, que o encargo de zelar pela moralidade administrativa é difuso entre os organismos estatais e membros do congregado político denominado *povo*.

Nesse quadro, não é *justa* uma indenização que vá extraordinariamente além do valor de mercado do bem, porque, ao contrariar a regra da moralidade administrativa, ela estará em choque com os próprios objetivos do Estado, traçados na Constituição. *Justiça* é, na lição sempre respeitada de Norberto Bobbio, a correspondência da norma "com os valores últimos ou finais que inspiram um determinado ordenamento jurídico". É lícito dizer, parafraseando o grande pensador, que perguntar se uma indenização é justa ou injusta significa perguntar se ela é ou não apta a atuar equilibradamente o valor da garantia da propriedade e o da moralidade administrativa, plantados na Constituição Federal.[55]

130. *sentenças juridicamente impossíveis*
– a favor ou contra o Estado

As premissas postas acima autorizam a firme conclusão de que a garantia constitucional da *justa indenização*, tendo uma feição bifronte em sua destinação ao expropriante e ao expropriado,

---

55. *Cfr. Teoria generale del diritto*, n. 9, pp. 23-24.

implica simultaneamente repúdio a indenizações absurdamente aquém do real e também repúdio a indenizações absurdamente acima do real. Esse é um imperativo da interpretação dessa garantia em consonância com os postulados da *isonomia* e da *moralidade administrativa*, também residentes na Constituição da República. Desdobrando a garantia da justa indenização à luz dessa interpretação sistemática, temos que: a) permitir que o ente público pague menos do valor real transgride o direito de propriedade e a garantia de reposição patrimonial, que ela contém; b) exigir pagamento além do valor real implica dano ao Estado e ultraje à moralidade administrativa, constitucionalmente exigida.

Na linha dos conceitos e do método propostos nos tópicos precedentes, conclui-se portanto (a) que são constitucionalmente impossíveis as determinações do valor indenizatório muito além ou absurdamente aquém do devido; b) que as decisões judiciárias contendo determinações assim absurdas não são capazes de impor os efeitos programados, porque colidiriam com aquelas superiores regras constitucionais; c) que, não havendo efeitos substanciais suscetíveis de serem impostos, não incide a coisa julgada material sobre ditas sentenças, porque essa autoridade incide sobre efeitos substanciais e não tem como incidir quando os efeitos forem repudiados por razões superiores – ou seja, quando esses efeitos inexistirem no caso concreto.

131. não basta a inconstitucionalidade

Do contexto da proposta aqui formulada resulta que a desconsideração da *auctoritas rei judicatæ* não se legitima pela mera oposição entre a sentença e a Constituição, mas pelos maus resultados dos julgamentos. O repúdio a esses maus resultados, quando colidentes ao menos com a garantia constitucional do acesso à justiça (Const., art. 5º, inc. XXXV), é o real e legítimo fundamento da relativização da coisa julgada material – e não a inconstitucionalidade em si mesma. Essa colocação conduz à extrema excepcionalidade das hipóteses de relativização (*infra*, nn. 135-136), a ser promovida também por meios extraordinários, sabendo-se que para o afastamento das decisões fundadas em disposições legais declaradas inconstitucionais existem remédios postos pela ordem jurídica, os quais independem desse esforço interpretativo originado na iniciativa pioneira do Min. José Delgado. Minhas propostas situam-se no campo de uma preocupação em torno da *imperfeição das leis* (*supra*, n. 10), inclusive daquelas que oferecem remédios adequados a evitar ou afastar decisões inconstitucionais.

132. a dimensão da conclusão proposta

Os precedentes jurisprudenciais brasileiros colhidos na pesquisa feita apontam exclusivamente casos em que se questionavam indenizações a serem pagas pelo Estado, notando-se até uma preocupação unilateral pela integridade dos cofres públicos, mas o tema proposto é muito mais amplo, porque a fragilização da coisa julgada como reação a injustiças, absurdos, fraudes ou transgressão a valores que não comportam transgressão, *é suscetível de ocorrer em qualquer área das relações humanas que são trazidas à apreciação do Poder Judiciário*. Onde quer que se tenha uma decisão aberrante de valores, princípios, garantias ou normas superiores, ali ter-se-ão efeitos juridicamente impossíveis e, portanto, não incidirá a autoridade da coisa julgada material – porque, como sempre, não se concebe imunizar efeitos cuja efetivação agrida a ordem jurídico-constitucional.

> O critério proposto aplica-se em cheio ao caso, julgado pelo Superior Tribunal de Justiça e já referido neste estudo (*supra*, n. 115), do ente estatal condenado a indenizar pelo apossamento administrativo de um imóvel que depois se verificou ser de seu próprio domínio, ou daquele que foi condenado duas vezes pelo mesmo dano causado ao particular (*supra*, n. 116). Aplica se também ao caso narrado por Couture (*supra*, n. 117), do processo simulado promovido em nome do filho adulterino de um rico fazendeiro, com o escopo de obter sentença favorável a este. Deve aplicar--se ainda a todos os casos de ações de investigação de paternidade julgadas procedentes ou improcedentes antes do advento dos modernos testes imunológicos (HLA, DNA), porque do contrário

a coisa julgada estaria privando alguém de ter como pai aquele que realmente o é, ou impondo a alguém um suposto filho que realmente não o é (infração ao disposto no art. 1º, inc. III, da Constituição Federal).

Não me impressiona o argumento de que, sem a rigorosa estabilidade da coisa julgada, a vida dos direitos seria incerta e insegura, a dano da tranquilidade social. Toda flexibilização de regras jurídico-positivas traz consigo esse risco, como já venho reconhecendo há mais de uma década; mas a ordem processual dispõe de meios para a correção de eventuais desvios ou exageros, inclusive mediante a técnica dos recursos, da ação rescisória, da reclamação aos tribunais superiores *etc.*[56] Além disso, não estou a postular a sistemática desvalorização da *auctoritas rei judicatæ* mas apenas o cuidado para situações extraordinárias e raras, a serem tratadas mediante critérios extraordinários. Cabe aos juízes de todos os graus jurisdicionais a tarefa de descoberta das extraordinariedades que devam conduzir a flexibilizar a garantia da coisa julgada, recusando-se a flexibilizá-la sempre que o caso não seja portador de absurdos, injustiças graves, transgressões constitucionais *etc.* Não temo insistir no óbvio, ao repetir que *"o momento de decisão de cada caso concreto é sempre um momento valorativo"*.

> Relembro a referência já feita à obra de autores norte-americanos, que, ao sustentarem a necessidade de flexibilizar a coisa julgada, ressalvam a excepcionalidade dessa solução ("são necessariamente limitadas essas exceções à normal aplicação dos princípios da coisa julgada. Elas dependem da presença de razões sociais específicas e importantes, para que a coisa julgada possa ser desconsiderada" – *supra*, n. 121).

Aqui tem pertinência o reclamo, já feito por estudiosos do tema, à *razoabilidade interpretativa* como indispensável critério a preponderar quando tais valorações são feitas nos pronunciamentos judiciais: o *logos de lo razonable*, da notória e prestigiosa obra de Recaséns Siches, quer que se repudiem absurdos agressivos à

---

56. *Cfr. A instrumentalidade do processo*, n. 36.3, pp. 347 ss.

inteligência e aos sentimentos do homem comum, sendo absurdo *eternizar injustiças para evitar a eternização de incertezas*. O jurista jamais conseguiria convencer o *homem da rua*, p.ex., de que o não-pai deva figurar como pai no registro civil, só porque ao tempo da ação de investigação de paternidade que lhe foi movida, inexistiam os testes imunológicos de hoje e o juiz decidiu com base na prova testemunhal. Nem o contrário: não convenceríamos o *homem da rua* de que o filho deva ficar privado de ter um pai, porque ao tempo da ação movida inexistiam aquelas provas e a demanda foi julgada improcedente, passando inexoravelmente em julgado.

> *Homem da rua* é o homem simples, ingênuo e destituído de conhecimentos jurídicos, mas capaz de distinguir entre o bem e o mal, o sensato e o insensato, o justo e o injusto, segundo a imagem criada por Piero Calamandrei (*l'uomo della strada*).

Para conferir efetividade à equilibrada flexibilização da garantia da coisa julgada em relação à casos extremos, insisto também na afirmação do dever, que a ordem político-jurídica outorga ao juiz, de postar-se como autêntico canal de comunicação entre os valores da sociedade em que vive e os casos que julga.[57] Não é lícito entrincheirar-se comodamente detrás da barreira da coisa julgada e, em nome desta, sistematicamente assegurar a eternização de injustiças, de absurdos, de fraudes ou de inconstitucionalidades.

> O juiz deve ter a consciência de que a ordem jurídica é composta de um harmonioso equilíbrio entre *certezas*, *probabilidades* e *riscos*, sendo humanamente impossível pensar no exercício jurisdicional imune a erros. Sem a coragem de assumir racionalmente certos riscos razoáveis, reduz-se a possibilidade de fazer justiça. O importante é saber que onde há riscos há também meios para corrigi-los, o que deve afastar do espírito do juiz o exagerado apego à perfeição e o temor pânico aos erros que possa cometer.[58] O juiz que racionalmente negar a autoridade da coisa julgada em um caso

---

57. *Id., ib.*
58. Ob. cit., n. 33, pp. 279 ss.

saberá que, se estiver errado, haverá tribunais com poder suficiente para reformar-lhe a decisão. Deixe a vaidade de lado e não tema o erro, sempre que estiver convencido da injustiça, da fraude ou da inconstitucionalidade de uma sentença aparentemente coberta pela coisa julgada.

133. remédios processuais adequados

A escolha dos caminhos adequados à infringência da coisa julgada em cada caso concreto é um problema bem menor e de solução não muito difícil, a partir de quando se aceite a tese da relativização dessa autoridade – esse, sim, o problema central, polêmico e de extraordinária magnitude sistemática, como procurei demonstrar. Tomo a liberdade de tornar à lição de Pontes de Miranda e do leque de possibilidades que sugere, como (a) a propositura de nova demanda igual à primeira, desconsiderada a coisa julgada, (b) a resistência à execução, por meio de embargos ou impugnação a ela, ou de defesas informais na exceção de pré--executividade e (c) a alegação *incidenter tantum* em algum outro processo, inclusive em peças defensivas.[59]

No caso do ente estatal condenado a indenizar sem ter ocupado imóvel *alheio*, depois do trânsito em julgado chegou a ser celebrado entre as partes um negócio jurídico (transação) e a Fazenda veio a juízo com pedido de anulação deste, simplesmente desconsiderando a coisa julgada anterior; o Superior Tribunal de Justiça aceitou a admissibilidade dessa via e prestigiou a pretensão fazendária, porque o importante era afastar o absurdo que a *auctoritas rei judicatæ* ia perenizando. No caso da avaliação que ficou desatualizada por causa da inflação, alterações ocorridas na ordem econômica e retardamento intencionalmente causado pelo ente expropriante, o expropriado obteve do Supremo Tribunal Federal a determinação de que se realizasse nova avaliação no mesmo processo da ação expropriatória. O menino uruguaio que fora vítima de um fraudulento processo de investigação de paternidade limitou-se a repetir em juízo a propositura dessa demanda, aparentemente transgredindo o veto ao *bis in idem*, que ordinariamente se imporia. A Fazenda

---

59. *Cfr. Tratado da ação rescisória*, § 18, n. 2, esp. p. 195.

que fora condenada duas vezes pelo mesmo imóvel e satisfez a obrigação na primeira das execuções instauradas, opôs embargos à segunda delas e esses embargos foram recebidos.

A casuística levantada demonstra que os tribunais não têm sido particularmente exigentes quanto à escolha do remédio técnico processual ou da via processual ou procedimental adequada ao afastamento da coisa julgada nos casos em exame. Em caso de sentença proferida sem a regular citação do réu, admitiu o Supremo Tribunal Federal que esse vício tanto pode ser examinado em ação rescisória, quanto mediante embargos à execução ou impugnação, se for o caso (sentenças dotadas da eficácia de título executivo) ou ainda em "ação declaratória de nulidade absoluta e insanável da sentença" (voto condutor: Min. Moreira Alves).[60] Para a hipótese específica de desobediência às regras do litisconsórcio necessário unitário, também venho sustentando essa ampla abertura de vias processuais, cabendo ao interessado optar pela que mais lhe convenha – seja a ação rescisória,[61] mandado de segurança se houver liquidez e certeza, ação declaratória de ineficácia *etc.* (essas ideias estão em monografia sobre o tema do litisconsórcio, referindo e apoiando a jurisprudência do Supremo Tribunal Federal).[62]

A *ação autônoma* a que alude o Supremo Tribunal Federal é aquela sugerida por Piero Calamandrei, segundo o qual "o único meio adequado contra a sentença nula será a ação declaratória negativa de certeza, mediante a qual, sem aportar modificação alguma ao mundo jurídico, far-se-á declarar o caráter negativo que o conteúdo da sentença trouxe consigo desde o momento de sua concepção".[63] O Supremo, corretamente, ao aceitar o alvitre dessa

60. STF, Pleno, RE 97.589, 17.11.1982, rel. Moreira Alves, v.u., *DJU* 3.6.1983.
61. Liebman nega a admissibilidade da ação rescisória nesse caso, porque a sentença seria inexistente e, sendo inexistente, não haveria coisa julgada a debelar: *cfr.* "Nulidade da sentença proferida sem citação do réu", p. 183.
62. *Cfr.* Dinamarco, *Litisconsórcio*, nn. 65 a 65.4, pp. 300 ss.
63. *Cfr.* "Vizi della sentenza e mezzi di gravame", n. 9, esp. p. 260.

ação autônoma não a toma como caminho único para o resultado pretendido.

134. *ação rescisória*

Outra legítima abertura ao reconhecimento da inconstitucionalidade da coisa julgada em casos extremos pode e deve ser o *redimensionamento da ação rescisória* e dos limites de sua admissibilidade. Ela é tradicionalmente apontada como um remédio rigorosamente extraordinário de infringência à coisa julgada material, reputada esta um valor a ser preservado a todo custo e sujeito a questionamentos apenas em casos verdadeiramente extraordinários. O rol das hipóteses de sua admissibilidade é um *numerus clausus* (CPC, art. 485) e os tribunais brasileiros esmeram-se em afunilar a interpretação de cada um dos incisos que tipificam as hipóteses de sua admissibilidade, sempre assumida a premissa da prevalência do valor da segurança jurídica. Na nova ordem de relativização da coisa julgada material, é imperioso abrir os espíritos para a interpretação dos incisos do art. 485 do Código de Processo Civil, de modo a permitir a censura de sentenças ou acórdãos pelo prisma da constitucionalidade das decisões que contêm – ou seja, impõe-se a relativa e prudente flexibilização das hipóteses de admissibilidade da ação rescisória, para que ela sirva de remédio contra os males de decisões flagrantemente inconstitucionais, ou fundadas em prova falsa, na fraude ou no dolo de uma das partes em detrimento da outra *etc.*

> Dezenas de servidores de um ente estatal vieram à Justiça e obtiveram a vantagem funcional que pleiteavam, com trânsito em julgado do acórdão que os favorecia. Outras dezenas de servidores do mesmo ente, ocupando a mesma situação estatutária que aqueles outros, receberam julgamento desfavorável, também com trânsito em julgado. Resultado prático: na mesma função, na mesma repartição ou até mesmo na mesma sala ou talvez trabalhando à mesma mesa, convivem servidores integrados na mesmíssima situação funcional, mas alguns percebendo remuneração sensivelmente inferior à dos outros. Não é necessário maior esforço para afastar essa revoltante quebra do princípio constitucional da isono-

mia, bastando interpretar o inc. V do art. 485 do Código de Processo Civil no sentido de permitir que, pelo fundamento da *violação à literal garantia da igualdade substancial* (Const., art. 5º, *caput* e inc. I), em sede da ação rescisória se abra caminho para a concessão dos benefícios antes negados a um significativo grupo de integrantes daquela categoria profissional.

135. *minhas preocupações*

Uma das razões de meu empenho em descobrir e propor um critério geral para relativizar racionalmente a autoridade da coisa julgada material é a tendência, que em várias manifestações tenho visto, a buscar soluções benéficas ao Estado sem pensar nos adversários dos entes estatais e em todos os sujeitos que, de algum modo, tenham sua esfera de direitos comprimida pelos rigores da coisa julgada. Repudio os privilégios dados pela lei processual ao Estado, que reputo de índole fascista; sou um crítico do *Estado inimigo*, que litiga e resiste em juízo com a consciência de não ter razão, abusando do direito de recorrer com o objetivo de postergar a satisfação de suas vítimas; reputo indecente a prática de legislar mediante medidas provisórias destinadas a ampliar os privilégios do Estado em juízo e combato as repetidas indulgências dos juízes para com os entes estatais, a dano da garantia constitucional da isonomia. Nesse quadro, é de esperar que não aceite nem endosse soluções favoráveis ao Estado, só porque favoráveis ao Estado – e isso justifica o grande esforço por uma reconstrução dogmática e conceitual muito sólida e coerente, a que me apliquei no presente estudo, evitando casuísmos. É indispensável o estabelecimento de uma linha de equilíbrio, que favoreça o Estado quando for ele o lesado por decisões absurdas, mas que também favoreça quem quer que se encontre em situação assim – ou seja, postulo uma linha sem qualquer engajamento com os interesses nem sempre justos nem condizentes com o da população, com enorme frequência sustentados pelos defensores estatais.

O próprio Superior Tribunal de Justiça, que no caso acima indicado relativizou a coisa julgada em benefício do Estado (*supra*,

n. 114), em outra Turma radicalizou ao extremo essa autoridade, ao dizer que "seria *terrificante para o exercício da jurisdição* se fosse abandonada a regra absoluta da coisa julgada", sendo *libertadora* a regra legal que a assegura (CPC, art. 468). Tratava-se de uma sentença já trânsita em julgado, afirmando a paternidade de uma pessoa em face de um suposto filho, sem a realização do exame de DNA. Tal exame, feito depois de consumada a coisa julgada, veio a afastar essa paternidade, mas o Superior Tribunal de Justiça fez prevalecer a autoridade do julgado, nos termos absolutos retratados na ementa.[64] O resultado é que, em homenagem ao mito da segurança das relações jurídicas, aquela pessoa arcará com todos os deveres de pai perante uma pessoa que não é seu filho e em relação ao qual provavelmente não nutre afeição alguma; os filhos legítimos daquela pessoa suportarão, no futuro, uma partilha que aquinhoará o não-filho. Esse fortíssimo precedente jurisprudencial, que se alinha na postura tradicional em relação à *auctoritas rei judicatæ* e portanto é uma manifestação integrada em determinado ambiente cultural, na minha óptica merece a censura que merece o próprio pensamento tradicional e suscita ainda uma vez, a preocupação em equilibrar valores constitucionais, sem dar peso absoluto a qualquer um deles. Vejo também com muita preocupação a relativa disposição a favorecer o Estado com a flexibilização da coisa julgada, sem flexibilizá-la em prol de outros sujeitos ou em face de valores ainda mais nobres que os relacionados com os interesses estatais puramente patrimoniais.

Anima-me todavia um outro julgado do próprio Superior Tribunal de Justiça (4ª T.), que admitiu uma segunda ação de investigação de paternidade entre as mesmas partes, havendo a primeira sido julgada improcedente por insuficiência probatória. Ponderou o relator, Min. Sálvio de Figueiredo Teixeira, que ao tempo do primeiro julgado o exame de DNA não era ainda suficientemente divulgado, o que pode ter dificultado a defesa dos interesses do autor.[65] Animam-me ainda alguns pronunciamentos do Tribunal de Justiça do Distrito Federal e Territórios, em que a autoridade do julgado foi corajosamente relativizada, abrindo-se com isso caminho ao realista reexame de uma relação de paternidade. Proclamou o voto condutor do relator em um desses casos, des. Valter Xavier, ser

64. *Cfr.* STJ, 3ª T., REsp n. 107.248, j. 7.5.1998, rel. Menezes Direito, v.u., *DJU* 29.6.1998, p. 160.

65. *Cfr.* STJ, 4ª T., REsp n. 226.436, j. 28.6.2001, rel. Sálvio Figueiredo Teixeira, v.u., *DJU* 4.2.2002, p. 370.

"imperativo que os registros públicos traduzam a efetiva realidade das coisas" e disse ainda que "o interesse público, no caso, prevalece em face do interesse particular ou da estabilidade das decisões judicias".

Se tiver razão no que sustento, terei chegado a uma visão sistemática da relativização da coisa julgada segundo critérios que em primeiro plano são objetivos – despontando sobretudo o da prevalência de certos valores, constitucionalmente resguardados tanto quanto a coisa julgada, os quais devem prevalecer mesmo com algum prejuízo para a segurança das relações jurídicas. Daí aceitar a ideia da *coisa julgada inconstitucional*, que assenta na premissa da harmoniosa convivência entre todos os princípios e garantias plantados na ordem constitucional, nenhum dos quais pode ser tratado como absoluto. A posição defendida tem apoio também no equilíbrio, que há muito venho postulando, entre duas exigências opostas mas conciliáveis – ou seja, entre a exigência de *certeza ou segurança*, que a autoridade da coisa julgada prestigia, e a de *justiça e legitimidade das decisões*, que aconselha não radicalizar essa autoridade. Nessa linha, repito: a *ordem constitucional não tolera que se eternizem injustiças a pretexto de não eternizar litígios.*

    A linha proposta não vai ao ponto insensato de minar imprudentemente a *auctoritas rei judicatæ* ou transgredir sistematicamente o que a seu respeito assegura a Constituição Federal e dispõe a lei. Propõe-se apenas um trato extraordinário destinado a situações extraordinárias com o objetivo de afastar absurdos, injustiças flagrantes, fraudes e infrações à Constituição – com a consciência de que providências destinadas a esse objetivo devem ser tão excepcionais quanto é a ocorrência desses graves inconvenientes. Não me move o intuito de propor uma insensata inversão, para que a garantia da coisa julgada passasse a operar em casos raros e a sua infringência se tornasse regra geral.

136. em defesa da tese

É muito compreensível que uma tese dessa magnitude sistemática, colidente com pensamentos solidificados na cultura do processualista ao longo de milênios, cause preocupações entre os estudiosos e gere resistências e reações. Encaro essas reações, mesmo as mais aguerridas ou mesmo virulentas, como manifestações em defesa daqueles dogmas tradicionais, ainda quando formuladas por estudiosos de reconhecidas posições vanguardeiras. Estou também seguro de que, estando tudo ainda muito no começo, desses debates travados entre pessoas empenhadas em convencer, mas também honestamente dispostas a serem convencidas, poderão surgir luzes para o aprimoramento da tese, para seu redirecionamento segundo princípios e conveniências legítimas ou também – e por que não? – para sua rejeição total, como algo imprestável e socialmente pernicioso. Vamos, pois, debater com os pés no chão, sem radicalismos, sem obsessivo apego aos dogmas e também sem imprudentes entusiasmos inovadores.

O mote central dos opositores da teoria relativizadora é sua suposta incompatibilidade com o valor *segurança jurídica*, que constitui objeto da garantia constitucional do julgado.[66] Mas, na linha do que venho dizendo, essa objeção só seria decisiva, ou talvez irrespondível, se a segurança jurídica fosse o único valor protegido constitucionalmente, ou se fosse ela, por si mesma, o bem maior do qual dependesse a vida e a felicidade das pessoas. Como tudo no Estado democrático de direito, o valor *segurança* é preservado na medida de sua aptidão a realmente proporcionar paz de espírito e estabilidade nas relações jurídicas, sempre em clima de *due process of law*; mas não é legítimo alimentar a paz de espírito e a estabilidade nos negócios do vencedor com o sacrifício de outros valores também protegidos constitucionalmente, quando o valor sacrificado seja de mais elevada relevância social, política, econômica, ética ou humana que a própria

---

66. Assim, p.ex., Botelho de Mesquita, *A coisa julgada*, n. 2, p. 101; Flávio Luiz Yarshell, *Ação rescisória*, n. 81, p. 256; Barbosa Moreira, "Considerações sobre a chamada *relativização* da coisa julgada", in *Revista Dialética de Direito Processual*, n. 22, pp. 91-111; Ovídio Baptista da Silva, "Coisa julgada relativa?", *Revista de direito processual civil*, n. 30, Nelson Nery Jr., *Teoria geral dos recursos*, n. 3.8.8, p. 505; Araken de Assis, "Eficácia da coisa julgada inconstitucional", in *Revista Jurídica*, n. 301, pp. 7-29.

segurança jurídica. Ou seria esta o único ou supremo valor em uma sociedade?

O que acaba de ser dito constitui, como se percebe, o núcleo da tese gerada pelo Min. José Delgado e a substância da posição que venho assumindo. Mas os opositores manifestam temores relacionados com a falta de *parâmetros objetivos* para os juízos de comparação entre valores, a serem feitos por juízes e tribunais. Seria perigoso e inseguro, dizem ou raciocinam, franquear ao Poder Judiciário um larguíssimo poder de apreciação, com o risco de abrir-se campo a inconvenientes subjetivismos ou personalismos incompatíveis com as balizas do Estado-de-direito e ao *due process of law* porque supostamente capazes de reduzir a *nada* a segurança jurídica. Mas, vendo agora as coisas exclusivamente por esse aspecto, algum grau de subjetivismo é sempre indispensável, ou inevitável, nas decisões judiciárias. A própria ordem jurídica positiva outorga aos juízes grandes e significativos poderes de decisão segundo as peculiaridades do caso, como nesta sugestiva exemplificação:

a) o Supremo Tribunal Federal tem o poder de fixar discricionariamente o termo inicial da ineficácia de uma lei declarada inconstitucional, seja em sede de ação direta (*modulação* dos efeitos da declaração de inconstitucionalidade – lei n. 9.868, de 10.11.99, art. 27), seja mesmo no controle difuso. Não há parâmetros constitucionais ou legais definidores das hipóteses ou limites em que isso será feito, sendo certo que, se os houvesse, seriam sempre imperfeitos;[67]

b) tem também o poder de avaliar a *repercussão geral* como requisito de admissibilidade do recurso extraordinário, negando-

---

67. *Cfr.* STF, Pleno, RE 197.917, j. 6.6.02, rel. Maurício Corrêa, m.v., *DJU* 7.5.04; STF, 1ª T., RE n. 147.776, j. 19.8.98, rel. Sepúlveda Pertence, v.u., *DJU* 19.06.98; STJ, 1ª T., REsp n. 511.478, j. 20.11.03, rel. Luiz Fux, v.u., *DJU* 19.12.03. E também a lei pela qual as súmulas vinculantes são disciplinadas em nível infraconstitucional dá ao Poder Judiciário (no caso ao Supremo Tribunal Federal) o poder de "restringir os efeitos vinculantes ou decidir que só tenha eficácia a partir de outro momento, tendo em vista razões de segurança jurídica ou de excepcional interesse público" (lei n. 11.457, de 19.12.06, art. 4º).

-lhe conhecimento quando a avaliação for negativa (Const., art. 102, § 3º). Essa disposição, trazida ao nível infraconstitucional pela lei n. 11.418, de 19 de dezembro de 2006, permite que as próprias Turmas, sentindo que o caso não apresenta "questões relevantes do ponto de vista econômico, político, social ou jurídico, que ultrapassem os interesses subjetivos da causa", deixem de conhecer do recurso extraordinário (CPC, art. 543-A, § 1º);

c) controle algum há, pelo Supremo Tribunal Federal ou Superior Tribunal de Justiça, sobre as decisões tomadas pelo juiz por equidade, como quando ele dimensiona alimentos (CC, art. 1.694, § 1º) ou sopesa circunstâncias ao atribuir a guarda de filho a um dos genitores (CC, art. 1.612, parte final);

d) *idem* quanto ao poder conferido pelo Código Processo Civil ao juiz, de formar seu *livre convencimento* quanto aos fatos e provas (CPC, art. 131), sem possibilidade de controle pelos órgãos de superposição mediante o recurso especial ou extraordinário (Súmula 7 STJ); sem esse controle estão, igualmente, os juízos interpretativos de contratos, os quais sempre são também movidos por algum grau de subjetivismo (Súmula 5 STJ);

e) o Código de Processo Civil faz direto reclamo à cultura do juiz, ou a suas *máximas de experiência*, ao mandar que o juiz valore os fatos aplicando "as regras de experiência comum subministradas pela observação do que ordinariamente acontece" (art. 335);

f) é necessariamente indeterminado o conceito de *jurisprudência dominante*, como critério para a tomada de decisões monocráticas pelo relator (CPC, art. 557, *caput* e § 1º-A);

g) a própria interpretação dos textos do direito positivo, por juízes de todos os graus, é sempre comandada por algum grau de subjetivismo ou, mais profundamente, por premissas valorativas inerentes à *cultura do juiz*.

Eis o ponto.

Como ser vivente em sociedade, o juiz tem o dever funcional de descobrir nos textos legais, à luz dos fatos sobre os quais é chamado a decidir, a norma que efetivamente corresponda aos sentimentos, anseios e valores da nação da qual faz parte – atuando, como venho dizendo, como autêntico *canal de comunicação* entre o espírito da nação e os casos que deve julgar. Assim são as coisas da justiça e não há como fugir à influência dos dados culturais, especialmente os de cunho ético ou valorativo, nas decisões judiciárias – sem que isso contenha autorização a desbordar a uma incontrolada liberdade do juiz nem signifique adesão às inseguras utopias da *escola do direito livre*. Há limites.

O mais visível desses limites é a *pluralidade de graus de exame* (mais que duplo grau de jurisdição), inerente à cultura jurídica romano-germânica e notoriamente vigente no ordenamento processual e judiciário deste país. Uma sentença ou decisão do juiz de primeiro grau poderá sempre ser levada a reexame em grau de apelação ou agravo de instrumento. Uma interpretação transgressiva à Constituição Federal ou à lei federal infraconstitucional poderá ser submetida ao crivo do Supremo Tribunal Federal ou do Superior Tribunal de Justiça. Mas, prosseguem os opositores, a quais freios ou limites estão sujeitos os juízes que atuam nesses tribunais? *Quis ipsos custodes custodient*?

Não há uma resposta objetiva a essa indagação. A única resposta está na crença que devotamos às instituições do país e, particularmente, aos juízes dos quais dependem os nossos interesses, os nossos patrimônios, a nossa liberdade e as nossas próprias vidas. Teria razão Calmon de Passos ao manifestar uma grande desconfiança no Poder Judiciário brasileiro, dizendo que o alargamento de horizontes para a liberdade de apreciação judiciária equivaleria a pôr uma "arma na mão de sicários"? Esse pensamento, expresso em oposição às aberturas e flexibilizações inerentes à teoria da *instrumentalidade do processo*,[68] é a mais veemente de todas as manifestações de desconfiança nos juízes, de que tenho conhecimento. Mas até que ponto seria possível tornar objetivos

---

68. *Cfr.* "Instrumentalidade do processo e devido processo legal", n. 2.4, esp. p. 66.

os julgamentos, sem interferências valorativas de cunho humano e sobretudo cultural?

A própria cláusula *due process of law*, que constitui pano de fundo de todo discurso em torno da segurança jurídica, é em si mesma propositalmente vaga e insuscetível de precisações objetivas; limita-se a doutrina especializada a dizer que ela é composta de "numerosas limitações ao poder do legislador" (e, digamos nós, do juiz),[69] sem se animar a esclarecer quais limitações são essas, precisamente porque o conceito de *due process* é necessariamente plástico e sua aplicação depende invariavelmente dos valores a serem considerados e das circunstâncias concretas de cada caso. Estamos diante de um autêntico *conceito jurídico indeterminado* e, se alguém tem o poder de esclarecer-lhe o significado em cada caso, esse *alguém* só podem ser, em *ultima ratio*, os juízes.

    Na experiência norte-americana é conhecida a manifestação do Juiz Frankfurter, onde se lê essa passagem: "o *due process* não pode ser aprisionado nos traiçoeiros limites de fórmula alguma. Representando uma profunda atitude de justiça entre homem e homem e não especificamente entre o indivíduo e o Governo, o *due process* é composto pela história, pela razão, pelas trilhas de julgamentos pretéritos e pela *firme confiança na força da fé democrática que professamos*".[70] Na doutrina brasileira essa ideia é reafirmada pela palavra do tributarista Antonio Roberto Sampaio Dória, especialmente na frase: "o conteúdo substantivo de *due process* é, pois, e deve continuar, insuscetível de confinamentos conceituais".[71]

Quase chegamos, com isso, a reduzir nossa angustiosa polêmica a uma verdadeira *questão de fé* – fé na democracia, fé no Poder Judiciário. Sem essa fé, *adeus Justiça*, porque jamais conseguiríamos tornar tão objetivos os julgamentos, que nada sobrasse para a apreciação subjetivo-cultural dos juízes. Sem fé não há

    69. *Cfr.*, entre outros, Joseph Bockrath, *Droit constitutionnel*, nn. 99-103, pp. 76-80; Steven H. Gifis, *Law dictionary*, verbete *due process of law*, pp. 149-150.
    70. *Apud* Steven H. Gifis, *Law dictionary*, pp. 149-150.
    71. *Cfr. Direito constitucional tributário e "due process of law"*, n. 12, esp. p. 33.

vida. Sem fé em Deus não teríamos uma vida espiritual, sem fé na sociedade ou na família não teríamos como conviver, sem fé no cirurgião não lhe entregaríamos a vida de um familiar, sem fé não teríamos sequer certeza de nossa própria identidade; sem fé nos juízes pensaríamos em reduzi-los a meros *robots* programados com fórmulas e subfórmulas e habilitados a nos dispensar uma cartela com a decisão da causa, sem sensibilidades às agruras das partes, sem inteligência e sem a percepção de diferenças que a lei jamais conseguirá prever.

Por isso é também que venho manifestando oposição a uma possível ideia de dotar o direito infraconstitucional de normas destinadas a flexibilizar a garantia constitucional da coisa julgada. Há quem pense de modo diferente, mas a *extrema excepcionalidade* das situações em que se legitima essa flexibilização desaconselha a estereotipação legal de novas hipóteses de admissibilidade da ação rescisória ou de fundamentos rescindentes sujeitos a prazos mais longos. Aí, sim, teríamos a institucionalização do enfraquecimento da garantia constitucional do julgado; a ação rescisória brasileira já é larga demais. Por outro lado, jamais o legislador seria capaz de vaticinar casos, e tantos, e tão heterogêneos e surpreendentes, que nenhum ficasse fora de suas previsões. A riqueza da dinâmica do direito e das criações jurisprudenciais reside precisamente nisso, na aptidão a encontrar soluções adequadas a casos particulares não previstos em lei, mantendo a fidelidade aos princípios sem permitir a consumação de absurdos.

> Nem a própria inconstitucionalidade de uma decisão, quando desacompanhada dos inconvenientes axiológicos de que vou falando e dos quais vem falando há mais tempo o Min. José Delgado, deve ser suficiente para autorizar a relativização, flexibilização, afastamento, ou seja lá o que for, da coisa julgada ou de sua garantia em relação a casos concretos. Sem o confronto com um valor de maior significado social, político, econômico ou humano, uma decisão contrária à Constituição é portadora de um *error in judicando* como qualquer outra, sendo sujeita, no máximo, à revisão pela via da ação rescisória. Nisso reside minha razão de discordância em relação à tese de Paulo Otero, da qual dei notícia no presente estu-

do, assim como à afirmação de Humberto Theodoro Jr. de que "a coisa julgada não deve servir de empecilho ao reconhecimento da invalidade da sentença proferida em contrariedade à Constituição Federal"[72] – porque, quando lida isoladamente, essa frase dá ao menos a impressão de que, no pensamento do prestigioso Mestre, o vício de ser proferida em contrariedade à Constituição seja suficiente para desautorizar a formação de coisa julgada sobre a sentença. Insisto em que minha proposta é de inviabilizar a incidência da *auctoritas rei judicata* sobre sentenças que hajam violado valores constitucionalmente protegidos, que sejam de nível mais elevado e significativo que a própria segurança jurídica.

Também não há sinais de motivos para temer um verdadeiro festival de relativizações, flexibilizações, desconsiderações *etc.* da garantia constitucional da coisa julgada. Contam-se nos dedos os casos em que os tribunais, notadamente o Superior Tribunal de Justiça, vêm praticando essa técnica destinada a prestigiar valores mais elevados que a segurança jurídica. Também não é justo ver nessa tese uma tendência totalitária de proteção aos interesses do Estado em detrimento da população. Houve uns poucos casos de decisões favoráveis a entes públicos, nos quais o absurdo da decisão passada em julgado era gritante, mas também houve outros em que se tratava de reconhecer o pai a uma pessoa a quem havia antes sido negado por insuficiência das técnicas biológicas de aferição da paternidade ao tempo em que foram julgados.

De minha parte, dou o depoimento de haver quatro vezes recusado o encargo de elaborar parecer sustentando a relativização da coisa julgada em casos concretos, assim agindo em confirmação do caráter excepcional que venho desde o início sustentando; mas emiti um parecer em sentido contrário, que foi acolhido pela Justiça, em um outro caso no qual combati a concreta relativização. Levar longe demais a tese significaria banalizá-la e alimentar os temores dos que a combatem.

Mas estejamos todos conscientes de que polêmica está longe de ter fim. Argumentos para cá, fundamentos para lá, objeções de

---

72. *Cfr.* "A coisa julgada inconstitucional e os instrumentos para seu controle", *passim* e n. 12, esp. pp. 160-161.

diversas ordens, muita coisa ainda será dita a seu respeito, instabilizando certezas, removendo discordâncias radicais de lado a lado e tendo eu a esperança de que caminhemos para a desejada solução para esses casos aberrantes de transgressão a valores fundamentais e de predomínio da fraude.

CAPÍTULO XI
AÇÃO RESCISÓRIA, INCOMPETÊNCIA E CARÊNCIA DE AÇÃO

137. a Súmula n. 249 do Supremo Tribunal Federal: competência funcional – 138. razão de ser dessa competência funcional – 139. relação hierárquica – tribunais de superposição – 140. substituição do acórdão recorrido pelo que julga o recurso – 141. aplicação dessa regra – 142. uma substituição à brasileira – 143. acima da incompetência, carência de ação – 144. extinção sem julgamento do mérito e não mera transferência ao Supremo Tribunal Federal ou ao Superior Tribunal de Justiça

137. a Súmula n. 249 do Supremo Tribunal Federal: competência funcional

A notória Súmula n. 249 do Supremo Tribunal Federal, estabelecendo que "é competente o Supremo Tribunal para a ação rescisória, quando, embora não tendo conhecido do recurso extraordinário, tiver apreciado a questão federal controvertida", institui uma hipótese bem definida de *competência funcional* e, consequentemente, *absoluta*. Como também é notório, essa Súmula está incorporada à jurisprudência do Superior Tribunal de Justiça e aplica-se, *mutatis mutandis*, aos casos de recurso especial não conhecido em análoga circunstância.

"Diz-se *funcional* a competência quando a lei a determina *automaticamente*, a partir do simples fato de algum órgão jurisdicional ter oficiado em determinado processo com atividade que de alguma forma esteja interligada com essa para a qual se procura estabelecer qual o juiz competente. Ou seja: ela é a competência decorrente do prévio exercício da jurisdição por determinado órgão. É *automática* porque nenhum outro elemento, além desse, precisa ser pesquisado na busca do juiz competente: as regras de competência funcional, residentes na Constituição e na lei, levam em conta a *função já exercida* em dado processo, para estabelecer a quem compete algum outro processo interligado funcionalmente a este ou a quem compete outra fase do mesmo processo. Por isso é que ela se chama competência *funcional*".[1]

O que justifica a competência funcional no sistema do processo civil é o reconhecimento da unidade de um contexto litigioso, com relação ao qual o Poder Judiciário é chamado a atuar mais de uma vez. Essa unidade conflituosa é bastante perceptível no binômio conhecimento-execução, pois a dualidade de fases do processo não significa que haja mais de um litígio. A fase de conhecimento, em que se produz a sentença condenatória como título executivo, e a fase de execução, que se realiza com apoio neste, destinam-se ambas a debelar a mesma *crise de adimplemento* concretamente existente entre os mesmos sujeitos. Por isso, quer o legislador que essas sucessivas fases do processo, integrantes de um só e único contexto litigioso, sejam realizados perante o mesmo órgão judiciário.

Pois na fase cognitiva o Poder Judiciário gerará um título executivo, e na fase de cumprimento de sentença atuará para a satisfação do direito relacionado ao título então gerado. Assim também é a relação entre a competência para a execução e os embargos opostos a ela (se for execução extrajudicial ou se judicial, mas movida pela Fazenda Pública), ou entre o processo cautelar e o principal a que ele se associa *etc.*, porque sempre *interest rei publicæ* a concentração de atividades jurisdicionais em um só órgão judiciário, sem dispersões que prejudicariam a unidade. Daí o *automatismo* na determinação da competência funcional, caracterizado pela pronta descoberta do órgão competente, sem neces-

---

1. São palavras minhas, inseridas em obra geral sobre o processo civil: *cfr.* Dinamarco, *Instituições de direito processual civil*, I, n. 207; v. ainda minha *Execução civil*, nn. 122-123, pp. 212 ss.

sidade ou pertinência da sucessiva busca da Justiça, do foro e do juízo ao qual a causa tocará.[2]

E, justamente porque a competência funcional de um tribunal ou juízo é determinada pelo interesse público em assegurar a unidade no trato do conflito, para o correto exercício da jurisdição – e não pelo interesse imediato e concreto de um dos litigantes em juízo – impõe-se o caráter absoluto e portanto cogente dessa competência, que é de reconhecimento geral (Chiovenda, Liebman[3]).

138. razão de ser dessa competência funcional

São dois os pilares sistemáticos que conferem suporte à competência funcional do Supremo Tribunal Federal ou do Superior Tribunal de Justiça, imposta pela Súmula n. 249. Esses pontos de apoio, intimamente associados, são (a) a *relação hierárquica* entre esses tribunais e os tribunais das diversas justiças e (b) o fenômeno da *substituição* da decisão judiciária recorrida pela que decide sobre o recurso. Esses dois pontos, notórios e de explicação até mesmo intuitiva dentro do sistema, serão examinados nos tópicos a seguir em sua aplicação ao tema da incompetência dos tribunais locais para a ação rescisória nas circunstâncias apontadas na Súmula n. 249.

139. relação hierárquica
    – tribunais de superposição

O Superior Tribunal de Justiça é um *órgão de superposição* aos juízos e tribunais das Justiças comuns, a ele convergindo causas oriundas da Federal e das Estaduais; o Supremo Tribunal Federal é um *órgão máximo de superposição*, a ele convergindo causas de todas as Justiças e também do próprio Superior Tribunal de Justiça.[4] A colocação desses dois tribunais no estrato mais ele-

---

2. *Cfr.* Dinamarco, *Instituições de direito processual civil*, I, n. 207.
3. *Cfr.*, respectivamente, *Principii di diritto processuale civile*, § 29, I, esp. p. 526; *Processo de execução*, n. 21, esp. p. 56.
4. *Órgãos de superposição*: *cfr.* Cintra-Grinover-Dinamarco, *Teoria geral do processo*, n. 98, pp. 196-197.

vado da estrutura judiciária constitui projeção institucionalizada do regime federativo brasileiro, figurando como elemento unificador da interpretação da lei federal e garantidor da autoridade e estabilidade do ordenamento jurídico federal. Vai daí a supremacia jurisdicional hierárquica do Supremo Tribunal Federal e do Superior Tribunal de Justiça em relação aos demais órgãos judiciários: decisões inferiores são por eles revistas e também substituídas, se for o caso, impondo-se sempre o que afinal decidir o tribunal de superposição.

Ora, sendo a ação rescisória um remédio destinado a *cassar* decisões, eliminando-as do mundo jurídico quando o órgão julgador as rescinde, é natural que ela só possa ser processada e julgada por um órgão *ao menos* do mesmo nível hierárquico do prolator destas. É precisamente isso que está no pensamento de Pontes de Miranda – ele admite que *"*não há princípio *a priori* que subordine a ação rescisória à competência do juiz superior, nem à competência do mesmo juiz", para em seguida dizer que a competência será sempre de um órgão jurisdicional dotado de *poder igual ou maior* ao do prolator do ato impugnado (*par maiorve potestas*).[5]

Nada dispõe o Código de Processo Civil a respeito mas na Constituição Federal está plantada uma irremovível premissa desse escalonamento hierárquico, que é a necessária obediência do inferior ao superior. Essa premissa reside na disposição com que a carta constitucional outorga competência ao Supremo Tribunal Federal e ao Superior Tribunal de Justiça para processar e julgar originariamente as reclamações deduzidas contra órgãos das diversas Justiças, repelindo julgados invasivos de sua competência ou infratores da *autoridade de suas decisões*" (arts. 102, inc. I, letra *j*, e 105, inc. I, letra *f*). Mercê dessa premissa, no sistema processual-judiciário brasileiro cada tribunal é competente para as ações rescisórias de seus próprios acórdãos; e, como os juízos de primeiro grau de jurisdição não têm competência alguma para rescindir, as sentenças de primeira instância são sujeitas a rescisão pelo tribunal competente para as apelações cabíveis contra elas.

5. *Cfr. Tratado da ação rescisória,* § 9º, p. 77.

AÇÃO RESCISÓRIA, INCOMPETÊNCIA E CARÊNCIA DE AÇÃO 275

Discorrendo sobre o tema da *reclamação* no direito processual civil brasileiro, disse em um pequeno estudo que agora faz parte do presente volume: "quer na hipótese de preservação da competência invadida, quer na de decisão descumprida ou contrariada, manifesta-se aquela ideia superior e ampla, da afirmação da autoridade dos tribunais de superposição sobre os juízos e tribunais aos quais se sobrepõem, na estrutura judiciária do país. Essa autoridade tanto é ultrajada quando algum juiz ou tribunal exerce a jurisdição onde somente um dos tribunais de superposição poderia exercê-la, quanto nos casos em que algum órgão judiciário negue cumprimento a um preceito ditado por eles ou profira julgamento destoante desse preceito" (*supra*, n. 107).

O zelo do constituinte pela autoridade das decisões dos tribunais, a ponto de dispor um remédio destinado a debelar desobediências cometidas por órgãos de nível jurisdicional inferior a cada um deles, é o sólido substrato constitucional do intuitivo repúdio à rescisão de decisões superiores por órgãos inferiores. Jamais poderá um tribunal local rescindir um julgamento proferido pelo Supremo Tribunal Federal ou pelo Superior Tribunal de Justiça, sob pena de transgressão a essa elementar regra hierárquica – transgressão que o próprio tribunal de superposição debelará quando provocado pela via da reclamação.

Eis a elementar razão que está à base da Súmula n. 249 do Supremo Tribunal Federal, encampada pelo Superior Tribunal de Justiça. Nenhum tribunal tem competência para rescindir acórdão que não seja seu e, particularmente, alguma decisão oriunda desses órgãos mais elevados.

140. substituição do acórdão recorrido pelo que julga o recurso

Todo julgamento superior que, vencidas as preliminares do recurso, aprecia mérito deste, tem o efeito de *cassar* a decisão recorrida (*supra*, n. 82). Tal é o que, de modo expressivo, a doutrina chama *função rescindente* dos recursos, com a observação de que todos eles têm "potencial função rescindente" (Antonio Carlos de

Araújo Cintra).[6] Cassar a sentença significa retirá-la do mundo jurídico e tolhê-la de efeitos, seja para impedir que os produza ou para cercear os que estejam em curso de produção (execução provisória, efetivação de medidas probatórias, cautelares ou antecipatórias determinadas em decisão interlocutória *etc.*) ou ainda para cancelar os que já hajam sido produzidos.

Cassa-se a sentença ou acórdão (a) quando ela ou ele é *anulado*, para que outro venha a ser produzido na instância de origem, sem o vício causador da nulidade, (b) quando seu conteúdo decisório é alterado, invertendo-se o julgamento para que o recorrente seja parte vencedora lá onde era vencida e (c) até mesmo quando o conteúdo da sentença é mantido, reiterando o tribunal o que no juízo inferior se decidira (*supra*, n. 81). A cassação de sentenças ou acórdãos, no direito brasileiro, é obtida pela via dos recursos ou da ação rescisória.[7]

Ordinariamente, e segundo a técnica dos recursos tradicionalmente reconhecida e praticada, o juízo *negativo* de admissibilidade proferido pelo órgão *ad quem* tem por efeito o encerramento do procedimento recursal sem que o mérito do recurso seja apreciado – isto é, sem que o órgão julgador se pronuncie sobre eventual *error in judicando* ou *in procedendo* contido na decisão sujeita a recurso. Não conhecido o recurso, o ato judicial fica intacto, sem cassação e, *a fortiori*, sem substituição (*supra*, n. 80). Daí decorre que em princípio é competente o tribunal *a quo*[8] para processar e julgar ações rescisórias, quando o Supremo Tribunal Federal ou o Superior Tribunal de Justiça houver negado conhecimento ao recurso que lhes fora endereçado, uma vez que – sempre segundo os padrões ordinários – decisões monocráticas ou acórdãos porta-

---

6. *Cfr. Sobre os limites objetivos da apelação civil*, cap. V, n. I, esp. p. 74 e cap. VII, n. 2, esp. p. 104. O professor das Arcadas de São Francisco está a falar somente da apelação, que é o tema de seu discurso, mas o que diz é uma regra de amplitude total, abrangendo todos os recursos civis.

7. Ou ainda, tratando-se de sentença condenatória, pela sentença que acolhe embargos à execução opostos com fundamento no inc. I do art. 475-L do Código de Processo Civil.

8. *Tribunais locais*.

dores de autêntico juízo negativo de admissibilidade recursal não operam a substituição do ato recorrido.

A locução *mérito dos recursos* designa a pretensão levada ao tribunal pelo recorrente, ou seja, o pedido de nova decisão, (a) quer essa pretensão coincida com o próprio mérito da causa (recurso com pedido de procedência do mérito onde o juiz ditara a improcedência, ou vice-versa), (b) quer o recorrente esteja pedindo ao tribunal que afaste os efeitos de uma sentença terminativa, determinando que o juiz julgue o *meritum causæ* ou julgando-o ele próprio (art. 515, § 3º), (c) quer ele se limite a postular a anulação da sentença ou acórdão recorrido. Só no primeiro caso o mérito do recurso coincide com o da causa, mas sempre o mérito recursal existe, representa um conceito autônomo e sua apreciação depende do prévio juízo de admissibilidade do próprio recurso.[9]

141. aplicação dessa regra

A óbvia consequência desse critério e dessa regra é a competência do tribunal local quando, não conhecido o recurso pelo Supremo Tribunal Federal ou pelo Superior Tribunal de Justiça, a parte vencida torna a juízo com sua demanda de rescisão do acórdão rescindendo (ou seja, do acórdão do tribunal local). Assim é nos *verdadeiros* casos de não conhecimento, como quando o juízo de admissibilidade feito pelo Supremo Tribunal Federal ou pelo Superior Tribunal de Justiça é negativo em razão da falta de prequestionamento, por intempestividade, ausência de representação *etc.*

Nessas hipóteses, em que a questão federal debatida no recurso extraordinário ou no especial não é objeto de qualquer apreciação pelo órgão de superposição, o não conhecimento é verdadeiramente um juízo negativo de admissibilidade e, consequentemente, o acórdão recorrido permanece intacto em seu decisório e em sua motivação. É natural, portanto, (a) que constitua objeto da demanda de rescisão o acórdão que antes fora objeto do recurso extraordinário ou especial e (b) que a competência para rescindi-

---

9. *Cfr.* Dinamarco, *Fundamentos do processo civil moderno*, I, n. 113.

-lo seja do tribunal local e não daqueles tribunais mais elevados. Não havendo substituição alguma de um julgado por outro, a última palavra dada pelo Poder Judiciário sobre o *meritum causæ* terá sido a do tribunal local, sem motivo para que um daqueles órgãos fosse competente para rescindir o julgado.

142. *uma substituição à brasileira*

A Súmula n. 249 abre uma *aparente* exceção a essa regra geral, ao afirmar a competência dos tribunais de superposição para a ação rescisória sempre que, embora não conhecendo do recurso extraordinário ou do especial, o Supremo Tribunal Federal ou o Superior Tribunal de Justiça "tiver apreciado a questão federal controvertida". É apenas aparente essa exceção, porque o correto entendimento do "não conhecer", em tais hipóteses, demonstra que na realidade ele é um "conhecer e não prover". Esse reparo vem sendo feito desde há mais de três décadas por Barbosa Moreira nos escritos em que examina a firme orientação do Supremo Tribunal Federal e do Superior Tribunal de Justiça, consistente em proclamar que *não conhece* do recurso em razão da ausência de transgressão à Constituição Federal ou à lei. O Tribunal penetra no âmago do acórdão recorrido, examina-lhe os fundamentos jurídicos, confronta-os com o direito posto e nega que haja incompatibilidade entre aqueles e este – mas, contraditoriamente, acaba por concluir proclamando que "não conhece" do recurso interposto. Diz aquele autor em escrito atual:

> "quanto ao recurso extraordinário, a questão via-se um tanto obscurecida pela técnica defeituosa com que o Supremo Tribunal Federal costumava julgá-la no caso de interposição com fundamento na letra *a* do dispositivo constitucional [*das Constituições antigas*], declarando não conhecer do recurso se verificava inexistir a alegada contrariedade à Constituição ou negação de vigência a tratado ou lei federal – hipótese que, a rigor, era de conhecimento e desprovimento. *Mutatis mutandis*, o problema hoje se põe, analogamente, com referência ao Superior Tribunal de Justiça e ao recurso especial *ex* art. 105, n. III, letra *a*, da Carta de 1988. Ele se

resolve mediante a interpretação do acórdão, pela qual se corrigem os erros de terminologia".[10]

São judiciosas as ponderações do monografista Nelson Luiz Pinto, demonstrando que tem dois significados a *contrariedade ou negativa de vigência a tratado ou lei federal*, posta na Constituição Federal como hipótese de admissibilidade do recurso especial. No plano puro da admissibilidade desse recurso, tal cláusula nada mais indica que a necessidade de uma "alegação razoável, por parte do recorrente, de ter a decisão recorrida contrariado dispositivo de lei federal ou tratado" – razoabilidade que, se faltar, conduz à inadmissibilidade do recurso. A efetiva contrariedade situa-se no plano do mérito recursal e, sem ela, o recurso é admissível, mas será improvido.[11] O que ensina esse Mestre da Universidade Católica paulista também conduz, portanto, a ver no "não conhecer" por falta de contrariedade substancial um autêntico *improver*: na realidade, nega provimento ao recurso extraordinário ou ao especial o tribunal que, com apoio no exame da questão federal, nominalmente declara que dele não conhece. Consequentemente, sempre a teor do disposto no art. 512 do Código de Processo Civil, o acórdão que assim decide julga o mérito recursal, *cassando* o acórdão recorrido e *substituindo-o*. Partindo das premissas também assumidas no presente estudo, outro destacado professor da Faculdade Católica de São Paulo diz incisivamente que, na hipótese da Súmula n. 249, *"esse acórdão do STF substitui a decisão recorrida"* (Nelson Nery Júnior[12]).

> Insisto em que a *substituição* do julgado inferior pelo superior não se dá somente quando este *reforma* aquele mas sempre que aprecia o mérito recursal, sem anular o ato recorrido, porque: a) o que não conhece do recurso não o cassa nem substitui, deixando intacta a decisão inferior; b) o que conhece do recurso e

10. *Cfr. Comentários ao Código de Processo Civil,* n. 121, esp. p. 201; v. também, do mesmo autor, *O juízo de admissibilidade dos recursos civis,* n. 23, esp. p. 37, e n. 133, pp. 149-150.

11. *Cfr. Recurso especial para o STJ,* 1996, cap. V, n. 3.1, esp. p. 119.

12. *Cfr. Princípios fundamentais – teoria geral dos recursos,* n. 2.4, esp. p. 54.

anula esta, remetendo o processo ao juiz inferior para que volte a julgar, cassa-a, mas não a substitui. Mas o acórdão que conhece do recurso para *confirmar* ou para *reformar* o julgado que foi objeto da impugnação, esse o cassa e põe-se sempre no lugar dele, *substituindo-o* (Nelson Nery Júnior[13]).

Com a interpretação conceitualmente correta proposta por Barbosa Moreira, Nelson Luiz Pinto e Nelson Nery Júnior, essa firme orientação dos dois tribunais significava que, não obstante a aparência em contrário, a Súmula n. 249 não transgride a fundamental regra da competência do tribunal *a quo* em caso de recurso não conhecido. É competente um daqueles órgãos de superposição na circunstância ali considerada porque na realidade *houve uma substituição* e esse falso não conhecimento é um *conhecimento com improvimento* do recurso especial ou do extraordinário. Felizmente, tanto no Supremo Tribunal Federal quanto no Superior Tribunal de Justiça há significativos sinais de que essa *substituição à brasileira* está perdendo força; tem-se notícia de casos em que, por não haver infração à Constituição ou à lei federal, o recurso é conhecido e improvido (e não simplesmente não conhecido).

> Ainda uma vez é pertinente reportar-se ao instituto da *reclamação*, porque a rescisão do acórdão superior pelo tribunal menos elevado seria uma negação da autoridade daquele, que a Constituição visa a preservar (arts. 102, inc. I, letra *j*, e 105, inc. I, letra *f*). Quando os fundamentos do recurso não foram apreciados pelo Supremo Tribunal Federal ou pelo Superior Tribunal de Justiça (não conhecimento por falta de prequestionamento *etc.*) não há uma supremacia a assegurar, ou uma desobediência a debelar. Quando, porém, um desses tribunais se manifestou a respeito da questão federal, negando a desconformidade do acórdão recorrido com a Constituição ou com a lei federal, ali reside a última palavra do Poder Judiciário, que jamais um órgão menos elevado poderá infirmar.

143. *acima da incompetência, carência de ação*

As reflexões e conceitos desenvolvidos no tópico precedente conduzem à carência da ação rescisória em caso de propositura contra acórdão que fora objeto de recurso especial ou extraordiná-

---

13. Ob. e loc. cits., esp. pp. 53-54 (v. *supra*, n. 81).

AÇÃO RESCISÓRIA, INCOMPETÊNCIA E CARÊNCIA DE AÇÃO 281

rio "não conhecido" nas circunstâncias ali examinadas. Se o Superior Tribunal de Justiça ou o Supremo Tribunal Federal afirmou a compatibilidade constitucional ou legal do julgado recorrido e, pelo fenômeno da *substituição*, o julgamento do recurso passou a ocupar o lugar do acórdão recorrido, de nada serviria ao autor da rescisória obter a cassação do julgado inferior e deixar intacto o superior, que sempre permaneceria eficaz. Somente o último julgamento passou em julgado, não o acórdão que fora objeto do recurso extraordinário ou especial: consequentemente, é em face do último julgamento que se pode propor a ação rescisória – até porque o art. 485 do Código de Processo Civil é explícito: "a sentença de mérito, *transitada em julgado*, pode ser rescindida". Só a que tiver transitado em julgado, não as anteriores!

> Não tem relevância, para o que aqui se diz, a *vexata quæstio* sobre se a ação rescisória é remédio contra a coisa julgada formal ou a material.[14] O certo é que, sem o trânsito em julgado, não há interesse para a ação rescisória. Se a sentença ainda pende de recurso possível, o remédio oferecido pelo sistema processual é este e, portanto, falta para aquela o interesse-adequação. Se o recurso foi interposto e novo julgamento se proferiu, falta à ação rescisória contra o julgamento recorrido o pressuposto da *utilidade*. Pontes de Miranda: "a ação rescisória supõe a sentença que passou em julgado, isto é, de que não cabe ou não mais cabe recurso".[15]

A questão da competência fica portanto em plano secundário. Antes dela e com mais relevância, põe-se o quesito da *utilidade jurídica* do provimento jurisdicional postulado. Rescindir o acórdão local, já substituído juridicamente pelo julgado superior, não impediria que este continuasse a se impor e produzir os efeitos que, pela palavra de um dos tribunais de superposição, o Poder Judiciário nacional quis impor. Consequência: falta interesse de agir em via rescisória com o objetivo de desfazer os efeitos do acórdão já substituído por outro do Superior Tribunal de Justiça

---

14. No primeiro sentido, Pontes de Miranda, *Tratado da ação rescisória*, § 17, esp. p. 144; no segundo, com toda razão, Barbosa Moreira, *Comentários*, cit., n. 69, esp. p. 109.

15. Cfr. *Tratado da ação rescisória*, § 17, pp. 143-144.

ou do Supremo Tribunal Federal, quando o recurso especial ou o extraordinário não tiver sido conhecido mediante a negativa de conflito com a ordem constitucional ou legal.

Insisto ainda nessa distinção: a) se proponho perante o tribunal local uma ação rescisória tendo por objeto um acórdão do Supremo Tribunal Federal ou do Superior Tribunal de Justiça, a questão se resolve em termos puros de competência, porque um órgão judiciário não é competente para rescindir acórdão de outro (e muito menos de um Superior); b) mas quem pede ao tribunal do Estado a rescisão de acórdão dele próprio não incorre em incompetência, ainda quando esse acórdão houver sido substituído por um do Supremo Tribunal Federal ou do Superior Tribunal de Justiça: o que falta é a condição de ação definida como interesse de agir, dada a inutilidade da pretendida rescisão. Seria como pedir a anulação de um contrato, quando as mesmas partes já voltaram a repactuar suas relações e para isso celebraram um novo contrato, substitutivo do primeiro.

Estamos portanto no campo do *objeto da ação rescisória* e não mais da competência para processá-la e julgá-la. O acórdão local é já um *ser morto*, ao qual não faz sentido pensar em tirar a vida. Por isso é que estou falando em falta de interesse de agir, tendo em mente que, em direito, *interesse é utilidade* – ou, no sistema e linguagem de Francesco Carnelutti, ele é a *relação de complementaridade* entre um bem portador da capacidade de satisfazer uma necessidade e uma pessoa portadora de uma necessidade que pode ser satisfeita por esse bem.[16] Lembrados esses conceitos, reafirmo que, na situação examinada, a rescisão do acórdão inferior não seria capaz de proporcionar qualquer proveito útil ao autor da ação rescisória; por falta do interesse-utilidade, ele será carecedor da ação proposta.

144. *extinção sem julgamento do mérito e não mera transferência ao Supremo Tribunal Federal ou ao Superior Tribunal de Justiça*

Se a *incompetência* fosse o verdadeiro empecilho ao julgamento da ação rescisória por tribunal local na circunstância sobre

---

16. *Cfr. Teoria generale del diritto*, § 35, pp. 58-61.

a qual dispõe a Súmula n. 249, seria imperioso o deslocamento do feito, com remessa ao tribunal de superposição competente. Tal é um ditame da teoria e da disciplina legal da competência, uma vez que o juiz ou tribunal incompetente não é destituído de jurisdição e, por esse motivo, a lei é muito explícita: quer se trate de incompetência relativa ou absoluta, ou mesmo quando a demanda haja sido proposta perante Justiça incompetente ou tribunal inferior ao competente, o destino do processo é o juízo ou tribunal competente e jamais a extinção processual (CPC, arts. 113, § 2º e 311).

A Súmula n. 249 não trata, porém, de uma autêntica questão de competência. Estamos diante de uma situação em que, acima da incompetência, deve ser reconhecida a *carência de ação rescisória*. A consequência é que o processo dessa ação rescisória deve ser extinto sem julgamento do mérito, por falta de interesse de agir, como manda o art. 267, inc. VI, e § 3º, do Código de Processo Civil. Assim é também o alvitre de Barbosa Moreira, o qual refere e louva um acórdão do Superior Tribunal de Justiça, em que está dito:

> "se a ação rescisória intenta a rescisão de acórdão de tribunal local, tendo sido entretanto examinada pelo Supremo Tribunal Federal a questão controvertida no julgamento rescindendo, a hipótese é de extinção do processo. Não se justifica a remessa dos autos ao Supremo Tribunal Federal se o objeto da rescisória não é o seu acórdão".[17]

---

17. STJ, Agr. Reg. no AI. 64.168, j. 12.9.1995, *DJU* 13.11.1995, p. 38.675, *apud* Barbosa Moreira, *Comentários ao Código de Processo Civil*, n. 121, nota 205, p. 201. Esse processualista ressalva que, *na fase inicial do processo* (CPC, art. 284), ainda pode e deve o relator propiciar ao autor a correção do objeto de sua iniciativa – o que não será possível depois, dada a estabilização da demanda pela citação (arts. 264 e 294 CPC).

CAPÍTULO XII
AÇÃO RESCISÓRIA CONTRA DECISÃO INTERLOCUTÓRIA

145. um caso difícil e extraordinário – 146. a causa e a origem da dificuldade – 147. prescrição, um fato extintivo (questão de mérito) – 148. momentos para o exame da prescrição – 149. decisão interlocutória de mérito – 150. a lógica do razoável e a imperfeição das leis – 151. da imperfeição da lei à rescindibilidade de todas as decisões de mérito – 152. ressalvas e cautelas

145. *um caso difícil e extraordinário*

Em minha experiência profissional deparei com um caso verdadeiramente extraordinário, que me pôs a refletir sobre temas e ideias de direito processual de que nunca cogitara antes e, sobretudo, sobre algo mais amplo e transcendental, que é a *imperfeição das leis*. Tratava-se de uma ação promovida em face da empresa que me consultou, tendo sido ela condenada a pagar vultosa importância a título de indenização. Essa condenação já havia passado em julgado. No curso do processo, mediante decisão interlocutória o juiz da causa havia rejeitado a *prescrição* alegada por essa empresa-ré, fazendo-o ao sanear o feito. Essa decisão foi objeto de agravo de instrumento, interposto por ela sem sucesso. O advogado que me procurou cogitava de propor uma ação rescisória contra a sentença de mérito passada em julgado, mediante o fundamento de haver ela violado literal disposição de lei substancial referente à prescrição (CPC, art. 485, inc. V).

A dificuldade do caso residia em que nada decidira *a sentença* sobre a prescrição, uma vez que essa defesa já havia sido rejeitada antes e o julgamento do tribunal sobre o agravo então interposto e improvido já se tornara irrecorrível. Como propor ação rescisória por ultraje a dispositivos da lei sobre a prescrição, se sobre a prescrição a sentença não se pronunciara de maneira alguma? Mas também como impor à parte uma passiva resignação em face da rejeição dessa defesa, quando tudo indicava que efetivamente a prescrição ocorrera e o juiz, ao se pronunciar sobre o tema em decisão interlocutória, havia aplicado mal a lei? Propor ação rescisória contra a decisão interlocutória? A lei é muito clara, ao admitir esse remédio extraordinário somente contra as *sentenças de mérito* passadas em julgado (CPC, art. 485, *caput*). A dificuldade advinha do fato que a sentença de mérito não padecia do vício de violação; tal violação poderia estar contida na decisão interlocutória proferida acerca da prescrição, não na sentença.

> Quando o Código de Processo Civil abriu caminho para a ação rescisória contra sentenças de mérito, isso foi feito porque, no espírito e na previsão do legislador, só em *sentença* o mérito poderia ser julgado, ficando fora de cogitação que o fosse em decisões interlocutórias. Estas destinam-se a decidir sobre demandas ou temas incidentes ao processo, sem pôr fim a este e limitando-se a prover sobre elas sem avançar sobre o *meritum causæ*. A extinção do processo ou da fase cognitiva com ou sem julgamento do mérito, é feita por sentença (art. 162, § 1º) e, da interpretação conjugada dos arts. 269, inc. I, e 459 do Código de Processo Civil, resulta que todo o mérito será julgado em sentença e em uma só sentença.

146. *a causa e a origem da dificuldade*

A causa desse impasse criado foi o *error in judicando* consistente em rejeitar desde logo a prescrição em uma decisão interlocutória, ou seja, antes da sentença e, portanto, fora dela. O Código de Processo Civil não abre a menor possibilidade de cindir o julgamento do mérito mediante a antecipação do exame de algumas questões diretamente ligadas a ele. Pela dicção explícita do art. 459 do Código de Processo Civil, e feita sua interpretação em conjunto com o art. 458, é na sentença que se concentram o exame e o pronunciamento do juiz acerca de todos os pontos relevantes para a procedência ou improcedência da demanda. Assim é a estrutura lógica da sentença, na qual se inclui não somente a decisão da causa como a solução de todas as questões jurídico-substanciais capazes de influir sobre tal decisão. Tal é o *princípio da concentração da decisão*, de que fala Liebman[1] e que só comporta as exceções que a lei estabelecer; e a lei brasileira não formula as exceções que se veem na italiana (condenações com reserva, *provvisionali etc.*). Aqui, a conclusão pela procedência ou improcedência vem exclusivamente na parte decisória da sentença e a solução de todas as questões de mérito, em sua motivação (art. 458, incs. II-III).[2]

> Na estrutura do procedimento ordinário vigente no país, cabe ao juiz pronunciar-se sobre as questões processuais, ou seja, sobre os pressupostos de admissibilidade do julgamento do mérito, ao longo de todo o procedimento e especialmente em sua fase ordinatória. Como está nos arts. 328, 329 e 331 do Código de Processo Civil, as *preliminares* serão objeto de pronunciamentos ou determinações a serem exarados depois de posto em juízo o litígio e as controvérsias das partes mediante as demandas contrapostas do autor e do réu (demanda inicial e resposta) e antes de ser o feito saneado, ou no próprio ato de sanear; na própria audiência preliminar o juiz decidirá questões processuais remanescentes (art. 331, § 2º), sem impedimento de fazê-lo depois, a qualquer tempo, e mesmo depois da instrução (não há preclusões a respeito: art. 267, § 3º). No tocante às *questões de mérito* é diferente.

147. prescrição, um fato extintivo (questão de mérito)

A prescrição é uma defesa de mérito. Quando o réu a invoca e o autor a nega, dessa controvérsia entre as partes surge uma *questão de mérito* a ser solucionada pelo juiz. *Questão* é aqui tomada no sentido afirmado por Carnelutti e aceito pela doutrina em geral,

---

1. *Cfr. Manuale di diritto processuale civile*, II, nn. 274-276, esp. p. 239.
2. *Cfr.* Dinamarco, *Fundamentos do processo civil moderno*, I, n. 106.

de *ponto controvertido*. Quando as partes discutem sobre fatos relacionados com a prescrição (se houve ou não houve uma interrupção desta *etc.*), eis uma questão de fato; se a divergência for sobre aspectos jurídicos da prescrição (qual o prazo para prescrever o direito em causa *etc.*), a questão será de direito. Em qualquer dessas hipóteses, estaremos diante de *pontos controvertidos de fato ou de direito*, sendo essa a definição *carneluttiana* de questão.[3] E as possíveis questões sobre a prescrição têm a natureza de *questões de mérito*, porque o modo como o juiz as solucionar influenciará diretamente a decisão conclusiva sobre existir ou não existir o direito afirmado pelo autor na petição inicial, extinguindo-se o processo resolvendo-se o mérito na hipótese de a prescrição ser reconhecida; não se trata de questão meramente processual, capaz de produzir a extinção do processo sem julgamento do mérito, porque o contrário é inerente ao próprio conceito de prescrição e está dito expressamente na lei (CPC, art. 269, inc. IV).

No caso que examinei, contudo, o juiz da causa antecipou-se à sentença para decidir essa questão de mérito já no curso do processo, com o que transgrediu a regra da unidade da sentença e surpreendeu o próprio legislador, por cuja mente jamais passou a possibilidade de uma questão de mérito ser solucionada em decisão interlocutória. No sistema de direito processual positivo brasileiro, antecipar o pronunciamento sobre essa causa extintiva, fazendo-o mediante uma decisão interlocutória e postergando o exame das demais questões *de meritis* e conclusão pela procedência ou improcedência, significa romper a unidade sentencial, afrontar o princípio da concentração da sentença e transgredir o disposto nos arts. 458 e 459 do Código de Processo Civil. Todas as questões de mérito devem ser julgadas de uma vez só, e sempre na sentença.

148. *momentos para o exame da prescrição*

O Código de Processo Civil manda que o juiz reconheça liminarmente a ocorrência da prescrição ou da decadência, indefe-

---

3. Cfr. Carnelutti, *Istituzioni del processo civile italiano*, I, n. 13, esp. p. 13.

rindo desde logo a petição inicial quando for o caso (art. 295, inc. IV). Fá-lo-á, como é óbvio, *ex officio*, uma vez que nesse momento inicial o réu sequer foi citado e portanto nem está no processo para fazer a alegação – sendo que o § 5º do art. 219 do Código de Processo Civil o autoriza a tanto ("o juiz pronunciará de ofício a prescrição"). A ocorrência da prescrição pode ser reconhecida nesse momento ou em qualquer outro e, como esta atinge o direito do autor, ao reconhecê-la o juiz estará, rigorosamente, julgando improcedente a demanda e pondo fim à fase cognitiva do processo (art. 269, inc. IV). Em nenhum dispositivo, porém, admite que o juiz aprecie a questão prescricional para rejeitá-la *sem pôr fim ao processo*. Agir desse modo é cindir o julgamento, tanto quanto seria se o juiz negasse a ocorrência do pagamento alegado pelo réu, prosseguindo para o exame dos demais pontos.

Consideradas essas premissas, tendo o juiz diante de si a alegação da prescrição, só por dois caminhos ele poderá seguir: a) ou reconhece a prescrição e profere sentença, (b) ou não se convence de que ela ocorreu, cumprindo-lhe nessa hipótese diferir seu pronunciamento ao momento de sentenciar. Depois, na sentença que de algum modo extinguirá a fase cognitiva do processo, poderá negar a ocorrência da prescrição, passando, pois, ao exame dos demais pontos – mas sempre na sentença, observado o *princípio da concentração*. Repito: a antecipação de um pronunciamento sobre a prescrição, *rejeitando-a* e, portanto, não extinguindo a fase cognitiva do processo, é tão absurda quanto a rejeição de algum outro fundamento de mérito alegado pelo réu, como o pagamento – o qual, tanto quanto a prescrição, é um fato extintivo de direitos.

> Não passaria pela cabeça de ninguém, como não passou pela do legislador, que o juiz pudesse, ao longo do procedimento, ir selecionando as questões de mérito sobre as quais formasse sucessivamente seu convencimento, para de modo gradual eliminá-las uma a uma – negando a compensação logo ao despachar a contestação, rejeitando o pagamento quando aprecia o requerimento de provas, afastando a prescrição ao sanear o processo *etc.* Mas, na lógica do juiz que proferiu a decisão interlocutória aqui em crítica,

isso seria possível, com total desconsideração ao preceito que manda decidir todas as questões de mérito de uma vez só.

149. decisão interlocutória de mérito

Como já dito, não esteve nas cogitações do legislador de 1973 a ocorrência de decisões parciais sobre questões de mérito. Para ele, as decisões interlocutórias pronunciar-se-iam exclusivamente sobre pontos relacionados com a ação, os pressupostos processuais e, em geral, sobre os requisitos para o julgamento do mérito. Jamais, sobre o *meritum causæ*. As sentenças, sim, é que serão de mérito ou terminativas conforme o caso (art. 162, § 1º). Contrariando porém o alvitre e as previsões do legislador, *de fato* o juiz da causa decidiu interlocutoriamente uma questão de mérito. Essa decisão é viciada mas existe, é interlocutória e é também, em virtude do conteúdo ostentado, *de mérito*. Ela é tanto uma decisão de mérito quanto a sentença que, entre outras questões, examina a da prescrição e a reconhece ou rejeita.

Daí a imperiosa conclusão de que, estando presentes os demais pressupostos para a rescisão, é a ela que a ação rescisória deveria endereçar-se e não à sentença que depois veio a ser proferida. Seria absurdo rescindir a sentença pelo fundamento de haver transgredido os dispositivos legais sobre a prescrição (violação a literal disposição de lei – CPC, art. 485, inc. V), quando a esse propósito ela nada decidiu.

150. a lógica do razoável e a imperfeição das leis

No conhecido ensinamento de Recaséns Siches, "sin interpretación no hay posibilidad de que exista ningún orden jurídico". É indispensável superar as aparências resultantes das palavras, para chegar-se ao real significado da norma, segundo uma "lógica de lo humano, de lo razonable".[4] Por isso, é preciso ter a coragem de interpretar os dizeres do *caput* do art. 485, de modo a descobrir o que teria disposto o legislador se lhe houvesse pas-

---

4. *Cfr. Tratado general de filosofia del derecho*, 1986, p. 627.

sado pela mente a prolação de decisões interlocutórias portadoras de pronunciamento sobre o mérito da causa. Teria ele fechado categoricamente as portas para a ação rescisória dessas decisões? Teria pretendido permitir a rescisão de sentenças e impedir a de decisões interlocutórias, só porque interlocutórias? Só pela lógica do absurdo chegar-se-ia a essa conclusão, porque aberra do sentimento comum a rescindibilidade das sentenças de mérito, em oposição à irrescindibilidade de outra decisão, também de mérito, só por não ser formalmente caracterizada como *sentença*. É do espírito da ação rescisória o afastamento da eficácia dos pronunciamentos jurisdicionais de mérito, portadores dos vícios elencados nos incisos do art. 485 do Código de Processo Civil.

A Corte de Cassação italiana admite recurso de cassação contra ordenações (*ordinanze*) portadoras do julgamento do mérito, embora a Constituição estabeleça que tal recurso tem por objeto a sentença e não os demais atos judiciais (art. 111, 2ª parte). "La Corte há ritenuto che la norma costituzionale non si riferisce alle *sentenze* in senso formale cioè ai provvedimenti che sono qualificati tali dall'organo che li pronuncia e hanno le forme dell'art. 132, bensì a tutti i provvedimenti comunque definiti e in qualsiasi forme pronunciati, i quali abbiano *natura decisoria* e quindi sostanza di sentenza" (Liebman[5]).

151. *da imperfeição da lei à rescindibilidade de todas as decisões de mérito*

Ao instituir a rescindibilidade das sentenças de mérito, o legislador teve em mente a conveniência de mitigar os rigores da coisa julgada material, de modo a impedir que certas injustiças ou infrações reputadas particularmente graves pudessem ficar perenizadas em nome de uma segurança jurídica que nesses casos seria um elemento perverso, em vez de benéfico ao convívio social. Falou em *sentença* de mérito, porque não lhe passou pela mente a possibilidade de um julgamento de mérito vir em algum momento a ser proferido incidentemente, ou seja, mediante uma

---

5. *Cfr. Manuale di diritto processuale civile*, II, 1981, n. 332, p. 69.

decisão interlocutória. Ele cuidou de esclarecer muito bem que só os temas incidentes ao processo serão objeto dessas decisões e o mérito, das sentenças e nada mais (*supra*, n. 147) – mas não cogitou, como não lhe seria exigível, de hipóteses concretas verdadeiramente teratológicas e desfiguradas como essa, em que parte significativa do material a ser objeto de solução em sentença viesse algum dia a ser objeto de uma decisão interlocutória.

Estamos no campo da *imperfeição das leis*, que é um tormento para o intérprete, mas não pode ser ignorada como se não existisse. Para a elaboração do *standard* da ação rescisória, o legislador levou em conta somente o que previu, ou seja, ele pensou somente em rescindir *sentenças* e não decisões interlocutórias, porque partiu da premissa de que só sentenças conteriam pronunciamentos sobre o mérito da causa e sobre as questões referentes a este. Mas, como os fatos da vida real são mais ricos que as previsões do legislador, a vida nos apresentou uma situação para a qual os textos legais não dão solução. Daí a necessidade de abandonar a literalidade dos textos e ir à *mens legis* em busca do que o legislador teria disposto sobre a possibilidade ou impossibilidade de rescindir decisões interlocutórias portadoras de decisões sobre questões de mérito (*supra*, n. 10).

Diante disso, uma interpretação sistemática do art. 485, *caput*, do Código de Processo Civil, conduzida pela lógica do razoável, impõe o entendimento de que o emprego da locução *sentença de mérito* é substancialmente destinado a indicar a rescindibilidade dos atos judiciais sobre o *meritum causæ*. Como esses pronunciamentos judiciais deveriam vir sempre em uma sentença, então falou ele em *sentenças* de mérito; mas, surgindo na experiência concreta uma decisão atípica, como essa aqui examinada, prevalece a substância do preceito ditado em lei e não as formas de sua expressão verbal. Uma sentença que não for de mérito não comportará ação rescisória, porque seus efeitos não são suscetíveis de ficar cobertos pela autoridade da coisa julgada material. Uma decisão interlocutória também não, desde que proferida nos limites que a lei lhe reservou (temas incidentes ao processo – art.

162, § 2º). Mas a decisão interlocutória que solucionar o mérito, ou uma questão de mérito tão relevante como é a prescrição, será uma decisão de mérito *e como tal deverá ser tratada*. Ser interlocutória significa somente ser proferida no curso do processo, sem pôr fim à fase cognitiva nem determinar o exaurimento do procedimento em primeiro grau jurisdicional; não significa não ser de mérito, embora o legislador não houvesse cogitado de decisões interlocutórias de mérito.

Essa colocação está atenta à obra sempre atualíssima de Miguel Reale, de quem é a advertência pela necessidade de uma interpretação verdadeiramente cultural da ordem jurídica, com atenção aos *valores* inerentes aos juízos contidos nas *normas* e a serem levados em conta sempre que se pretenda avaliar um *fato* relevante para o julgamento; tais são os pilares da notória *teoria tridimensional do direito*, que se apóia no trinômio *fato, valor e norma*.[6]

152. ressalvas e cautelas

Este estudo foi elaborado a partir da premissa da inexistência de outro meio para impugnar a decisão interlocutória que rejeita a prescrição, quando já colhida pela irrecorribilidade – porque negar a ação rescisória em casos assim significaria impor à parte os inconvenientes de uma obrigação, sem ter ela como afastá-los, como poderia se essa defesa houvesse sido apreciada, como é de rigor, no corpo da sentença. Isso equivaleria a outorgar ao juiz o poder de fechar portas ao prosseguimento dessa defesa, mediante a grave irregularidade consistente pela quebra da unidade da sentença, que é regra absoluta no direito brasileiro. Não há, no processo civil deste país, a possibilidade de cindir em dois atos e dois momentos diferentes o exame dos fundamentos pelos quais uma demanda é acolhida ou rejeitada.

Mas, na lógica do raciocínio posto nos tópicos precedentes, quem entender que essa decisão não é suscetível de ser imunizada pela coisa julgada ou por preclusão alguma, podendo a matéria

---

6. *Cfr. Teoria tridimensional do direito, passim.*

ser reapreciada na sentença, estará autorizado a negar a admissibilidade da ação rescisória nesses casos, porque é muito mais simples insistir ainda no âmago do processo pendente do que valer-se desse meio extraordinário. A ação rescisória seria portanto inadmissível, por ausência do indispensável legítimo interesse de agir. Se também na sentença houver manifestação sobre a prescrição e esse pronunciamento passar em julgado, poderá ser admissível a ação rescisória, agora contra a sentença e não mais contra a decisão interlocutória. Se, no entanto, com ou sem preclusão, em sentença o juiz ou tribunal se negar ao reexame dessa defesa, tornamos ao início e há de prevalecer o que ficou dito nos tópicos precedentes, porque do contrário seria subtraída à parte o único remédio posto pela ordem jurídica para debelar os males indicados nos incisos do art. 485 do Código de Processo Civil.

Não obstante essa convicção, no caso em que fui consultado não me animei a patrocinar a ação rescisória, quer contra a sentença com que a demanda fora julgada contra os interesses da empresa consulente, quer contra a decisão interlocutória que rejeitara a prescrição. Nem me animei a emitir um formal parecer a respeito, considerando que o risco de uma ação rescisória nesse caso seria sempre muito grande, dada a pouca familiaridade dos tribunais e da própria doutrina com situações atípicas como essa que examinei, a qual poderia levá-los a optar pela mera exegese do art. 485 e concluir pela inadmissibilidade dessa rescisória. Limitei-me a expor essas ideias em mera missiva ao patrono da consulente, ponderando que "até que o tema seja mais difundido e sobre ele se crie uma consciência entre estudiosos e tribunais, prefiro ficar no campo da doutrina, na esperança de que em um futuro próximo a consciência do predomínio da substância sobre a forma possa criar condições para o exame mais lógico do tema, segundo os parâmetros do *logos de lo razonable*".

CAPÍTULO XIII
MENOR ONEROSIDADE POSSÍVEL E EFETIVIDADE DA TUTELA JURISDICIONAL

153. uma solução de equilíbrio – 154. preservar o patrimônio e a dignidade do devedor... – 155. ...sem comprometer a efetividade da tutela jurisdicional – 156. tornando ao equilíbrio – 157. empresas devedoras – 158. penhora de rendimentos – 159. penhora de depósitos

153. *uma solução de equilíbrio*

Dispondo o art. 620 do Código de Processo Civil que "quando por vários meios o credor puder promover a execução, o juiz mandará que se faça pelo modo menos gravoso para o devedor", a norma que desse texto se extrai mediante uma interpretação sistemática é a de que a execução deve pautar-se por duas balizas fundamentais, antagônicas, mas necessariamente harmoniosas, que são (a) a do respeito à integridade patrimonial do executado, sacrificando-o o mínimo possível e (b) a do empenho a ser feito para a plena realização do direito do exequente. É indispensável a harmoniosa convivência entre o direito do credor à tutela jurisdicional para a efetividade de seu crédito e essa barreira mitigadora dos rigores da execução, em nome da dignidade da pessoa física ou da subsistência da jurídica – a qual outra coisa não é que a personificação de grupos de pessoas físicas reunidas em torno de um objetivo comum. Ao juiz impõe-se, caso a caso, a busca da linha de equilíbrio entre essas duas balizas, para *não frustrar o direito do credor nem sacrificar o patrimônio do devedor além do razoável e necessário*. Essa é a interpretação que venho propondo para o art. 620 do Código de Processo Civil e esse é o modo como penso que se insere no sistema da execução civil moderna, em harmonia com a promessa constitucional de tutela jurisdicional a quem tiver um direito carente de satisfação.[1]

Na primeira edição este capítulo denominava-se "menor onerosidade possível e efetividade *do processo executivo*", mas a superveniência da lei n. 11.232, de 22 de dezembro de 2005, impôs a alteração que acima se vê (a) porque suprimiu o processo autônomo de execução fundada em sentença condenatória civil e (b) porque a efetivação dos preceitos contidos em sentença se chama agora *cumprimento de sentença*. Pelo disposto no novo art. 475-I do Código Processo Civil, "o *cumprimento da senten*ça far--se-á conforme os arts. 461 e 461-A desta lei ou, tratando-se de obrigação por quantia certa, *por execução*, nos termos dos demais artigos deste capítulo". Temos então o *cumprimento de sentença* com referência às obrigações específicas (fazer, não fazer ou entregar) e a *execução*, para as obrigações pecuniárias. Diante disso, falar em efetividade *do processo executivo* seria dizer muito pouco, porque só se tem um processo dessa ordem quando o título executivo não houver sido produzido em um processo civil; e falar em *execução* também seria insuficiente, porque as sentenças que impõem obrigações específicas são sujeitas, na linguagem da lei vigente, a *cumprimento* e não a execução.

154. preservar o patrimônio e a dignidade do devedor...

O disposto no art. 620 do Código de Processo Civil situa-se no contexto de um estágio evoluído da execução civil, cuja história bi-secular mostra a caminhada de um regime extremamente severo e intolerante, vigente entre os romanos do período pré-clássico (antes do século II a.C.), no sentido de uma *humanização* compatível com os fundamentos político-filosóficos do moderno Estado-de-direito democrático. A execução perdeu o primitivo caráter punitivo de *infâmia*, deixou de incidir sobre a universalidade do patrimônio do obrigado sem necessidade e, de passo em passo,

---

1. *Cfr.* Dinamarco, *Execução civil*, n. 185, pp. 313-315; n. 187, pp. 319-321 *etc.*

chegou ao que hoje temos expresso no dispositivo em exame. Ela é hoje balizada por algumas limitações, os chamados *limites políticos da execução*, impostos para a preservação da liberdade, da dignidade humana, direito ao patrimônio e, em geral, dos *direitos da personalidade*.

> Esse tema é desenvolvido com muito interesse pela moderna doutrina da execução forçada, a qual examina o profundo caráter aflitivo da execução romana, descrevendo o processo de humanização da execução ao longo da história[2] e referindo o caráter infamante que recrudesceu nas comunas italianas medievais, especialmente nas cidades toscanas de Florença, Pisa, Lucca e Siena: traidores, falidos, insolventes, eram obrigados a posar para os *pittori di impiccati* (pintores de enforcados), os quais os reproduziam, caricaturizando-os com a expressão do mal em quadros que depois eram afixados em lugar público com o fito de infamar os culpados e advertir a população.[3]

Ao lado dos direitos da personalidade, que em si nada têm de patrimonial, existe crescente tendência no sentido de garantir um *mínimo patrimonial* indispensável à efetividade deles próprios – para que a pessoa física não fique privada de uma vida decente ou para que a jurídica possa sobreviver. Tais são *i diritti complementari ai diritti della personalità*, de que cuida o mais célebre dos monografistas desse tema (Adriano de Cupis[4]).

155. ...sem comprometer a efetividade da tutela jurisdicional

Essas generosas afirmações não devem, todavia, abrir espaço para exageros nem seria aceitável que pudessem conduzir ao comprometimento da efetividade da tutela executiva em nome de um suposto direito do devedor a resistir incontroladamente ao exercício da jurisdição. Daí falar-se em *equilíbrio*. O direito brasileiro vive um momento de muito empenho em prestigiar o

---

2. *Cfr.*, ainda, minha *Execução civil*, nn. 3, 4, 10, 11 e 12, pp. 33 ss.

3. *Cfr.* Gino Masi, "La pittura infamante nella legislazione e nella vita del comune fiorentino (sec. XV-XIX)", p. 265.

4. *Cfr. I diritti della personalità*, I, n. 24, pp. 59 ss.

título executivo e promover meios hábeis a proporcionar a efetiva e tempestiva satisfação dos direitos por obra dos juízes. As *Reformas do Código de Processo Civil* implantaram um novo modo de executar mais rapidamente e com maior eficiência, primeiro em relação às obrigações de fazer ou de não fazer (art. 461) e depois também para as de entregar coisa certa (art. 461-A). Esses dispositivos associam meios de coação psicológica, destinados a induzir o obrigado a cumprir (esp., multas periódicas), a meios de sub-rogação capazes de oferecer a satisfação do direito do credor independentemente da vontade do obrigado (busca-e-apreensão, remoção de pessoas ou coisas, imposição de medidas capazes de produzir o mesmo resultado prático do adimplemento) – tudo em continuação ao processo de conhecimento, sem necessidade da formal instauração do executivo (*sine intervallo*) e até mesmo de-ofício, sempre para que se chegue aos resultados desejados e se chegue logo.[5]

Depois disso, a *Lei do Cumprimento de Sentença* (lei n. 11.232, de 22.12.05) estendeu à execução por título judicial contra devedor solvente a regra de executar em continuação ao processo no qual a sentença civil houver sido proferida – eliminando-se com isso, agora por completo, o binômio *processo de conhecimento-processo de execução* (CPC, art. 475-J).

Temos agora também, ainda como fruto das *Reformas*, um severíssimo sistema de apoio à eficácia do título executivo, mediante (a) a imposição, ao obrigado, do dever ético de *cumprir com exatidão os provimentos mandamentais* e (b) a cominação de multa no valor de até vinte por cento do valor da causa a quem descumprir esse dever (art. 14, inc. V e par.). Infrações como essa estão definidas como *atos atentatórios ao exercício da jurisdição* e a sanção ali cominada aplicar-se-á em cúmulo com outras eventualmente cabíveis (litigância de má-fé, arts. 17-18).

Essas disposições endereçam-se particularmente à execução específica, sem atenção especial à execução por quantia certa, mas a parte final do novo inc. V do art. 14 comporta interpreta-

---

5. *Cfr.* Dinamarco, *A Reforma da Reforma*, esp. n. 156, pp. 219 ss.

ção razoabilíssima no sentido de uma abrangência total, valendo também para as obrigações pecuniárias. Da fórmula "não criar embaraços à efetivação de provimentos judiciais, de natureza antecipatória ou final", quando entendida no contexto das angústias e revoltantes demoras inerentes a essa espécie executiva, extrai-se com facilidade um comando a propiciar e acelerar a produção dos resultados de toda e qualquer execução, porque (a) o vocábulo *efetivação* tem dimensão bastante ampla e inclui todos os modos de dar cumprimento aos provimentos judiciais, inclusive mediante o processo executivo e (b) entre os *provimentos judiciais de natureza final* incluem-se também, evidentemente, as sentenças condenatórias a pagar dinheiro. O devedor que não cumprir esses provimentos ou criar embaraços a sua efetivação estará sujeito à sanção cominada no novo parágrafo do art. 14 do Código de Processo Civil.

> Essa é uma *interpretação teleológica* da mais indiscutível legitimidade porque não há razão para distinguir, amparando severamente a efetivação de outras obrigações e deixando ao desamparo as de conteúdo pecuniário. *Ubi eadem ratio ibi eadem juris dispositio*. Além disso, como é notório, dentre todas as espécies de execução, a mais frequente na experiência dos operadores do direito é a execução por quantia certa, não sendo razoável deixar a descoberto logo aquilo que mais interessa agilizar. De nada vale uma excelente sentença condenatória, oferecida em tempo razoável, se depois o devedor é livre para resistir quanto quer e pelos meios que quer, retardando resultados e zombando da Justiça. As notórias *chicanas*, tão frequentes na execução por dinheiro, são uma vergonha para o sistema e para os juízes, não se legitimando, pois, uma indulgente interpretação restritiva dos novos dispositivos do Código de Processo Civil, de modo a permitir que as coisas continuem como eram. Toda lei deve ser interpretada segundo as necessidades do tempo e com vista aos valores a realizar.

Entende-se portanto que atenta contra o exercício da jurisdição (a) o devedor que, tendo dinheiro ou fundos depositados ou aplicados em banco, não paga desde logo quando intimado a fazê-lo em cumprimento à sentença condenatória civil ou quando citado no processo executivo por título extrajudicial (CPC, arts. 475-J, *caput*, e 652); b) aquele que, tendo bens responsáveis (penhoráveis), não os nomeia à penhora (arts. 652, 655 *etc.*);[6] c) com mais fortes razões ainda, aquele que oculta bens para que não sejam penhorados ou mesmo (d) simplesmente deixa de indicar onde se encontram (atitude de resistência passiva). Essas duas últimas condutas, que são também incluídas entre os atos atentatórios à dignidade da justiça com especial referência à execução forçada e ao cumprimento da sentença (art. 600, incs. II e IV), legitimam a imposição cumulativa de uma multa em favor do exequente (art. 601) e de outra, a ser recolhida aos cofres públicos (o par. do art. 14 deixa clara essa cumulatividade).

Já na primeira edição deste livro reconsiderei uma opinião que vinha expressando no livro *Execução civil*, onde manifestei extrema preocupação com a efetividade do contraditório, sob influência da linha de evolução no sentido de poupar o devedor aos exageros do direito mais antigo; vinha então postulando uma compreensão para com aquele que deixa de colaborar para a satisfação do direito do credor, na consideração de que toda resistência meramente passiva seria legítima porque ninguém poderia ser obrigado a atuar contra seus próprios interesses.[7] Hoje, impressionado com os fracassos da execução por quantia certa, já não tenho aquela preocupação, porque nenhum princípio é absoluto e não há por que dar tanto valor ao do contraditório, a dano da efetividade da tutela jurisdicional (*supra*, n. 153).

Os rigores dessa disciplina, que seguramente jamais atingirão o devedor leal e bom pagador, são plenamente legitimados pela obstinada busca de resultados no processo civil, sem a qual não se pode chegar à efetividade da tutela jurisdicional nem se reputa cumprida a solene promessa constitucional de oferecer essa tutela a quem dela tiver necessidade (Const., art. 5º, inc. XXXV). Se a

6. Quanto ao devedor comerciante, a Lei de Falências chega a reprimir com a quebra aquele que, "executado, por qualquer quantia líquida, não paga, não deposita e não nomeia à penhora bens suficientes dentro do prazo legal" (lei n. 11.101, de 9.2.05, art. 94, inc. II). Por que tanta indulgência no sistema do Código de Processo Civil?

7. *Cfr.* Dinamarco, *Execução civil*, n. 105, esp. p. 187.

triste e desoladora realidade com que vêm convivendo passivamente os operadores do direito é a de uma execução completamente incapaz de produzir os resultados desejados, é preciso que agora os juízes se disponham a empregar as ferramentas que a lei lhes oferece – porque, como é verdade surrada, de nada vale uma boa lei processual se os juízes a ignorarem ou tiverem medo de impô-la com o objetivo de tornar efetivas suas próprias decisões.

    Confesso que assumi essa postura depois de duas amargas experiências. Uma delas veio de meu exercício profissional. Depois de um árduo processo de conhecimento, em que o devedor fora condenado a pagar vultosa quantia, deparou o credor com grande dificuldade para encontrar bens penhoráveis no patrimônio do devedor. Descobriu finalmente que este guardava boa soma em dólares americanos em um cofre-forte bancário. Pediu o arrombamento do cofre, a ser feito com todas as cautelas destinadas à idoneidade do ato, responsabilizando-se pelas despesas do arrombamento. O juiz da causa, a quem certamente não importavam os resultados de seu exercício jurisdicional, despachou simplesmente: "diga a parte contrária". É fácil imaginar onde foram parar os dólares! E o credor, vencido por essa atitude burocrática do juiz, viu-se obrigado a renunciar a grande parte de seu crédito, aceitando um acordo pelo qual veio a receber somente quarenta por cento deste. O outro fato a que me refiro é um acórdão no qual um tribunal paulista afirmou ser legítima e não constituir litigância de má-fé a prática consistente em resistir indefinidamente à execução, inclusive mediante recursos protelatórios; sustentou o voto condutor desse acórdão que ao devedor é lícito ganhar tempo à espera de melhores oportunidades para pagar mais comodamente, ou para criar condições de obter um bom acordo... naturalmente, à custa do cansaço do credor e das suas angústias por receber ao menos parte do que lhe é devido. Esses dois fatos, que chegam a ser a caricatura de uma visão descompromettida com a justiça, põem em destaque a necessidade de combater com todas as forças certos absurdos entraves à efetivação da tutela jurisdicional, em prol da moralização do processo executivo e de sua severíssima condução com vista aos resultados a obter.

No tocante ao devedor condenado por sentença civil a pagar quantia líquida (ou que haja sido liquidada), dispõe o art. 475-J do

Código Processo Civil que, sendo intimado a pagar e não pagando no prazo de quinze dias, ficará sujeito a uma multa no valor de dez por cento do montante devido, a ser acrescida ao crédito. Tendo destinação diferente daquela outra a que se refere o art. 14, par., essa multa se aplica cumulativamente a ela.

156. tornando ao equilíbrio

Permanece, contudo, o risco de infração constitucional, a qual poderá acontecer sempre que o executado venha a ser punido por uma conduta que possa razoavelmente ser interpretada como legítimo exercício do contraditório, sem conotação abusiva. A execução e o *cumprimento da sentença* são atividades de cunho contencioso, onde a ambas as partes se permite usar das armas legítimas postas pela lei ao seu dispor, desde que não abuse (tal é a *parità nelle armi*, de que fala a doutrina italiana). Confinar um dos litigantes em um canto da quadra onde essa disputa se trava, minimizando-lhe as possibilidades de defesa, importaria ultraje às garantias do contraditório e da ampla defesa. Assim está na lição sempre muito sensata de Enrico Tullio Liebman:

> "o processo civil, com sua estrutura contraditória em que a cada uma das partes se atribui a tarefa de sustentar as suas próprias razões, é essencialmente refratário a uma rigorosa disciplina moralista do comportamento daquelas (...) um dever nesse sentido não teria qualquer probabilidade de ser observado e seu único resultado seria o de pôr em dificuldades e em situação embaraçosa a parte mais honesta".[8]

É também preciso lembrar ainda uma vez que o jurista moderno tem muito apreço pela cláusula *due process of law*, a qual em síntese e em essência é um sistema de limitações ao poder estatal e vale por um freio constitucional contra os excessos danosos à vida, à liberdade e ao patrimônio das pessoas físicas ou jurídicas. Com o peso dessa destinação a preservar direitos e liberdades e da fé democrática que a ampara e fortalece, a cláusula *due process*

8. *Cfr. Manual de direito processual civil*, I, n. 60, esp. p. 166 trad.

exclui a legitimidade de atos capazes de suprimir direitos ou comprimir liberdades – como nos casos em que o juiz imponha uma severa sanção contra o devedor que, sem qualquer sinal de má-fé ou de maliciosa omissão, haja deixado de facilitar a execução em prol do adversário.

Eis por que é necessário falar em *equilíbrio*. Nem *crucificar* o devedor, e muito menos aquele *infeliz e de boa-fé* (expressão do direito belga, utilizada por Rubens Requião[9]), que simplesmente não paga porque não pode; nem também relaxar o sistema e deixá-lo nas mãos de caloteiros e *chicanistas* que se escondem e protegem sob o manto de regras e sub-regras processuais e garantias constitucionais manipuladas de modo a favorecê-los em sua obstinação a não adimplir.

Nesse quadro, e à luz da regra fundamental estabelecida no art. 620 do Código de Processo Civil, temos de um lado as *impenhorabilidades*, impostas por lei para excluir da responsabilidade executiva certos bens que fariam muita falta ao devedor e o degradariam como ser humano (CPC, arts. 649-650); e a regra da menor onerosidade possível deve conduzir a livrar dessa responsabilidade certos bens não arrolados expressamente entre os impenhoráveis, mas indispensáveis.

> Assim decidiu a Corte de Cassação italiana ao impedir a penhora da *cadeira de rodas* de um devedor hipossuficiente, embora o legislador jamais houvesse pensado em estabelecer uma impenhorabilidade dessa ordem.[10]

Mas também é preciso estar atento a não exagerar impenhorabilidades, de modo a não as converter em escudos capazes de privilegiar o mau pagador. A impenhorabilidade da casa residencial, estabelecida pela *Lei do Bem de Família* (lei n. 8.009, de 29.3.1990), não deve deixar a salvo uma grande e suntuosa mansão em que resida o devedor, o qual pode muito bem alojar-se em uma residência de menor valor; a impenhorabilidade dos *ins-*

---

9. *Cfr. Curso de direito falimentar*, II, n. 373, pp. 84-85.
10. *Cfr.* Dinamarco, *Execução civil*, nn. 184 e 189, pp. 311 e 322.

trumentos necessários ao exercício da profissão (CPC, art. 649, inc. VI) não deve impedir o credor de obter a penhora de uma aeronave de alto valor ou de equipamentos sofisticados do devedor, o qual pode exercer dignamente sua profissão com menor emprego de capital ou mesmo como empregado. O zelo pela vida das empresas, que justifica uma série de cautelas na penhora de bens de propriedade destas, não é motivo para impedir de modo absoluto a penhora de equipamentos ou de rendimentos, sob pena de romper o equilíbrio do sistema executivo, a dano do credor e em desprestígio das decisões judiciárias.[11]

157. empresas devedoras

O direito positivo brasileiro não é insensível à imperiosidade de resguardar as empresas, que são células vivas da economia de uma nação, contra excessos capazes de reduzi-las à insolvência e inviabilizar a continuidade de sua vida útil. Cuidados dessa ordem estão presentes nos arts. 677 ss. do Código de Processo Civil, responsáveis pela regência "da penhora, do depósito e da administração de empresa e de outros estabelecimentos". Constitui tônica desse capítulo o empenho em não truncar a produção. "Nesses casos, há interesses não só do devedor e do credor, como até de terceiros e do próprio Estado" em manter o funcionamento da empresa (Amílcar de Castro[12]). Os dispositivos aqui referidos inserem-se em um contexto de limitações políticas à execução (políticas, em sentido muito amplo), relacionadas com o interesse público à higidez econômica nacional. O que não se pode é exagerar nesse zelo.

O presente estudo foi escrito a partir de dois pareceres profissionais que elaborei, um sustentando a penhorabilidade dos depósitos bancários de uma empresa e outro, examinando os limites em que os rendimentos da empresa podem ser penhorados. A dificuldade, como sempre, está na busca de soluções equilibradas, que

11. *Cfr.*, ainda, *Execução civil*, n. 184, esp. p. 313.
12. *Cfr. Comentários ao Código de Processo Civil*, nn. 366-367, pp. 272-273.

não sufoquem demasiadamente o devedor e também não soneguem ao credor a tutela jurisdicional a que tem direito.

Na busca desse equilíbrio venho propugnando pela efetivação de penhora sobre contas bancárias, dólares que notoriamente são mantidos entesourados por pessoas de certo nível econômico e até mesmo rendimentos de empresas – bens que, integrando o patrimônio do devedor, respondem pelas obrigações deste (CPC, art. 591) e que, se não forem manejados para a satisfação do credor, a execução será menos efetiva, mais demorada e, em casos extremos, infrutífera. Seria no entanto insensato propor que tudo isso se fizesse sem a moderação do *bonus paterfamilias*, ou cedendo aos ímpetos egoístas do credor impiedoso ou até mesmo sedento de vingança.

É particularmente importante observar essa linha de equilíbrio, quando figura no pólo passivo da execução uma empresa em dificuldades e se cogita de impor penhora sobre seus rendimentos, obturando o único canal pelo qual ela se alimenta de recursos e liquidez. Esse perigo associa-se ao raciocínio consistente em *balancear os males que a execução impõe ao devedor, com os males que o credor suportar se tiver de esperar mais pela satisfação* – especialmente quando na outra ponta da relação processual figurar uma entidade de cuja higidez financeira não se tenha dúvida.

Com esses dados, não se deve chegar a um ponto de concordância com alguns precedentes do próprio Superior Tribunal de Justiça, que, rompendo o equilíbrio, excluem *a priori* a penhorabilidade do faturamento de empresas, com o fundamento de que "a penhora de renda gerada pela pessoa jurídica assemelha-se à constrição de salários recebidos", sendo portanto tão ilícita quanto a penhora destes (Min. Paulo Gallotti[13]); esse mesmo voto invoca outros precedentes do mesmo teor e a Min. Nancy Andrighi chega a afirmar categoricamente:

---

13. *Cfr.* STJ, 2ª T., Med. Caut. 2.505, j. 21.3.2000, rel. Paulo Gallotti, v.u., referindo precedente voto do Min. Humberto Gomes de Barros, in *DJU* 2.6.1997.

"a jurisprudência uniformizou-se no sentido de não admitir o recaimento da penhora sobre o faturamento ou rendimento diário da empresa, eis que tal procedimento configura penhora do próprio estabelecimento comercial, medida só excepcionalmente admitida".[14]

Reputo exagerada essa posição, porque lança a proposta de privilegiar *sempre* o devedor, sem atenção aos direitos do credor. Amenizar, sim, privilegiar não. Esse é o espírito do art. 620 do Código de Processo Civil. A *mens* do art. 677 desse estatuto, que manda penhorar a própria empresa em vez de retirar-lhe rendimentos ou bens, liga-se ao empenho em "evitar o colapso da produção, prestação de serviços ou oferta de emprego" – sendo por isso que "a lei determina que o juiz oriente a administração dos bens ou acervo penhorado, de modo a não interromper as atividades a que se destinam".[15] Não se trata de privilegiar o devedor, mas de resguardar interesses macroeconômicos da própria nação. Não havendo outro meio razoável e ameno para satisfazer o credor, que se penhore toda a empresa, ou seu estabelecimento mesmo, ou mesmo se transfiram a terceiro (mediante o procedimento da expropriação, inerente à execução por quantia certa) as próprias atividades da empresa devedora. Tudo, menos deixar o credor insatisfeito.

158. penhora de rendimentos

São frequentes os casos em que o credor pretende a penhora de rendimentos da empresa devedora. São também frequentes os casos em que a penhora de *todos* esses rendimentos sufocaria insuportavelmente a empresa, privando-a do *capital de giro* indispensável para sobreviver. Nessas hipóteses é lícita a analogia proposta entre tais fontes de renda e os salários da pessoa física, até porque a empresa constitui projeção das pessoas físicas que a

---

14. *Cfr.* STJ, 2ª T., Agr. Reg. no REsp. 218.049, j. 2.5.2000, rel. Min. Nancy Andrighi, v.u.

15. *Cfr.*, ainda uma vez, minha *Execução civil*, n. 185, esp. p. 314.

integram e a *total* privação dessas fontes de renda acabaria por repercutir nessas pessoas. Mas também não se desconsidere o caráter patrimonial da empresa nem a regra segundo a qual "o devedor responde, para cumprimento de suas obrigações, com todos os seus bens presentes e futuros, salvo as restrições estabelecidas em lei" (CPC, art. 591). Nesse texto, a locução *restrições estabelecidas em lei* deve ser lida como *restrições inerentes ao sistema*, não precisando ser necessariamente ditadas por uma disposição legal. Aqui, a invocação da regra geral contida no art. 620 do Código de Processo Civil é legítima e muito útil. Esse pensamento, associado à regra básica que o art. 591 contém, impõe que a penhora de rendimentos seja sempre proporcionalizada (a) às necessidades da empresa devedora, evitando-se os colapsos consequentes à privação do capital de giro e (b) às necessidades do credor, para cuja sobrevivência a realização do crédito é às vezes tão vital quanto para o devedor seria a retenção desses valores.

> Entramos da seara da regra da *proporcionalidade*, hoje em grande voga. Não há fórmulas objetivas para proporcionalizar. Aqui, como em tudo, deve prevalecer a *lógica do razoável*, que também é arredia a fórmulas estereotipadas e conta com o bom-senso e a acuidade do juiz, ou sua capacidade de encontrar caminhos para fazer justiça. "La única proposición válida que puede emitirse sobre la interpretación es la de que el juez en todo caso debe *interpretar la ley precisamente del modo que lleve a la conclusión más justa* para resolver el problema que tenga planteado ante su jurisdicción". É dever do juiz "interpretar essas leis de modo que o resultado da aplicação aos casos singulares produza a realização do maior grau de justiça" (Recaséns Siches).[16]

O termo médio consiste, portanto, como em muitos julgados se vê, em penhorar parte dos rendimentos da empresa, sem penhorá-los todos, mas também sem negar essa penhora de modo absoluto. A experiência mostra casos em que não há uma alternativa razoável e capaz de conduzir à satisfação do credor e ao

---

16. *Cfr. Tratado general de filosofia del derecho*, cap. XXI, n. 7, pp. 660-661.

cumprimento da sentença condenatória, porque nem sempre há outros bens a penhorar, ou na prática os bens que existem são de difícil realização. O percentual dos rendimentos a penhorar resultará sempre do exame de cada caso, à luz da lógica do razoável e em vista das concretas necessidades das duas partes em conflito.

159. penhora de depósitos

Há muita incerteza nos tribunais quanto à responsabilidade executiva incidente sobre depósitos em conta-corrente ou em aplicação bancária. Em alguma medida, sendo esses depósitos o modo de guardar salários ou rendimentos da empresa ou da pessoa física, é legítimo aplicar-se a eles o que a lei e o sistema dispõem sobre estes, a saber: a) dando por impenhoráveis os depósitos oriundos dos salários e (b) proporcionalizando a penhora dos depósitos do mesmo modo como se proporcionaliza a dos rendimentos de uma empresa. Não é possível, todavia, negar de modo absoluto a penhorabilidade dos depósitos, sempre que oriundos de salários ou de rendimentos de uma empresa, porque uma poupança de salários ou rendimentos acaba por perder o caráter alimentar que legitima os cuidados dos tribunais. Salários acumulados durante meses ou anos já não são aquele mínimo indispensável à existência digna, até porque o devedor terá vivido durante todo esse tempo sem eles, ou utilizando somente parte deles. Rendimentos acumulados ao longo de um período razoavelmente longo já caracterizam capital acumulado e se destacam do capital de giro indispensável à vida empresarial. Aqui também devem prevalecer a lógica do razoável e a regra de proporcionalidade, as quais mandam preservar na medida do possível o patrimônio mínimo do devedor, mas não querem que isso sirva de pretexto para deixar o credor sem meios para receber. Em casos verdadeiramente extremos, se o dilema for entre sacrificar por completo o credor e arruinar a empresa devedora, *sem um meio termo possível*, que se sacrifique esta porque não seria legítimo deixar à míngua aquele que prestou um serviço, ou sofreu um dano, ou deu dinheiro emprestado *etc.*

Essa solução severíssima tanto mais se legitima quanto maiores forem as concretas necessidades do próprio credor.

Pelo disposto nos incs. I e VII do art. 655 do Código de Processo Civil são suscetíveis de penhora tanto os depósitos bancários quanto um percentual dos rendimentos da empresa devedora – donde vem bem à tona a necessidade de proporcionalizar adequadamente o valor a ser penhorado, com atenção ao crédito de um sujeito e às necessidades do outro, levando em conta as impenhorabilidades ditadas pelo art. 649.

CAPÍTULO XIV
O CONTRATO DE ABERTURA DE CRÉDITO E A TEORIA DO TÍTULO EXECUTIVO

160. uma convicção amadurecida – 161. a tipicidade do título executivo e a liquidez do crédito – 162. a indispensável suficiência do título – 163. as declarações do correntista – 164. a jurisprudência evoluiu

160. *uma convicção amadurecida*

Sempre sustentei que o contrato de abertura de crédito em conta-corrente não se insere entre os títulos executivos judiciais do direito brasileiro; eles não são especificamente arrolados como tais e também não se enquadram no conceito de *documento privado*, contido no inc. II do art. 585 do Código de Processo Civil, uma vez que não contêm a indicação do valor devido. Tudo quanto neste capítulo se dirá constitui a demonstração dessa tomada de posição, de resto já acatada em cheio pela jurisprudência superior do país. Tomo a liberdade de reportar-me seguidamente a escritos meus sobre o tema, o que faço com o objetivo de demonstrar minha velha e amadurecida convicção em torno do que em seguida vou dizer.

161. *a tipicidade do título executivo e a liquidez do crédito*

A *probabilidade* da existência de um direito suscetível de ser satisfeito em via executiva é o fundamento político sobre o qual repousa a instituição de títulos executivos. Seria uma arbitrária truculência submeter o patrimônio de um sujeito aos rigores das constrições judiciais, sem o respaldo de uma suficiente demonstração de que o sedizente credor é realmente credor e de que o titular do patrimônio seja realmente o titular da obrigação correspondente. Como é notório, tal probabilidade é sentida pelo legislador, ao qual cabe (a) tipificar no direito positivo os atos jurídicos dignos de figurar no elenco dos títulos hábeis à execução forçada e (b) indicar os requisitos do próprio ato e do direito que ele representa, para que a execução seja admissível. Não se admite a execução apoiada em suposto "título" que não conste dos elencos postos em lei, nem se admite quando o ato, posto que tipificado no direito positivo, não se revestir dos requisitos indicados (refiro--me de modo especial ao pressuposto da *liquidez do crédito*, de interesse para a presente exposição).

A *probabilidade da existência do direito*, suficiente para legitimar uma execução forçada, no direito brasileiro advém de dois fatores, aos quais o legislador tem sido bastante fiel e que são (a) ou o prévio reconhecimento do direito por ato estatal idôneo, produzido segundo os cânones do devido processo legal, ou (b) o reconhecimento da obrigação pelo próprio obrigado. Não há um só título executivo, judicial ou extrajudicial, sem o prévio contraditório perante autoridade estatal competente ou sem o formal reconhecimento da obrigação pelo sujeito.[1]

A primeira hipótese é representada principalmente pela "sentença proferida no processo civil que reconheça a existência de obrigação de fazer, não fazer, entregar coisa ou pagar quantia" (CPC, art. 475-N, inc. I), a qual é o fruto acabado de uma atividade cognitiva, de caráter jurisdicional, em que o juiz, cumprida toda uma instrução da qual todos foram admitidos a participar em contraditório, concluiu que a obrigação existe; outro ato estatal reputado idôneo e suficiente para embasar a execução é a *inscrição da dívida ativa* dos entes estatais tributantes (art. 585, inc. V), a qual só pode ser eficaz se produzida após regular contraditório e

---

1. Venho expondo essas ideias nas sucessivas edições de minha monografia *Execução civil* (v. nn. 297-301, pp. 474 ss.).

oferta de reais oportunidades de defesa (a ampla defesa e o contraditório são garantias constitucionais que vão além dos processos judiciais e abrangem também os administrativos – Const., art. 5º, incs. LIV e LV).

Na outra vertente encontram-se os títulos executivos que só são tais porque neles existe um *ato de reconhecimento da obrigação*, celebrado pelo próprio sujeito que se diz obrigado. Dos títulos executivos extrajudiciais arrolados no vasto elenco do art. 585 do Código de Processo Civil, têm essa característica fundamental as cambiais em geral, os documentos públicos e particulares com os requisitos ali indicados, o contrato de hipoteca *etc*.

Mas a idoneidade do reconhecimento judicial ou voluntário da obrigação deve ser associada à prévia indicação das dimensões desta, sem o que não há parâmetros para executar com seriedade e sem excessos. Refiro-me ao requisito da *liquidez das obrigações*. Executar sem a prévia indicação do valor significaria reduzir a praticamente nada a exigência do reconhecimento judicial ou voluntário, porque não se sabe se o juiz ou o obrigado teriam ou não a intenção de reconhecer aquele valor que depois veio a ser atribuído à obrigação pelo credor. Daí a severíssima exigência da liquidez, formulada e reiterada solenemente pelo Código de Processo Civil (arts. 586 e 618, inc. I).

162. a indispensável suficiência do título

É também inerente à disciplina dos títulos executivos a exigência de que a liquidez da obrigação decorra dos próprios dizeres do documento em que ele se consubstancia, sem a necessidade de buscar *aliunde* elementos para a determinação do valor devido. Essa exigência liga-se a um raciocínio básico, inerente à teoria da execução e do título executivo, que é a supressão de qualquer verificação pelo juiz do processo executivo, no tocante à existência e montante da obrigação. Cabe *ao legislador* a especificação e tipificação dos atos que terão a eficácia de título executivo e *ao obrigado* (em caso de título extrajudicial), a indicação do *quantum debeatur* – sem que o juiz tenha o poder de examinar outros documentos e, com base neles, estabelecer a quantidade de unidades monetárias correspondente à obrigação reconhecida. Os procedimentos executivos são montados sobre essa central premissa sistemática, não dispondo de fases ou momentos destinados ao conhecimento e decisão judicial quantificadora do crédito. Estamos falando do que Liebman denomina *eficácia abstrata do título executivo*.

Na lição do Mestre, "a eficácia abstrata reconhecida ao título é que explica seu comportamento na execução; aí está o segredo que o torna o instrumento ágil e expedito capaz de permitir a realização da execução sem depender de qualquer demonstração da existência do crédito".[2]

Desse modo e por esse motivo, tem-se por absolutamente pacífico que inexiste título perfeito e suficiente quando faltar ao ato ou documento exibido aquele requisito substancial indispensável, que é a liquidez. Como dito, *a indicação do valor deve ser feita pelo mesmo sujeito que afirmou a existência do crédito* – ou seja, pelo juiz na sentença ou pela parte no ato de reconhecimento da obrigação – sob pena da ausência da idoneidade e probabilidade que legitimam o título como requisito necessário e suficiente, sendo consequentemente inadmissível a execução forçada.

Essa regra não é contrariada pelas hipóteses em que, para se chegar à liquidez, é necessário reunir duas declarações de vontade do obrigado – como nos contratos de locação em *shopping centers*, cujo valor mensal resulta das fórmulas indicadas logo ao contratar, em associação aos demonstrativos periódicos do faturamento, feitos pelo próprio locatário.

163. as declarações do correntista

Os contratos de abertura de crédito são celebrados para que a instituição financeira ponha à disposição do correntista, sempre que preciso, o numerário eventualmente faltante para a cobertura de cheques, dentro dos limites ajustados pelas partes. Ao contratar,

---

2. *Cfr. Processo de execução*, n. 8, esp. p. 22.

o correntista não declara nem reconhece a existência de débito algum, simplesmente porque nesse momento o valor devido é *zero*: só no futuro é que, à medida em que os aportes à conta vierem a ser feitos, surgirão débitos para um e créditos para outro.

Em consequência disso, tais contratos não podem ser assimilados ao conceito de título executivo. Consideradas as exigências de *tipicidade e liquidez*, estudadas acima, a primeira delas pode estar presente, desde que esses contratos são consubstanciados em documento particular e ordinariamente assinados pelas partes e duas testemunhas instrumentárias; mas a segunda delas, a *liquidez*, não há. Os demonstrativos feitos pela instituição financeira *são atos seus e não daquele a quem competia fazer o reconhecimento da dívida e do valor*, que é o correntista. Por mais idônea que fosse a demonstração feita em lançamentos contábeis, ainda assim esse não é um ato do obrigado e, portanto, não satisfaz aquele fundamento mais profundo da eficácia dos títulos executivos, que é a suficiente probabilidade da existência do crédito.

164. *a jurisprudência evoluiu*

Quando fui juiz do Primeiro Tribunal de Alçada Civil deste Estado, fiquei fragorosamente vencido em um incidente de uniformização de jurisprudência sobre o tema da executividade dos chamados *cheques especiais*, optando a significativa maioria dos juízes daquela Casa pela tese contrária à que sustentei e sustento (21 votos contra 10).[3] A tese então vitoriosa chegou inclusive a ser consagrada pelo Supremo Tribunal Federal. Cifra-se ela assim: "o contrato de abertura de crédito, feito por estabelecimento bancário a correntista, assinado por duas testemunhas e acompanhado de extrato de conta-corrente respectiva, é título executivo extrajudicial".

Depois a jurisprudência se inverteu. Em um significativo acórdão conduzido pelo voto do Min. Eduardo Ribeiro no ano

---

3. *Cfr.* 1º TACiv-SP, Pleno, Unif. Jurispr. 283.540, j. 21.10.82, m.v., in *RT* 570/103 e *JTA* 83/1.

de 1993, o Superior Tribunal de Justiça assim se pronunciou: "o contrato de abertura de crédito não constitui título algum, por não conter declaração por meio da qual alguém se obrigue a pagar quantia determinada".[4] O hoje extinto Primeiro Tribunal de Alçada manteve por muito tempo o ponto-de-vista de antes, chegando a afirmar em súmula a executividade dos contratos de abertura de crédito (Súmula n. 11), mas no Superior Tribunal de Justiça firmou-se a linha que venho preconizando. A própria Terceira Turma, que durante algum tempo ainda resistiu a essa tendência, em tempos mais recentes chegou também a esse ponto.

Chegou também a esboçar-se uma *tese conciliatória*, segundo a qual ter-se-ia a executividade quando o contrato dessa natureza estivesse acompanhado de demonstrativos do valor, produzidos pelo banco credor (conclusão n. 8 do IX Encontro dos Tribunais de Alçada do Brasil, realizado aos 29 e 30 de agosto de 1997);[5] essa tese é contudo vigorosamente repelida pela jurisprudência atual do Superior Tribunal de Justiça, que em repetidos acórdãos proclama em voz uníssona a *unilateralidade* das contas e lançamentos feitos pelo credor como óbice intransponível a essa suposta executividade.

> Expressivo voto do Min. Sálvio de Figueiredo Teixeira diz incisivamente: "mesmo subscrito por quem é indicado em débito e assinado por duas testemunhas, o contrato de abertura de crédito não é título executivo, ainda que a execução seja instruída com extrato e que os lançamentos fiquem devidamente esclarecidos, com explicitação dos cálculos, dos índices e dos critérios adotados para a definição do débito, pois esses são documentos unilaterais de cuja formação não participou o eventual devedor".[6]

Esse pensamento foi expresso em um julgamento da Segunda Seção daquele tribunal e não por uma de suas Turmas, o que

---

4. *Cfr.* STJ, 3ª T., REsp 29.597, j. 10.8.93, rel. Eduardo Ribeiro, m.v.
5. *Cfr.* Negrão, ob. e loc. cits.
6. *Cfr.* STJ, 2ª Seção, emb. div. 108.259, j. 9.12.98, rel. Sálvio de Figueiredo Teixeira, m.v., *DJU* 20.9.99.

significa que ele revelou o pensamento majoritário entre os integrantes de ambas, ou seja, da Terceira e Quarta Turmas do Tribunal (Seção de Direito Privado). Ao falar na *unilateralidade de um documento produzido pelo próprio credor*, aqueles qualificados Julgadores estão a acatar a ideia de que *a eficácia dos títulos extrajudiciais de origem negocial se legitima no reconhecimento, pelo devedor, não só da existência do crédito mas também de seu valor*; tal é o fundamento central de tudo que venho sustentando a respeito.[7]

Quando o banco dispuser de um contrato escrito (e portanto consubstanciado em um *documento*) e também dos *documentos* indicativos do valor a que chegou o crédito no decorrer da execução do contrato, com fundamento nesses *documentos* ele terá à sua disposição a via do *processo monitório* (CPC, art. 1.102-A) – o que em mais de uma oportunidade foi proclamado pelo Min. Barros Monteiro.[8] Essa é uma solução intermediária legítima, ditada pela própria lei e com o mérito de agilizar a tutela jurisdicional postulada pelo demandante, sem pôr em risco o patrimônio do demandado. Uma coisa é penhorar para depois discutir, impondo a este o risco de uma imobilidade patrimonial possivelmente injusta, e coisa diferente é chamá-lo a pagar mediante o *mandado de pagamento*, permitindo que se defenda mediante os embargos a esse mandado, sem que ainda tenha sido exercida qualquer constrição sobre seu patrimônio.

Em reconhecimento à força desse pensamento em ascensão, em fevereiro do ano de 2000 o Superior Tribunal de Justiça completou o ciclo de evolução de sua jurisprudência a respeito, quando sumulou: "o contrato de abertura de crédito, ainda que

7. *Cfr.* ainda STJ, 3ª T., REsp 108.259, j. 22.9.97, rel. Waldemar Zveiter, v.u. (julgamento que deu origem aos embargos referidos acima); 3ª T., REsp 122.756, j. 9.9.97, rel. Menezes Direito, v.u., *DJU* 11.11.97. No mesmo sentido, embora sem alusão expressa à unitariedade, STJ, 4ª T., Resp 122.683, j. 19.8.97, rel. Ruy Rosado de Aguiar, v.u.; 3ª T., REsp 31.735, j. 19.10.93, rel. Cláudio Santos, v.u.; 3ª T., REsp 164.408, j. 25.5.98, rel. Costa Leite, v.u., *DJU* 29.6.98, p. 180.

8. *Cfr.* STJ, 4ª T., REsp 215.769, j. 15.6.00, rel. Barros Monteiro, v.u.; 4ª T., REsp 146.511, j. 23.11.98, rel. Barros Monteiro, v.u., *DJU* 12.4.99, p. 158.

acompanhado de extrato da conta-corrente, não é título executivo". A Súmula n. 233, expressa nesses termos, pôs uma pá-de-cal no assunto e agora, dada essa firme orientação da jurisprudência mais elevada do país, a tendência dos tribunais é a de seguir por esse mesmo caminho. O próprio Primeiro Tribunal de Alçada Civil de São Paulo, que era o maior arauto da tese oposta, alguns anos antes de ser extinto chegou a afeiçoar-se àquela jurisprudência superior.[9]

9. *Cfr.* 11ª C., AI 981.356, j. 11.12.00, rel. Antonio Marson, v.u., *RT* 790/302; 3ª C., AI 934.861, j. 13.6.00, rel. Itamar Gaino, v.u.; 8ª C. Férias, Ap. 913.358, j. 16.8.00, rel. Constança Gonzaga, m.v.; 5ª C., AI 1.033.317, j. 22.8.01, rel. Cunha Garcia, v.u. *etc.*

BIBLIOGRAFIA

ALVARO DE OLIVEIRA, Carlos Alberto. *Comentários ao Código de Processo Civil*. v. VIII, t. II, 2ª ed., Rio de Janeiro, Forense, 1981 (em coop. com Galeno Lacerda).

ASSIS, Araken de. "Eficácia da coisa julgada inconstitucional", in *Revista Jurídica*, Porto Alegre, 2002, n. 301, pp. 7-29.

ARAÚJO CINTRA, Antonio Carlos. *Sobre os limites objetivos da apelação civil*. São Paulo, s/edit., 1986.

_____. *Teoria geral do processo*. 29ª ed., São Paulo, Malheiros Editores, 2013 (em coop.).

BARBI, Celso Agrícola. *Ação declaratória principal e incidente*. 4ª ed., Rio de Janeiro, Forense, 1977.

BARBOSA MOREIRA, José Carlos. "Garantia constitucional do direito à jurisdição – Competência internacional da justiça brasileira – Prova do direito estrangeiro", in *Revista Forense*, n. 343.

_____. "Antecipação de tutela: algumas questões controvertidas", in *Revista de Processo* 104.

_____. *Comentários ao Código de Processo Civil*. V, 8ª ed., Rio de Janeiro, Forense, 1999.

_____. *O juízo de admissibilidade no sistema dos recursos civis*. Rio, s/edit., 1968.

_____. *O novo processo civil brasileiro*. 18ª ed., Rio de Janeiro, Forense, 1996.

_____. *Questões prejudiciais e coisa julgada*. Rio de Janeiro, Borsói, 1967.

_____. "Considerações sobre a chamada *relativização* da coisa julgada", in *Revista Dialética de Direito Processual* 22, Jan. 2005.

BASTOS, Celso Ribeiro. *Comentários à Constituição do Brasil*. II, São Paulo, Saraiva, 1990 (em coop.).

BEDAQUE, José Roberto dos Santos. *Tutela cautelar e tutela antecipada: tutelas sumárias e de urgência*. 5ª ed., São Paulo, Malheiros Editores, 2009.

BENVENUTTI, Feliciano. "Funzione amministrativa, procedimento, processo". in *Riv. trim. dir. pubb.*, 1952.

BERMUDES, Sérgio. *Comentários ao Código de Processo Civil*. VII, 2ª ed., São Paulo, Ed. RT, 1977.

BETTI, Emilio. *Teoria generale del negozio giuridico*. III (trad. port. *Teoria geral do negócio jurídico*, Coimbra, Coimbra, 1970).

BIONDI, Biondo. *Istituzioni di diritto romano*. Milano, Giuffrè, 1944.

BOBBIO, Norberto. *Teoria generale del diritto*. Turim, Giappichelli, 1993.

BOTELHO DE MESQUITA, José Inácio. *Coisa julgada*. Rio de Janeiro, Forense, 2004.

BUZAID, Alfredo. *A ação declaratória no direito brasileiro*. 2ª ed., São Paulo, Saraiva, 1986.

CALAMANDREI, Piero. "Vizi della sentenza e mezzi di gravame", in *Opere giuridiche*. VIII, Nápoles, Morano, 1979.

_____. *Introduzione allo studio sistematico dei provvedimenti cautelari*. Pádua, Cedam, 1936.

CAPELLETTI, Mauro. *Giudici legislatori?*. Milano, Giuffrè, 1984.

_____. "*Access to justice – a worldwide movement to make rights effective – a general report*", in *Access to justice – a world survey*, I, t. I, Leyden-London-Boston-Milano, Sitjhoff-Giuffrè, 1978 (trad.: *El aceso a la Justicia*. Buenos Aires, Col. de Abogados, 1983) (em coop.).

_____. "Formações sociais e interesses coletivos diante da Justiça civil", in *Revista de Processo*, n. 5.

CARMONA, Carlos Alberto. *A arbitragem no processo civil brasileiro*. São Paulo, Malheiros Editores, 1993.

_____. *Arbitragem e processo*. São Paulo, Malheiros Editores, 1998.

CARNELUTTI, Francesco. *Diritto e processo*. Nápoles, Morano, 1953 1958.

_____. *Istituzioni del processo civile italiano*. 5ª ed., Foro it., 1966.

_____. *Sistema del diritto processuale civile*. Pádua, Cedam, 1936.

_____. *Teoria generale del diritto*. Roma, Foro It., 1940.

CARPI, Frederico. *Commentario breve ao codice di procedura civile – complemento giurisprudenziale*. 2ª ed., Pádua, Cedam, 1988 (em coop.).

CARRILHO LOPES, Bruno Vasconcelos. *Tutela antecipada sancionatória*. São Paulo, Malheiros Editores, 2006.

CASTRO, Amílcar de. *Comentários ao Código de Processo Civil*. VIII, São Paulo, Ed. RT, 1974.

CHIOVENDA, Giuseppe. *Istituzioni di diritto processuale civile*. Nápoles, Jovene, 1933.

_____. *Principii di diritto processuale civile*. 4ª ed., Nápoles, Jovene, 1928.

COLESANTI, Vittorio. *Commentario breve ao codice di procedura civile – complemento giurisprudenziale*. 2ª ed., Pádua, Cedam, 1988 (em coop.).

COMOGLIO, Luigi Paolo. "Il procedimento cautelare", in *Lezioni sul processo civile*, Bolonha, Il Mulino, 1995 (em coop.).

COUND, John Jr.. *Civil procedure – cases and materials*. 6ª ed., St. Paul (Minn.), West Publishing, 1993 (em coop.).

COUTURE, Eduardo Juan. "Revocación de los actos procesales fraudulentos", in *Estudios de derecho procesal civil*, III, B.Aires, Depalma, 1978.

CRUZ E TUCCI, José Rogério. *Lineamentos da nova reforma do CPC*. 2ª ed., São Paulo, Ed. RT, 2002.

CUPIS, Adriano de. *I diritti della personalità*. Milano, Giuffrè, 1959.

DELGADO, José Augusto. "Efeitos da coisa julgada e os princípios constitucionais", in *Coisa julgada inconstitucional*, Rio de Janeiro, América Jurídica, 2002.

_____. "Pontos polêmicos de indenização de áreas naturais protegidas – efeitos da coisa julgada e os princípios constitucionais", in *Revista de processo*, n. 103.

DINAMARCO, Cândido Rangel. *A instrumentalidade do processo*. 15ª ed., São Paulo, Malheiros Editores, 2013.

_____. *A Reforma da Reforma*. 6ª ed., São Paulo, Malheiros Editores, 2003.

_____. *A Reforma do Código de Processo Civil*. 5ª ed., São Paulo, Malheiros Editores, 2001.

_____. *Capítulos de sentença*. 5ª ed., São Paulo, Malheiros Editores, 2013.

_____. *Execução civil*. 8ª ed., São Paulo, Malheiros Editores, 2002 e 2003.

_____. *Fundamentos do processo civil moderno*. 7ª ed., São Paulo, Malheiros Editores, 2013.

_____. *Instituições de direito processual civil*. Vols. I, 7ª ed., São Paulo, Malheiros Editores, 2013; II e III, 6ª ed., São Paulo, Malheiros Editores, 2009; vol. IV, 3ª ed., 2009.

_____. *Intervenção de terceiros*. 5ª ed., São Paulo, Malheiros Editores, 2009.

_____. *Litisconsórcio*. 8ª ed., São Paulo, Malheiros Editores, 2009.

_____. *Manual dos juizados cíveis*. São Paulo, Malheiros Editores, 2001 (2ª edição de *Manual das pequenas causas*).

_____. *Teoria geral do processo*. 29ª ed., São Paulo, Malheiros Editores, 2013 (em coop.).

_____. *A arbitragem na teoria geral do processo civil*. São Paulo, Malheiros Editores, 2013.

FABRÍCIO, Adroaldo Furtado. *Ação declaratória incidental*. Rio de Janeiro, Forense, 1976.

FARIA, Juliana Cordeiro de. "A coisa julgada inconstitucional e os instrumentos para seu controle", in *Coisa julgada inconstitucional*, Rio de Janeiro, América Jurídica, 2002 (em coop.).

FAZZALARI, Elio. "Processo (teoria generale)", in *Novissimo digesto italiano*, XIII, Turim, Utet, 1966.

_____. *Istituzioni di diritto processuale*. Pádua, Cedam, 1975.

_____. *Note in tema di diritto e processo*. Milano, Giuffrè, 1957.

FRIENDENTHAL, Jack H. *Civil procedure – cases and materials*. 6ª ed., St. Paul (Minn.), West Publishing, 1993 (em coop.).

_____. *Civil procedure*. St. Paul (Minn.) West Publishing, 1993 (em coop.).

FURNO, Carlo. *Contributo alla teoria della prova legale*. Pádua, Cedam, 1940.

GARTH, Bryant. "Access to justice – a worldwide movement to make rights effective – a general report", in *Access to justice – a world survey*. I, t. I, Leyden-London-Boston-Milano, Sitjhoff-Giuffrè, 1978 (trad.: *El aceso a la Justicia*. Buenos Aires, Col. de Abogados, 1983) (em coop.).

GIFIS, Steven H. *Law dictionary*. 3ª ed., Hauppauge, Barron's, 1991.

GRINOVER, Ada Pellegrini. "Coisa julgada. Limites objetivos. Objeto do processo. Pedido e causa de pedir. Trânsito em julgado de sentença de improcedência de ação de nulidade de escritura pública de reconhecimento de filiação. Possibilidade de ajuizamento de ação declaratória de inexistência de relação de filiação, fundada em ausência de vínculo biológico", in *Informativo Incijuris*, n. 10, Joinville, maio de 2000.

_____. *As garantias constitucionais do direito de ação*. São Paulo, Ed. RT, 1973.

_____. *Os princípios constitucionais e o Código de Processo Civil*. São Paulo, Bushatsky, 1975.

_____. *Teoria geral do processo*. 29ª ed., São Paulo, Malheiros Editores, 2013 (em coop.).

GUINCHARD, Serge. *Procédure civile*. 22ª ed., Paris, Dalloz, 1991 (em coop.).

HAZARD JR., Geoffrey C. *Civil procedure*. 2ª tiragem, Boston-Toronto--Londres, Little, Brown & Co., 1992 (em coop.).

HERZOG, Peter. "Histoire du droit des États-Unis", nn. 1-2, in *Droit des États-Unis*. 2ª ed., Paris, Dallas, 1994 (coord.).

HITTERS, Juan Carlos. *Revisión de la cosa juzgada*. La Plata, Platense, 1977.

JAMES JR., Fleming. *Civil procedure*. 2ª tiragem, Boston-Toronto-Londres, Little, Brown & Co., 1992 (em coop.).

KANE, Mary Kay. *Civil procedure*. St. Paul (Minn.), West Publishing, 1993 (em coop.).

_____. *Civil procedure*. 4ª ed., St. Paul (Minn.), West Publishing, 1996.

LACERDA, Galeno. *Comentários ao Código de Processo Civil*. vol. VIII, t. II, 2ª ed., Rio Forense, 1981 (em coop.).

LA CHINA, Sergio. *L'arbitrato – il sistema l'esperienza*. Milano, Giuffrè, 1995.

LASPRO, Oreste Nestor de Souza. *Duplo grau de jurisdição no direito processual civil*. São Paulo, Ed. RT, 1995.

LEMES, Selma Ferreira. "Dos árbitros", in *Aspectos fundamentais da Lei de Arbitragem*, Rio de Janeiro, Forense, 1999.

_____. "Os princípios jurídicos da Lei de Arbitragem", in *Aspectos fundamentais da Lei de Arbitragem*, Rio de Janeiro, Forense, 1999.

LENT, Friedrich. *Zivilprozeßrecht*. Munique, 1959 (trad. it. de Edoardo F. Ricci, *Diritto processuale civile tedesco*. Nápoles, Morano, 1962).

LEUBSDORF, John. *Civil procedure*. 2ª tiragem, Boston-Toronto-Londres, Little, Brown & Co., 1992 (em coop.).

LEWANDOWSKI, Enrique Ricardo. "Comentários acerca da indisponibilidade liminar de bens prevista na lei 8.429, de 1992", in BUENO,

Cassio Scarpinella e PORTO FILHO, Pedro Paulo de Rezende Filho (coords.). *Improbidade administrativa*. 2ª ed., São Paulo, Malheiros Editores, 2003.

LIEBMAN, Enrico Tullio. "Nulidade da sentença proferida sem citação do réu", in *Estudos sobre o processo civil brasileiro*, 2ª ed., São Paulo, Bushatsky, 1976.

_____. "Il titolo esecutivo riguardo ai terzi", in *Problemi del processo civile*. Nápoles, Morano, 1962 (v. também *Riv. dir. proc. civ.*, 1934).

_____. "Parte o 'capo' di sentenza", in *Riv. dir. proc.*, 1964.

_____. *Efficacia ed autorità della sentenza*. Milano, Giuffrè, 1962 (reimpr.).

_____. *Manual de direito processual civil*. 3ª ed., São Paulo, Malheiros Editores, 2005 (trad. e notas de Cândido Rangel Dinamarco).

_____. *Manuale di diritto processuale civile*. 4ª ed., Milano, Giuffrè, 1981.

_____. *Processo de execução*. 2ª ed., São Paulo, Saraiva, 1963.

LUHMANN, Niklas. *Legitimação pelo procedimento*. Brasília, UnB, 1980.

MACHADO GUIMARÃES, Luiz Macedo Soares. *Limites objetivos do recurso de apelação* (publicado em conjunto com *Carência de ação*). Rio de Janeiro, s/edit., 1961.

_____. "Limites objetivos do recurso de apelação", in *Carência de ação e limites objetivos de apelação*, Rio de Janeiro, s/ edit., 1961.

MALATESTA, Nicolò Framarino dei. *La logica delle prove in materia criminale*. Turim, Utet, 1895.

MARCUS, Richard L. *Complex litigation*. St. Paul (Minn.), West Publ., 1992 (em coop. com Edward F. Sherman).

MARINONI, Luiz Guilherme. *A antecipação da tutela*. 8ª ed., São Paulo, Malheiros Editores, 2004.

MARQUES, José Frederico. *Instituições de direito processual civil*. 4ª ed., Rio de Janeiro, Forense, 1971.

MARTÍN OSTOS, José. "El recurso de anulación del laudo arbitral", in *Comentario breve a la Ley de Arbitraje*. San Sebastián, Inst. Vasco.

MARTINS, Ives Gandra da Silva. *Comentários à Constituição do Brasil*. II, São Paulo, Saraiva, 1990 (em coop.).

MASI, Gino. "La pittura infamante nella legislazione e nella vita del comune fiorentino (sec. XV-XIX)", in *Studi di diritto commerciale in onore di Cesare Vivante*. II, Roma, Foro il., 1931.

MAZZILLI, Hugo Nigro. *A defesa dos interesses difusos em juízo*. 10ª ed., São Paulo, Saraiva, 1998.

MEDAUAR, Odete. *Direito administrativo moderno*. 4ª ed., São Paulo, Ed. RT, 2000.

MEIRELLES, Hely Lopes. *Direito administrativo brasileiro*. 39ª ed., São Paulo, Malheiros Editores, 2013.

MENDONÇA LIMA, Alcides de. *Introdução aos recursos cíveis*. São Paulo, Ed. RT, 1976.

MENESTRINA, Francesco. *La pregiudiciale nel processo civile*. Milano, Giuffrè, 1963 (reimpr.).

MILLER, Arthur R. *Civil procedure – cases and materials*. 6ª ed., St. Paul (Minn.), West Publishing, 1993 (em coop.).

MIRANDA, Jorge. *Manual de direito constitucional*. 3ª ed., Coimbra, Coimbra edit., 1996.

NASCIMENTO, Carlos Valder do. "Coisa julgada inconstitucional", in *Coisa julgada inconstitucional*. Rio de Janeiro, América Jurídica, 2002.

NEGRÃO, Theotônio. *Código de Processo Civil e legislação processual em vigor*. 38ª ed., São Paulo, Saraiva, 2006.

NERY JÚNIOR, Nelson. *Teoria geral dos recursos.* 6ª ed., São Paulo, Ed. RT, 2004.

OTERO, Paulo. *Ensaio sobre o caso julgado inconstitucional*. Lisboa, Lex, 1993.

PAJARDI, Piero. *L'arbitrato*. Milano, Pirola, 1990.

PEREIRA E SOUZA, Joaquim José Caetano. *Primeiras Linhas sobre o processo civil*. Coimbra, Literária, 1872.

PINTO, Nelson Luiz. *Recurso especial para o STJ*. 2ª ed., São Paulo, Malheiros Editores, 1996.

PONTES DE MIRANDA, Francisco Cavalcanti. *Comentários ao Código de Processo Civil*. VII, 3ª ed., Rio de Janeiro, Forense, 2000.

_____. *Comentários ao Código de Processo Civil*. VIII, 2ª ed., Rio de Janeiro, Forense, 2001.

_____. *Tratado da ação rescisória das sentenças e de outras decisões*. 5ª ed., Rio de Janeiro, Forense, 1976.

RASCIO, Nicola. *L'oggetto dell'appello civile*. Nápoles, Jovene, 1996.

REALE, Miguel. *Teoria tridimensional do direito*. 5ª ed., São Paulo, Saraiva, 2000.

RECASÉNS SICHES, Luís. *Tratado general de filosofía del derecho*. 9ª ed., México, Porrúa, 1986.

REGLERO RAMOS, L. Fernando. *El arbitraje*. Madri, Montecorvo, 1991.

REQUIÃO, Rubens. *Curso de direito falimentar*. II, 14ª ed., São Paulo, Saraiva, 1995.

REZENDE FILHO, Gabriel José Rodrigues de. *Curso de direito processual civil*. São Paulo, Saraiva, 1957.

RICCI, Edoardo F. "Reflexões sobre o art. 33 da Lei da Arbitragem", in *Revista de Processo*, n.93.

RODRIGUES, Silvio. *Direito civil*. II, 21ª ed., São Paulo, Saraiva, 1993.

_____. *Direito civil*. V, 20ª ed., São Paulo, Saraiva, 1993.

ROGNONI, Virginio. *Condanna generica e provvisionale ai danni*. Milano, Giuffrè, 1961.

_____. *La condanna in futuro*. Milano, Giuffrè, 1958.

SÁNCHEZ DE MOVELLÁN, Pedro Álvarez. *La anulación del laudo arbitral*. Granada, Comares, 1996.

SEXTON, John E. *Civil procedure – cases and materials*. 6ª ed., St. Paul (Minn.), West Publishing, 1993 (em coop.).

SHERMAN, Edward F. *Complex litigation*. St. Paul (Minn.), West Publ., 1992 (em coop.).

SILVA, José Afonso. *Curso de direito constitucional positivo*. 36ª ed., São Paulo, Malheiros Editores, 2013.

SILVA, Ovídio Baptista da. "Coisa julgada relativa?", *Revista de direito processual civil* 30, Curitiba, Gênesis, out-dez 2003.

TARUFFO, Michele. *Commentario breve ao codice di procedura civile – complemento giurisprudenziale*. 2ª ed., Pádua, Cedam, 1988 (em coop.).

THEODORO JÚNIOR, Humberto. "A coisa julgada inconstitucional e os instrumentos para seu controle", in *Coisa julgada inconstitucional*. Rio de Janeiro, América Jurídica, 2002 (em coop. com Juliana Cordeiro de Faria).

_____. "Embargos à execução contra a Fazenda Pública", in *Regularização imobiliária de áreas protegidas*. II, publicação do Centro de Estudos da Procuradoria-Geral do Estado de São Paulo, São Paulo, 1999.

_____. *Curso de direito processual civil*. I, 32ª ed., Rio de Janeiro, Forense, 2000.

VELLOSO, Carlos Mário. "A indisponibilidade de bens na lei 8.429, de 1992", in BUENO, Cassio Scarpinella, e PORTO FILHO, Pedro Paulo de Rezende (coords.). *Improbidade administrativa*. 2ª ed., São Paulo, Malheiros Editores, 2003.

VIGORITI, Vincenzo. "Em busca de um direito comum arbitral: notas sobre o laudo arbitral e sua impugnação", in *Revista de Processo*, n. 91 (trad. Carlos Alberto Carmona).

VINCENT, Jean. *Procédure civile*. 22ª ed., Paris, Dalloz, 1991 (em coop.).

YARSHELL, Flávio Luiz. *Ação rescisória. Juízo rescindente e rescisório.* São Paulo, Malheiros Editores, 2005.

ÍNDICE ALFABÉTICO-REMISSIVO

(os números remetem aos parágrafos dos capítulos)

abuso do direito de defesa, 32
ação, 83
– coletiva, 49
– contra decisão interlocutória, 8, 144, 145-152
– hipóteses teratológicas e desfiguradas, 151
– prescrição – fato extintivo (questão de mérito), 147
– de despejo por falta de pagamento, 77
– de investigação de paternidade, 115, 131
– de usucapião, 90
– incompetência e carência de ação, 137-144
– possessória, 35, 52
– rescisória, 58, 97, 125, 134, 139, 140, 145, 149, 150, 151, 152
  – carência, 143, 144
  – competência funcional, 138
  – extinção sem julgamento do mérito, 144
  – objeto, 143
  – redimensionamento e limites de admissibilidade, 134
  – *standard*, 151
  – "substituição à brasileira", 142
acesso à ordem jurídica justa, 111
agravo, 44, 70
– admissível contra ato do relator, 71
– contra decisão denegatória de recurso extraordinário ou especial, 63, 70
– de instrumento, 62, 71, 94
– interno, 79
– retido, 62, 72
alongamento da litispendência, 60
ampla defesa, 15, 156
antecipação de tutela típica e atípica, 37, 52
antecipações de tutelas típicas, ou nominadas, 37, 49
antecipações regidas por leis extravagantes, 53
antecipações sancionatórias, 46
Antrag, 19
apelação, 44, 63, 67, 70, 74, 83
– contra "sentença que confirmar a antecipação de tutela", 45
– e outros recursos – efeito devolutivo, 86-96
– objeto, 86, 88
aplicação da lei no Brasil, 14
arbitragem – cláusula compromissória, 21
– cláusulas implícitas, 23
– conciliação, 15
– controle judicial das sentenças, 17
– formação do processo e seu objeto, 21
– processo – objeto, 20, 24
– processo – princípios, 15
– sentença arbitral, 15, 24, 25
  – correlação com a demanda, 18
  – eliminação de excessos, 24
  – notas peculiares relevantes, 16

– *ultra petita*, 24
arresto, 30
ato de reconhecimento da obrigação, 161
ato ou fato jurídico, 55
– efeitos, 55
– inexistente, 127
– processual, 55
atos atentatórios ao exercício da jurisdição, 155
auctoritas rei judicatæ, v. "autoridade da coisa julgada"
autonomia da vontade dos litigantes, 17
autoridade da coisa julgada, 5, 115, 121, 127
autoridade da coisa julgada material, 124, 127

bem de família, 156
binômio cassação-substituição, 105
binômio conhecimento-execução, 137
binômio justiça-segurança, 113
busca-e-apreensão, 28

capítulos de sentença, 24, 35, 43, 44, 65, 77, 95
caução, 47, 48, 51, 54
causa de pedir, 19
cautelares, 26, 30, 77
cautelares constritivas, 40
cautio pro expensis, 14
celeridade, 25, 111
certeza e segurança, 134
certeza, probabilidade e risco, 9, 131
chamamento ao processo, 35
cheque especial, 164
cidadania e direitos do homem, 124
Código de Defesa do Consumidor, 53, 54, 74
cognição exauriente, 33
cognição sumária, 33, 34
cognição sumária, *fumus boni juris* e juízo do mal-maior, 33
cognição superficial, 46
coisa julgada, 69, 108, 109, 110, 111, 128, 131, 133, 134, 143
– anterior relativa à mesma causa, 86

– caráter excepcional da flexibilização de sua autoridade, 124
– critérios para sua relativização, 124
– direito norte-americano, 121
– efeitos da sentença e impossibilidades jurídicas, 127
– efeitos juridicamente impossíveis, 127
– eficácia preclusiva, 110
– fraude e erro grosseiro, 115, 124, 125
– garantia constitucional, 111-124, 136
– inconstitucional, 128
– inexatidões materiais ou erros de cálculo, 115
– na sentença meramente declaratória 159
– nulidade, 121
– prevalência do substancial sobre o processual, 125
– relativização, 4, 5, 124
– remédios para tentar a liberação do seu vínculo, 124
coisa julgada delinquente, 5
coisa julgada formal, 58, 69, 80, 127
coisa julgada inconstitucional, 121, 125, 134
coisa julgada material, 8, 19, 58, 80, 83, 111-136, 164
– caso examinado por Ada Pellegrini Grinover, 122
– de Pontes de Miranda a Humberto Theodoro Júnior, 116
– garantia constitucional, na disciplina legal e no sistema, 125
– indesejável legislar a respeito, 136
– mitigação de seus rigores, 125, 151
– no processo civil de resultados, 113
– premissas, 111
– preocupações, 135
– proposta de sistematização, 125-136
– proposta do Min. José Augusto Delgado, 114
– recentes ensaios brasileiros, 123

ÍNDICE ALFABÉTICO-REMISSIVO

coisa julgada material, coisa julgada formal e preclusão, 112
competência, 143, 144
competência dos tribunais de superposição para a ação rescisória, 142
competência para a antecipação de tutela antecedente ao processo principal, 39
compromisso, 21
condenações com reserva, *provvisionali*, 146
condições da ação, 65
condições especiais da ação, 90
Conselho Nacional da Justiça, 5
contraditório, 43, 87, 89, 92, 153, 156
contrato de abertura de crédito, 160-164
controle do Poder Judiciário, 5
correção e integração da sentença, 97
correção monetária, 115
correição parcial, 105
correlação entre o objeto da demanda e o objeto da sentença, 18, 67
crise de adimplemento, 137

dano marginal, 30
decadência, 148
decisão descumprida ou contrariada, 107
decisão interlocutória, 56, 83
decisão interlocutória de mérito, 145, 147-152
declarações do correntista, 163
demanda e sentença de caráter condenatório, 23
denunciação da lide, 35
desconsideração da personalidade jurídica, 8, 4
deserção do recurso, 73
desobediência a julgado 105
despachos de mero expediente, 56, 63
devedor – preservação de seu patrimônio e dignidade, 154
dever de diligência, 23
devido processo legal, 15, 19, 30, 42, 53, 54, 87, 89, 92, 93, 101, 136, 156
direito à prova, 89
direito ao meio-ambiente ecologicamente equilibrado – tutela jurisdicional coletiva, 115

direito de ser ouvido, 15
direito do credor à tutela jurisdicional, 153
direito processual constitucional, 7, 15, 93
direito processual material, 125
direitos complementares aos direitos da personalidade, 154
documento privado, 160
dogmas plantados na cultura processualística ocidental ao longo dos séculos, 7
due process of law, v. "devido processo legal"
dupla devolução, 70
duplo grau de jurisdição, 15, 87, 88, 136
duplo juízo de admissibilidade, 70

efeitos da sentença – impossibilidade jurídica, 125
efeitos do juízo de admissibilidade pelo juízo *a quo*, 78
efeitos do juízo de admissibilidade pelo juízo *ad quem*, 79
efeitos processuais e substanciais da litispendência, 60
efeitos recursais, 55-85
efeitos substanciais da sentença, 127
efetividade da tutela jurisdicional, 23, 153
efetividade dos resultados práticos do processo, 8
eficácia das decisões judiciárias, 57
embargos à execução, 97, 125
embargos à execução fiscal de pequeno valor, 70
embargos de declaração, 62, 70, 71, 84, 97
– caráter infringente, 100, 102
– como recurso, 97-104
– resenha jurisprudencial, 103
– decisões absurdas – excepcionalidade, 99
– eficácia infringente, 98, 99
– erros de julgamento ou mesmo de processo, 102
– erros materiais, 99, 102, 104
– escopo infringente como recurso, 100

- fundados em omissão, 98
- natureza jurídica, 84
  - excepcionalidade de sua eficácia infringente, 97
- natureza recursal, 97, 99, 100
- omissões e erros materiais ou de cálculo, 102
- possíveis *errores in procedendo* ou mesmo *in judicando*, 104
- remédios processuais, 97
- suprimento de omissão, 98

embargos de terceiro, 90
embargos infringentes, 65, 67, 70, 71, 77, 79, 94
empresas devedoras, 157
error in judicando, 146
estabilização da demanda, 21, 110
Estado-inimigo, 134
estrangeiro, 11, 13
estrangeiros residentes no país – restrição, 13
exaurimento da competência, 9, 43
exceção de pré-executividade, 8
exceção dilatória, 86
exceção em sentido estrito, 148
exceção peremptória, 86
exceptiones litis ingressum impedientes, 86
execução, 153, 154
  - específica, 8, 21, 28, 155
  - garantia do mínimo patrimonial, 154
  - imediata, 9
  - moralização, 155
  - onerosidade e efetividade – solução de equilíbrio, 153, 156
  - por quantia certa, 155
  - por título extrajudicial, 8
  - preservação do patrimônio e dignidade do devedor, 154
  - provisória, 44, 46, 47, 75, 95

extensão e profundidade da devolução recursal, 64
extinção do processo sem julgamento do mérito, 86

falsas carências de ação, 90
falsas ilegitimidades *ad causam*, 91
falsas sentenças terminativas, 90

falta de interesse de agir, 143
fatos incontroversos, 32, 35
fattispecie, 10
formação do processo civil estatal, 20
formalismos, 7
fumus boni juris, 33, 43, 46
função rescindente dos recursos, 81, 140

garantias constitucionais, 88
  - acesso à justiça, 88, 102
  - acesso à ordem jurídica justa, 124
  - contraditório, 19, 20
  - direito de ação, 11
  - duplo grau de jurisdição, 7
  - igualdade, 11, 134
  - isonomia, 134
  - juiz natural, 7
  - justa indenização, 115, 130
  - meio-ambiente ecologicamente equilibrado, 124
  - processo, 89, 90

Hugo Nigro Mazzilli e as lições que invoca, 119

ilegitimidade ativa ou passiva, 86
impenhorabilidades, 156
imperativo constitucional do justo valor das indenizações, 124
imperfeição das leis, 10, 145, 151
  - e o espírito desta obra, 10
  - rescindibilidade de todas as decisões de mérito, 151
impossibilidade cognoscitiva, lógica ou jurídica, 115
impossibilidade jurídica, 127
  - e convivência entre princípios e garantias, 128
impugnação – dimensão horizontal dos recursos, 69
inafastabilidade do controle jurisdicional, 19
incompetência absoluta, 65
incompetência internacional, 86
incontrovérsia, 33, 46
inércia da jurisdição, 42
infringência, natureza recursal, contraditório, 101

ÍNDICE ALFABÉTICO-REMISSIVO 331

inscrição da dívida ativa dos entes estatais tributantes, 161
instrução exauriente, 46
instrumentalidade do processo, 111, 136
instrumentos de pressão psicológica, 23
instrumentos necessários ao exercício da profissão, 156
interditos, 37
interditos possessórios, 30, 32, 33
interesse de agir, 144
interesse-adequação, 143
interesse-utilidade, 143
interpretação estrita do pedido, 65

juizados especiais cíveis, 70
juízo de admissibilidade, 58, 63
juízo de admissibilidade pelo juízo *a quo*, 78
juízo do direito mais forte, 33, 33-A, 52
juízo do mal-maior, 33
juízo judicial e o arbitral, 25
juízo negativo de admissibilidade do recurso, 73, 84, 140, 141
juízo pleno, 67
julgamento antecipado do mérito, 35, 89
julgamento do mérito – cisão, 24, 146, 148
julgamento monocrático dos recursos, 59
jurisdição, 106
jurisdição constitucional das liberdades, 1
jurisdição estatal, 15, 16
justa indenização, 129
justiça e legitimidade das decisões, 112, 113, 134
justiça e segurança, 113
justo preço e moralidade – valores constitucionais relevantes, 128, 129
justo preço nas desapropriações, 125

legitimação pelo procedimento, 101
legítimo interesse processual, 67
legítimo interesse recursal, 65
lei – imperfeição, 150

lei da arbitragem, 16, 21
lei do fax, 9
liberdade de defesa, 15
liberdades, jurisdição constitucional das, 2
lide, 67
lide parcial, 24
liminares em processo possessório, 49
liminares previstas em lei, 37
limitações ao exercício do poder, 101
limitações políticas à execução, 157
limite temporal da eficácia da antecipação concedida em caráter preparatório, 40
limites da demanda, 65
limites da sentença arbitral e de seu controle jurisdicional, 15-25
limites objetivos da coisa julgada, 121
limites temporais da possibilidade de antecipar a tutela jurisdicional, 43
liquidez da obrigação, 161, 162
liquidez do crédito e tipicidade do título executivo, 161, 163
litigiosidade contida, 2
litisconsórcio necessário-unitário, 133
litisconsórcio unitário, 68
litispendência, 60
litispendência arbitral, 21
lógica do razoável (*logos de lo razonable*), 150, 152, 158, 159

males ao sujeito e ao processo, 30
males do tempo, 36
mandado de segurança, 28, 37, 49, 53, 54, 90
medida antecipatória, 35
 – irreversibilidade dos efeitos, 35, 47
 – poder geral de cautela, 37
 – reedição, 48
 – repetição – vedação, 41
medida da inovação trazida pela *Reforma*, 88
medidas antecipatórias de tutela, 30
 – poder geral de antecipação de tutela, 36, 37, 49
medidas cautelares, 33, 34, 48
medidas cautelares e antecipatórias de tutela, 8, 30

medidas cautelares incidentes, 42
medidas de urgência, 29-32, 39, 40, 43, 46, 48, 49
– aplicação de disposições contidas no Livro III do Código de Processo Civil, 36
– campo mais largo das antecipações e mais estrito das cautelares, 28
– cautelares ou antecipatórias da tutela jurisdicional, 9
– concessão de-ofício, 48
– concessão em caráter preparatório, 54
– fungibilidade, 31, 36, 48
– prova inequívoca, 33
– provisoriedade e reversibilidade, 34, 54
– regime jurídico, 26-54
– síntese conclusiva, 48
medidas judiciais *inaudita altera parte*, 43
meio ambiente ecologicamente equilibrado, 125
meios de impugnação, 97
menor onerosidade possível e efetividade da tutela jurisdicional, 153-159
mérito, 19, 86
– da causa (*meritum causæ*), 81, 149
– do recurso, 81, 140, 142
método indutivo, 126
modelo de Stuttgart, 2
moralidade administrativa, 124, 125, 129, 130
moralidade pública, 113

nemo judex sine actore, 42

objeto do processo, 18, 19, 22, 35, 65
– composto e indecomponível, 35
– e pretensão processual bifronte, 22
obrigações específicas (fazer, não fazer, entregar), 43, 49, 50
ondas renovatórias do processo civil moderno, 115
oposição, 35

Pacto de San José da Costa Rica, 29, 38, 62, 80

pedido, 19
penhora de depósitos, 159
penhora de rendimentos, 158
penhorabilidade do faturamento de empresas, 157
pequenas causas, 4
periculum in mora, 32, 43, 46, 51
personalidade jurídica, desconsideração da, 4
Poder Judiciário, controle do, 5
ponderação, 111
positivismo jurídico, 7
possessória, 90
preclusão, 69, 57, 58, 83
preclusão hierárquica, 108, 110
preclusão hierárquica imposta aos juízes e tribunais, 108
preclusão temporal, 58
preliminares, 146
prequestionamento, 93
prescrição, 145, 148, 149, 151, 152
– de decisão interlocutória, 146
– momentos para seu exame, 148
pressupostos de admissibilidade do julgamento do mérito, 59
pretensão, 19, 67
pretensão processual bifronte, 22, 86
primados da moralidade e da legalidade, 121
princípios constitucionais do processo, 7, 15, 101, 111
– contraditório, 7, 15, 101
– *due process of law*, 7
– duplo grau de jurisdição, 66, 86, 87
– moralidade administrativa, 115, 129
– publicidade, 15
princípios do processo
– autonomia dos litisconsortes, 68
– concentração da decisão, 146, 147, 148
– conservação dos atos jurídicos, 95
– conservação dos atos processuais, 24
– correlação, 110
– dispositivo, 15
– proporcionalidade, 113, 121, 124, 125
– razoabilidade, 121, 124, 125

– unirrecorribilidade, 62
privacidade, 25
probabilidade, certeza e risco – o espírito das *Reformas*, 9
probabilidade e certeza, 9, 33, 34
processo civil de resultados, 111
processo civil do autor, 54
processo civil moderno, 23
processo civil no século XXI, 1-6
processo decomponível – objeto, 35
processo do consumidor, 28
processo em condições de imediato julgamento, 89
processo executivo, v. "execução"
processo justo, 115
processo monitório, 164
produção antecipada de prova, 30
Projeto Florença, 3
provvisionali, 146

questões, 67
– de direito, 67, 89
– de fato, 67, 89
– de mérito, 67, 146
– processuais, 67

razoabilidade nas obrigações assumidas pelo Estado, 113
reclamação no processo civil brasileiro
– hipóteses de admissibilidade, 105-110, 139, 142
– natureza jurisdicional, 106
– natureza jurisdicional – controle mediante provocação de parte ou do Ministério Público, 106
– parâmetros da desobediência – fundamentos da decisão e da demanda decidida, 110
– parâmetros da desobediência – preceito contido na parte dispositiva do acórdão, 109
– preservação da competência invadida, 107
– remédio processual sem natureza recursal, 105
– remédios processuais, 105
– usurpação de competência, 105
reconsideração da sentença, 73
reconvenção, 35

recurso especial, 63, 79, 136
– admissibilidade, 142
recurso extraordinário, 63, 136
recurso extraordinário e especial, 67, 70, 94
recurso ordinário constitucional, 63, 67
recurso ordinário, recurso extraordinário, especial e agravo de instrumento, 74
recursos, 55, 56, 94, 100, 105
– conhecimento, 84
– destinatários da devolução, 70
– devolução, 84
– cancelada, 73
– diferida, 62, 72
– do *meritum causae* em apelação contra sentença terminativa, 66
– gradual, 62, 63
– imediata, 62, 71
– parcial, 65, 69
– parcial, preclusão e coisa julgada, 69
– vertical, 67
– dimensões da devolução, 64
– horizontal, 65
– objetiva, 77
– subjetiva, 68
– temporal do efeito suspensivo, 76
– vertical, 67
– efeito, 55-85
– ativo, 70, 75
– cassação e substituição da decisão recorrida, 79, 80, 82, 84, 100
– da anulação da decisão, 82
– da apelação e de outros recursos – direito intertemporal, 96
– da interposição, 62
– da sentença – suspensão, 84
– devolutivo, 61, 77, 78, 79
– do conhecimento – cassação, 81
– do julgamento pelo mérito (provimento ou improvimento), 83
– do julgamento pelo órgão destinatário, 80
– em relação à tutela antecipada, 44

– limitação horizontal, 67
– modificativo – excepcionalidade sistemática, 102
– modificativos, 98, 101
– preclusões, 58
– regressivo, 70
– rescindente dos julgados, 81
– sobre o processo, sobre os sujeitos processuais e sobre a eficácia das decisões judiciárias, 57
– suspensivo, 44, 45, 74, 77
– e conteúdo substancial da sentença, 75
– interposição e abertura do procedimento, 59
– limitados no plano horizontal, 68
– pedido de nova decisão, 65
– pedido e limites da devolução, 92
– prejudicados, 73
– preliminares, 81
– pressupostos de admissibilidade, 59
– procedimento, 56, 59
– retidos, 55, 66
Reforma da Reforma, 45, 66, 86, 87
Reforma do Código de Processo Civil, 7, 9, 26, 36, 62, 71, 97, 155
reformatio in pejus, 93, 95
regime jurídico das antecipações, 54
regime jurídico das medidas urgentes, 26-54
– aspectos gerais, 26-48
– considerações específicas, 49-54
– fatos incontroversos, 35
regressão, 84
reintegração de posse, 35
relação hierárquica – tribunais de superposição, 139
relação processual, 58
relações entre o juízo judicial e o arbitral, 25
relativização da coisa julgada, v. "coisa julgada"
relendo princípios e renunciando a dogmas, 7-10
respeito à integridade patrimonial do executado, 153
responsabilidade civil, 51, 54

responsabilidade civil objetiva, 46, 48, 52
revelia – efeito, 89
rigidez do procedimento, 112
risco de irreversibilidade da situação, 34
risco, probabilidade e certeza – o espírito das *Reformas*, 9

segurança jurídica, 5, 7, 96, 102, 111, 112, 121, 128, 113, 134, 136, 151
sentença, 44, 56, 152
– cumprimento, 2
– definição legal, 59, 90
– eficácia executiva, 76
sentença arbitral, v. "arbitragem"
sentença *citra petita*, 95
sentença condenatória, 23, 75, 161
sentenças constitutivas e meramente declaratórias, 75
sentença de mérito, 83, 151
sentença *extra, ultra vel citra petita partium*, 18
sentença juridicamente impossível – a favor ou contra o Estado, 130
sentença juridicamente inexistente, 113
sentença terminativa, 66, 83, 86, 127
sigilo, 25
singularização dos julgamentos, 70
situações jurídicas ativas, 58
solução alternativa de litígios e controle judicial, 17
Streitgegenstand, 19
Stuttgart, modelo de, 2
substituição do acórdão recorrido pelo que julga o recurso, 140, 141
substituição do julgado inferior, 142
Súmula 249 do Supremo Tribunal Federal – competência funcional, 137
súmulas vinculantes, 4, 5
Supremo Tribunal Federal e garantia do justo valor, 115
supressão de grau jurisdicional, 86, 89
sustação de protesto, 28, 31, 36, 38, 47, 48, 95

técnicas processuais, princípios e dogmas, 7
tempo-inimigo, 1

ÍNDICE ALFABÉTICO-REMISSIVO   335

– e os males do retardamento, 29
teoria do título executivo, 160-164
teoria geral do processo, 15
teoria tridimensional do direito, 8
tipicidade do título executivo e liquidez do crédito, 161, 163
título executivo, 155, 161, 162, 163, 164
 – eficácia abstrata, 162
 – indispensável suficiência, 162
 – teoria, 160-164
título para a execução forçada, 23
transgressões racionais a velhos dogmas, 111
trinômio certeza probabilidade e risco
 – o espírito das *Reformas*, 9
tutela – tempestividade, 16
 – v., tb., "medidas de urgência"
tutela adequada, 16
tutela cautelar e tutela antecipada –
 proposta de distinção conceitual, 27

tutela cautelar satisfativa, 27
tutela coletiva, 4, 8
tutela constitucional do processo, 89
tutela exclusivamente a pedido ou também de-ofício?, 42
tutela executiva – efetividade, 155
tutela jurisdicional, 7, 16
 – antecipada, 34, 48, 49, 77
 – ao estrangeiro, 11-14
 – universalização, 12
tutela possessória, 28, 52
tutelas preparatórias, 42

unidade da sentença, 147
universalização da tutela jurisdicional, 12
utile per inutile non vitiatur, 24
utilidade jurídica do provimento jurisdicional postulado, 143

verossimilhança, 9

* * *

GRÁFICA PAYM
Tel. (011) 4392-3344
paym@terra.com.br